高等院校“十三五”规划教材
“互联网+”融媒体系列教材

U0958257

会计电算化实验

（T3版）

沈红超 张磊／主编
郑秀丽 周燕 孔令一／副主编

立信会计出版社
LIXIN ACCOUNTING PUBLISHING HOUSE

图书在版编目(CIP)数据

会计电算化实验：T3 版 / 沈红超，张磊主编. —上海：立信会计出版社，2021.2(2022.7 重印)
ISBN 978-7-5429-6707-7

Ⅰ. ①会… Ⅱ. ①沈… ②张… Ⅲ. ①会计电算化—实验 Ⅳ. ①F232-33

中国版本图书馆 CIP 数据核字(2021)第 025351 号

策划编辑 郭 光
责任编辑 郭 光
封面设计 南房间

会计电算化实验：T3 版
Kuaiji Diansuanhua Shiyan T3 Ban

出版发行	立信会计出版社		
地　　址	上海市中山西路 2230 号	邮政编码	200235
电　　话	(021)64411389	传　　真	(021)64411325
网　　址	www.lixinaph.com	电子邮箱	lixinaph2019@126.com
网上书店	http://lixin.jd.com	http://lxkjcbs.tmall.com	
经　　销	各地新华书店		

印　　刷	浙江临安曙光印务有限公司	
开　　本	787 毫米×1092 毫米	1/16
印　　张	12.5	
字　　数	296 千字	
版　　次	2021 年 2 月第 1 版	
印　　次	2022 年 7 月第 2 次	
印　　数	2101—4200	
书　　号	ISBN 978-7-5429-6707-7/F	
定　　价	39.00 元	

本书编写指导委员会

（排名不分先后）

前言

随着经济全球化进程的不断加快，新的信息技术应用的广度和深度不断扩展。会计软件的应用平台、开发技术和功能体系也随之不断更新，各行各业对会计电算化人才的需求越来越大、要求也越来越高，利用会计软件进行业务处理已成为会计从业人员的必备技能。

为了适应学生学习会计电算化知识的需要，编者依据财政部颁布的《企业会计准则》等现行财经法规的有关规定，充分考虑了会计电算化的发展动态和学生的特点，以"做中学，做中教"为教学理念，并以用友畅捷通 T3 版软件为教学工具编写了本书。本书以强化读者会计电算化操作技能，实现会计理论到实践应用，培养应用型、技能型、复合型会计人才为目标。

本书可与孔令一、朱淑梅主编的《会计综合模拟实验(工业篇)》同步配套使用，也可单独作为会计电算化实验用书。本书共分为三篇：第一篇为实验基础篇，主要讲解了实验目的、实验要求与培养目标、实验方式、实验环境与材料准备安排以及用友畅捷通 T3 软件的安装说明；第二篇为业务操作指导篇，以烟台兴茂机械制造有限公司 12 月份发生的经济业务为主线，结合用友畅捷通 T3 软件操作特点以及实验培养目标，设计了递进式的实验任务，完成了从账簿的启用、会计凭证的填制、登记账簿到财务报表编制各个会计核算环节的指导工作；第三篇为综合实验篇，以《会计综合模拟实验(工业篇)》中的业务内容为依据，在用友畅捷通 T3 软件中完成手工实验环节的操作。

本书坚持"以服务为宗旨，以就业为导向，以能力为本位，以学生为主体"的教育方针，以适应新形势下的教学对象、教学规律为根本，以提高学生的综合素质和职业能力为目标。在编写中，编者力求突出以下特色：

1. 章节设置与《会计综合模拟实验(工业篇)》相契合，实验操作环节与手工会计核算的环节基本一致，便于进行手工会计与电算化会计的对比。

2. 操作步骤讲解详尽，对每一个业务环节都设置了操作案例，并采用图文结合的方式展示和讲解操作流程，内容简单清晰，增强会计电算化系统的易学性与易用性。

3. 编者都是从事会计电算化教学的一线教师，根据多年的实践教学经验对每一个操作步骤的易错点和注意事项进行了总结凝练，能够帮助读者迅速掌握用友畅捷通 T3 软件的操作技巧。

4. 实验内容依据最新的《企业会计准则》(2020 年版)编制，实验账套的会计科目体系与财务报表的格式都符合最新的《企业会计准则》。为此，本书详细介绍了如何将系统中预置会计科目体系调整为新版工业企业会计科目体系；同时，本书采用大量篇幅对财务报表格式以及报表项目计算公式的设置进行了详细的讲解。

5. 编者在总结日常教学经验的基础上，结合相关科研文献总结出了不同环节的错账更正方法。

本书由沈红超、张磊、郑秀丽、周燕、孔令一、许晓霞、刘燕等编写，书中蕴含了一线教师们在教学实践中的心得和宝贵经验。编者衷心希望本书能为读者在会计电算化学习道路上提供帮助。

由于编者水平有限，书中难免存在疏漏，如有不当之处，恳请各位读者批评指正，以便我们对本书进行修订和完善。

编　者

2021 年 1 月

导 学

亲爱的读者朋友：

对于即将开始的“会计电算化实验”课程，或许您心怀憧憬，因为马上要解锁新的学习“关卡”；也许您心怀忐忑，因为面对不熟悉但是很重要的财务软件，一时竟不知如何开始。

当您翻开此书，意味着您已经开启从会计理论学习到实践的转变。会计电算化实验课程的学习，基本要求有两点：其一，熟悉软件的各项基本功能和操作；其二，学会使用软件进行会计账务处理。为了帮助您更好地学好此课程，我们将向您（学生）提供微课视频课程学习资源。这些微课视频，涵盖了财务软件的安装、建账、企业基本信息管理、记账凭证的填制与审核、结账、错账更正、财务报表编制等操作流程，可以帮助您高效地学习本课程。

课程学习资源领取流程如下：

微信关注“智信财会”公众号（下图二维码），在公众号内回复“6707”，即可领取课程学习资源包。课程的微课视频，您可以在公众号中搜索观看。

编 者

2021 年 1 月

目　录

第一篇　实验基础

第二篇　业务操作指导

第一篇　实验基础

本篇内容为实验操作前的准备部分，主要包括实验课程设计与安装用友畅捷通 T3 软件两个项目。项目一介绍了实验目的、实验要求与培养目标、实验方式、实验环境与材料准备四部分内容，项目二介绍了用友畅捷通 T3 软件的安装要求和安装过程两部分内容。

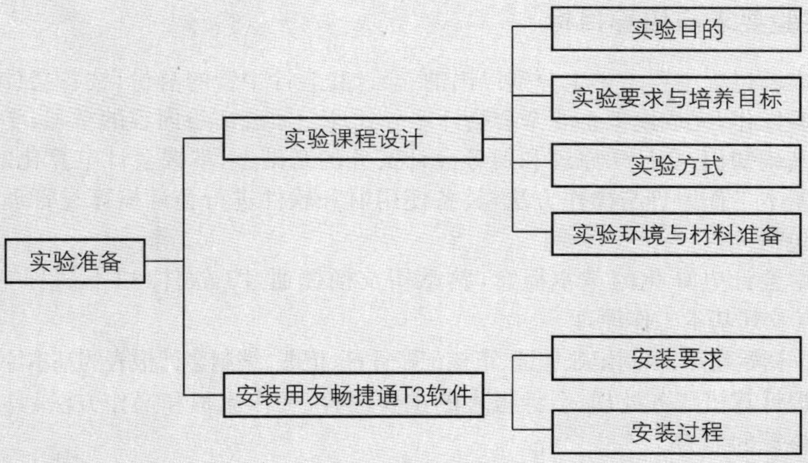

项目一　实验课程设计

一、实验目的

通过本书的学习，学生能系统、全面地掌握会计软件的工作流程、操作步骤和操作技巧，实现计算机与会计经济活动的结合，达到利用计算机进行会计账务处理的目的。学生可将会计电算化实验结果与手工会计所产生的会计账务处理结果进行比较，以提升将所学理论知识应用于会计电算化工作实践的能力。学生通过实验操作可以体验企业财务工作情景，增强其岗位责任意识和团队协作精神。

二、实验要求与培养目标

本书在实验过程中要求学生分别以出纳、会计和会计主管的身份，按各会计岗位不同的权限进行实验操作，完成模拟企业全套会计账务处理。通过实验内容的学习，学生可以在已有的计算机基础知识、会计学原理和财务会计实务的基础上，掌握会计电算化的总体概念、财务软件的基本工作原理与操作方法，具备使用财务软件进行会计核算与管理的能力。这些能力具体包括：

（1）了解会计电算化的基本概念，熟悉用友畅捷通 T3 软件（以下简称“T3 软件”或“T3”）的特点及其基本工作原理。

（2）掌握初始建账、填制记账凭证、审核记账凭证、记账、编制会计报表的基本原理和方法。

（3）掌握计算机账务处理、会计报表的主要内容、工作流程和操作方法，具有使用计算机进行会计核算的能力。

三、实验方式

本书运用财务软件模拟一个企业财务电算化环境下的会计工作场景，按照企业财务工作岗位设定角色及其权限，由学生独立或分小组完成企业一个会计周期的全部会计业务处理并生成会计报表。

四、实验环境与材料准备

（一）实验环境

会计电算化实验需要在机房中进行，通过财务软件模拟企业财务部门的工作环境，各岗位按照各自的职责和权限对企业的财务数据进行操作，在计算机环境下完成实验。

（二）实验准备

在实验开始前，学生需要做好以下准备工作：

（1）安装 T3 软件。

（2）准备实验的基础数据资料，包括企业的基本信息、财务数据和财务制度等。

项目二　安装 T3 软件

一、安装要求

1. 畅捷通 T3 -企业管理信息化软件教育专版的配置准备环境

(1) 单机版用户主机配置。CPU PIII 550 或以上,内存 2 G 或以上,硬盘至少 10 G 以上,至少应有一个光驱。

(2) 网络用户配置。网络服务器:CPU PIII 800 或以上,内存 2 G 或以上,硬盘至少 20 G 以上;客户端:CPU PIII 550 或以上,内存 1 G 或以上,硬盘至少 10 G 以上。

2. 操作系统

系统软件支持的运行环境,如表 2-1 所示。

表 2-1　系统软件的运行环境

操作系统(简体中文)	单机模式
Windows xp sp3	支持
Windows 7(企业版和旗舰版)	支持
Windows 8(32 位)	支持(数据库密码必须为空)
Windows server 2003(32 位)+sp2	支持
Windows server 2003(64 位)+sp2	支持
Windows server 2008(32 位)	支持
Windows server 2008 R2(64 位)	支持

注意事项

安装时操作系统所在的磁盘分区剩余磁盘空间应大于 2 G。

二、安装过程

(一) 环境检测

打开环境检测文件夹,双击"环境检测.exe",如图 2-1 所示。对其中不符合的检查项目进行修改。

(二) 安装数据库

对于图 2-1 检测出的数据库不符合安装要求的情况,需要先进行 SQL Server 数据库的安装,才能安装 T3 软件。

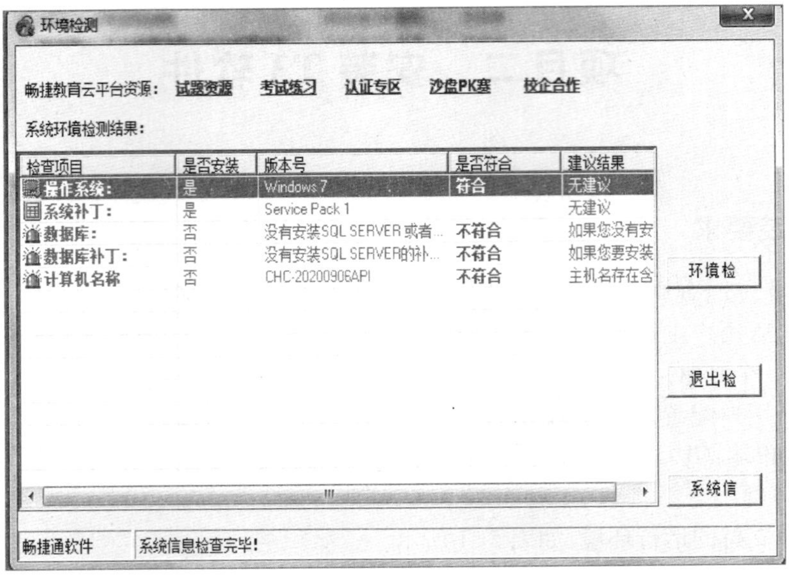

图 2-1　环境检测

(1) 打开 MS SQL SERVER 2005 文件夹，双击“setup.exe”，运行 SQL 2005 安装程序，弹出最终用户许可协议，勾选“接受”选项，单击“下一步”按钮继续，如图 2-2 所示。

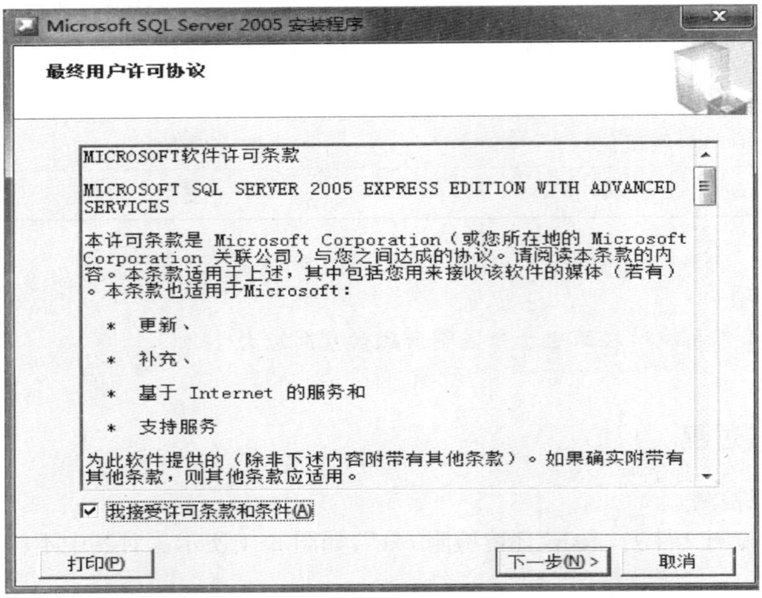

图 2-2　SQL Server 数据库的安装

（2）安装必备组件。点击“安装”按钮，如图 2-3 所示。

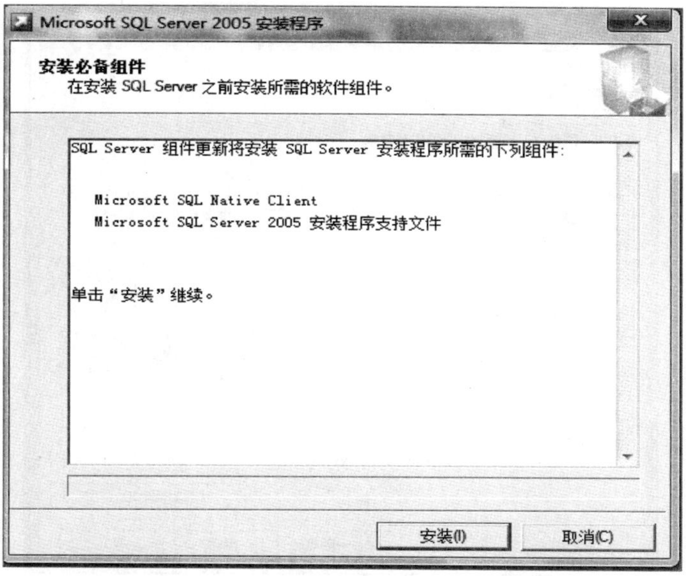

图 2-3　安装必备组件

（3）安装完成后，单击“下一步”按钮继续。

（4）进行系统配置检查，检查完成合格后，单击“下一步”按钮继续。

（5）填写注册信息，输入姓名和公司，取消“隐藏高级配置”选项的勾选，单击“下一步”按钮继续，如图 2-4 所示。

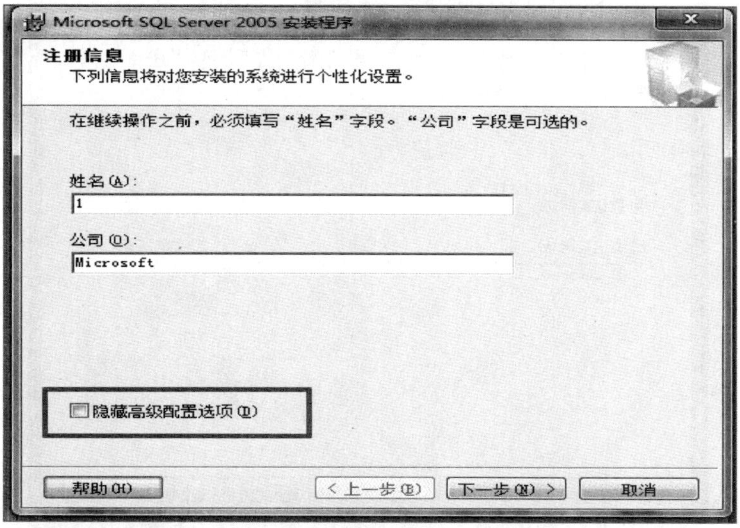

图 2-4　注册信息

(6) 选择安装组件。为了保证正常使用,我们需要选择所有功能。单击“下一步”按钮继续,如图 2-5 所示。

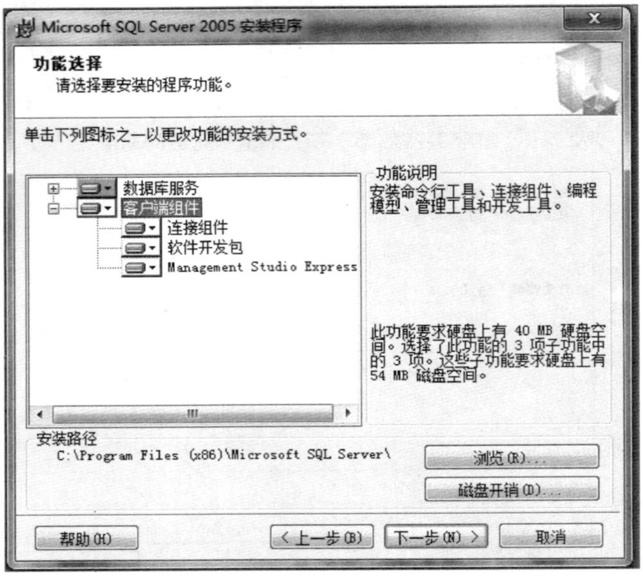

图 2-5　功能选择

(7) 选择实例。需要选择安装 SQL SERVER 默认实例,设置实例后,单击“下一步”按钮继续,如图 2-6 所示。

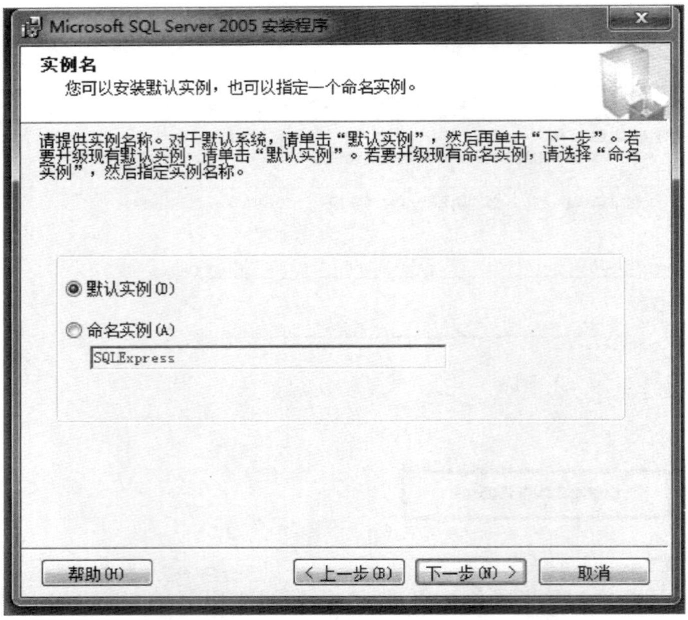

图 2-6　选择实例

（8）服务账户定义。设置使用内置的系统账户“本地系统”，单击“下一步”按钮继续，如图 2-7 所示。

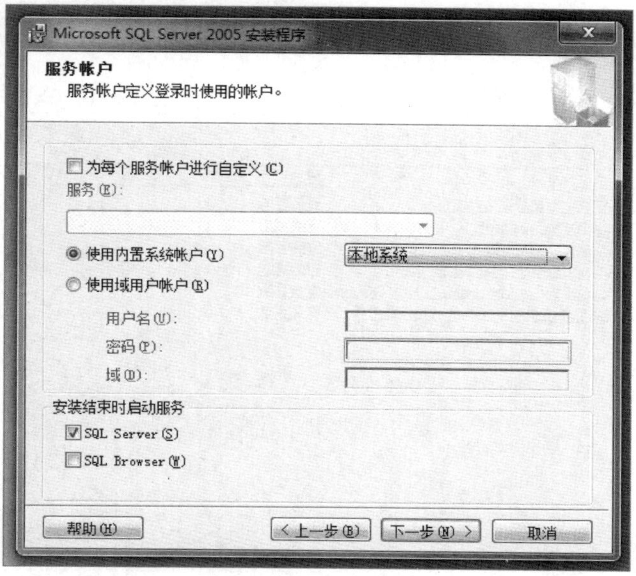

图 2-7　服务账户

（9）设置登录信息。选择混合模式登录，并输入 sa 登录密码（一般默认为空），单击“下一步”按钮继续，如图 2-8 所示。

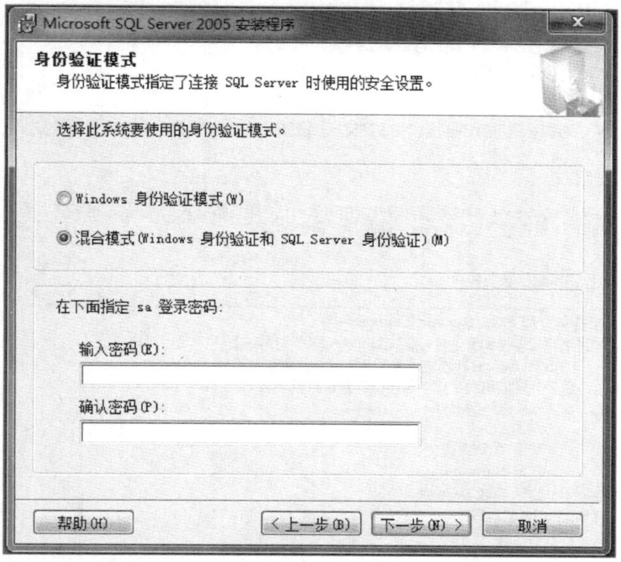

图 2-8　身份验证模式

（10）排序规则设置。按默认设置即可，单击“下一步”按钮继续。

（11）其他配置选项。按默认设置即可，单击“下一步”按钮继续。

(12) 准备安装,单击“安装”按钮继续。

(13) 安装进度。安装可能需要花几分钟时间,单击“下一步”按钮继续,如图 2-9 所示。

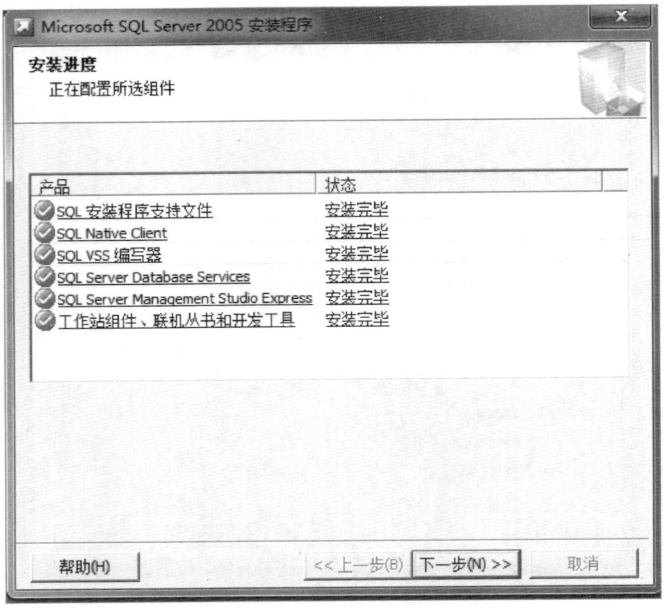

图 2-9　安装进度

(14) 安装完成,如图 2-10 所示。

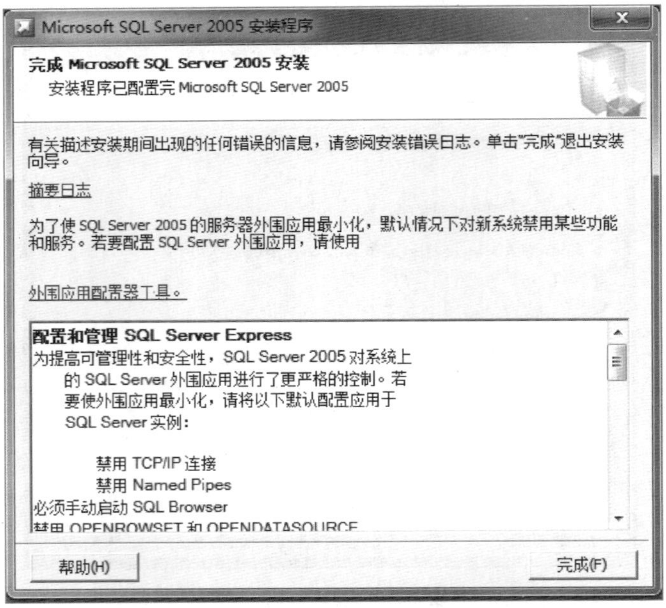

图 2-10　安装完成

（15）启用 TCP/IP 协议。单击“开始”—“程序”—“Microsoft SQL Server 2005”—“配置工具”—“SQL Server 配置管理器”—“SQL SERVER 网络配置”，找到安装的数据库实例名，如图 2-11 中的是 MSSQLSERVER 默认实例，选中“MSSQLSERVER 的协议”，右击“TCP/IP”，选择“启用”，提示框中选择“确定”，如图 2-11、图 2-12 所示。

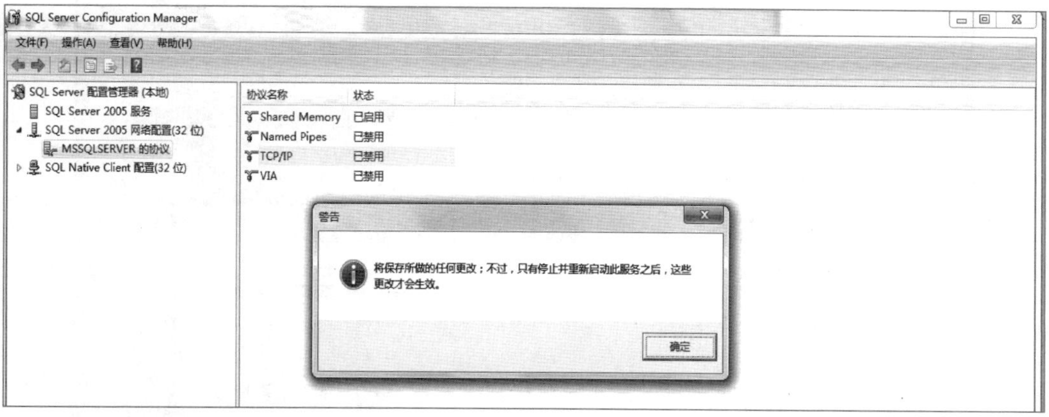

图 2-11　MSSQLSERVER 的协议

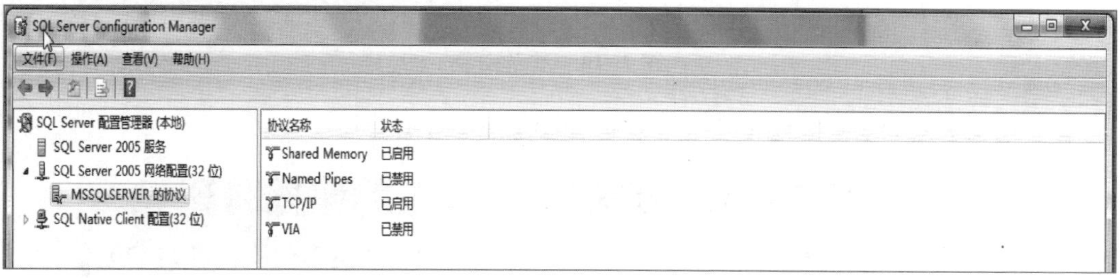

图 2-12　启用 TCP/IP 协议

当 TCP/IP 显示“已启用”后，单击“SQL Server 服务”，右击“SQL Server (MSSQLSERVER)”，选择“重新启动”，如图 2-13 所示。

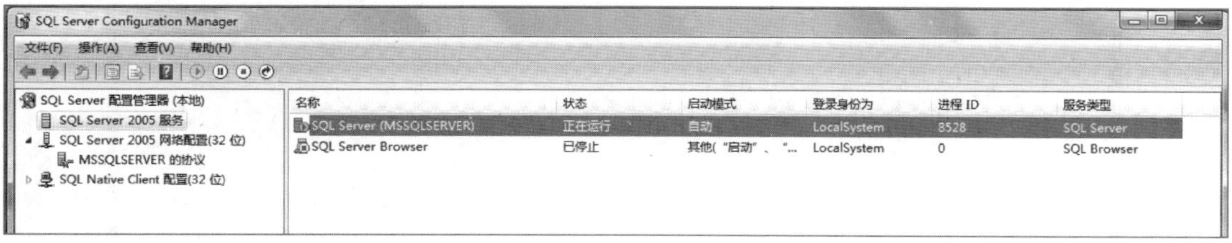

图 2-13　重新启动 SQL Server(MSSQLSERVER)

（三）安装畅捷通 T3-企业管理信息化软件教育专版

▶▶▶ 注意事项

在安装过程中，请关闭 360 安全卫士等杀毒软件以免安装失败。

(1) 打开"T3 -企业管理信息化软件教育专版"文件夹,双击"setup.exe",如图 2-14 所示。

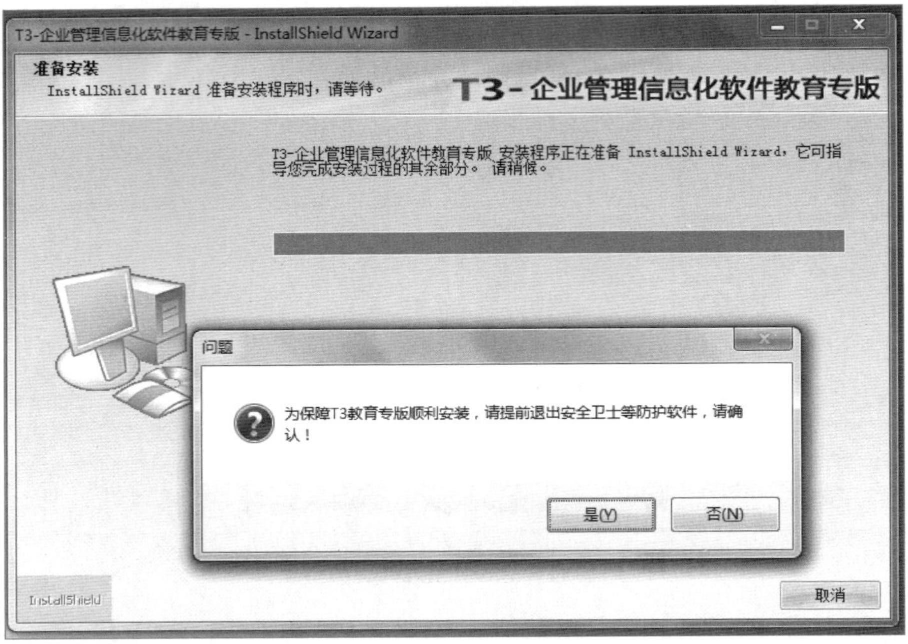

图 2-14 准备安装

(2) 在安装欢迎界面中选择"下一步",如图 2-15 所示。

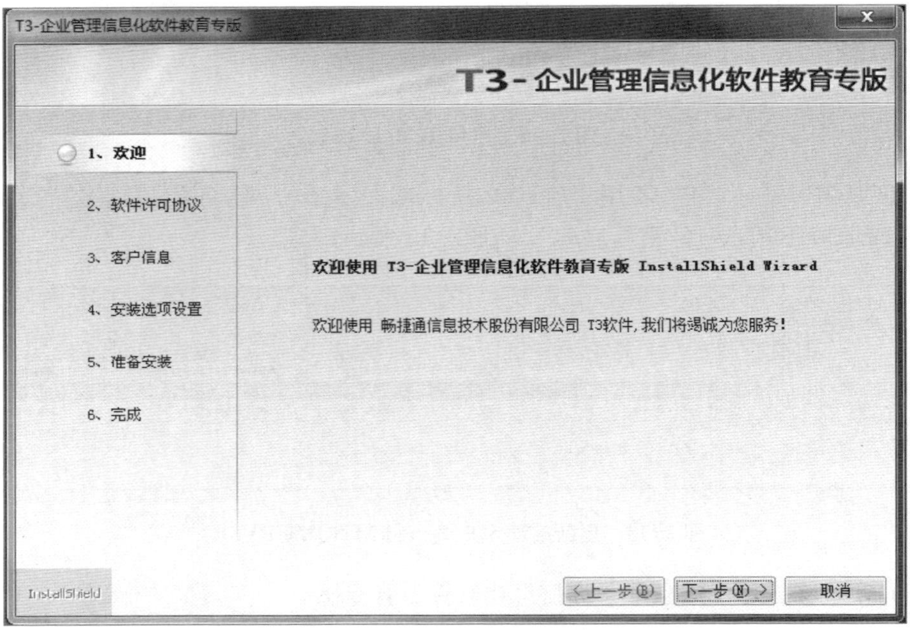

图 2-15 安装欢迎

（3）选择“我接受许可证协议中的条款”，继续单击“下一步”，如图 2-16 所示。

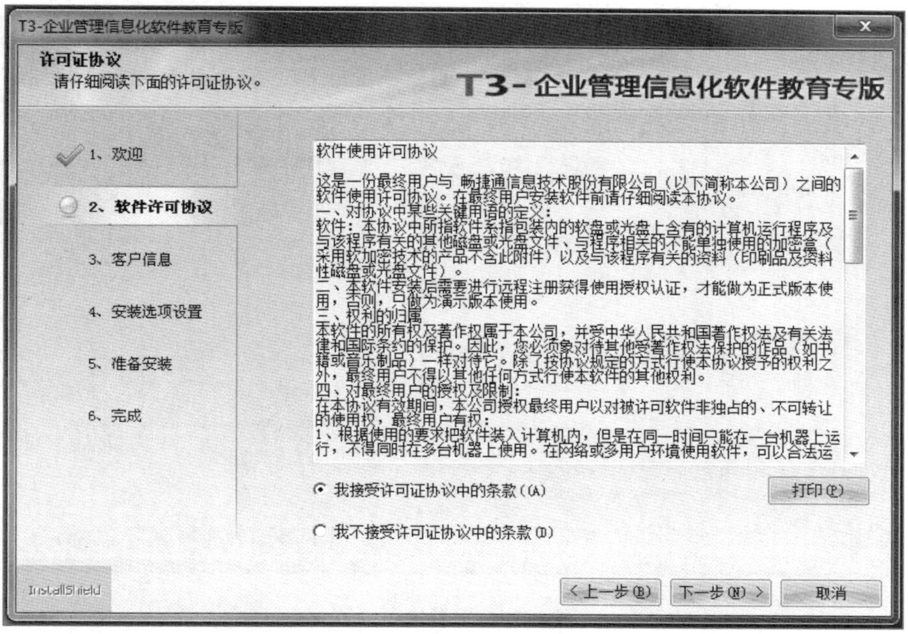

图 2-16　软件许可协议

（4）输入用户名和公司名称，选择“下一步”，如图 2-17 所示。

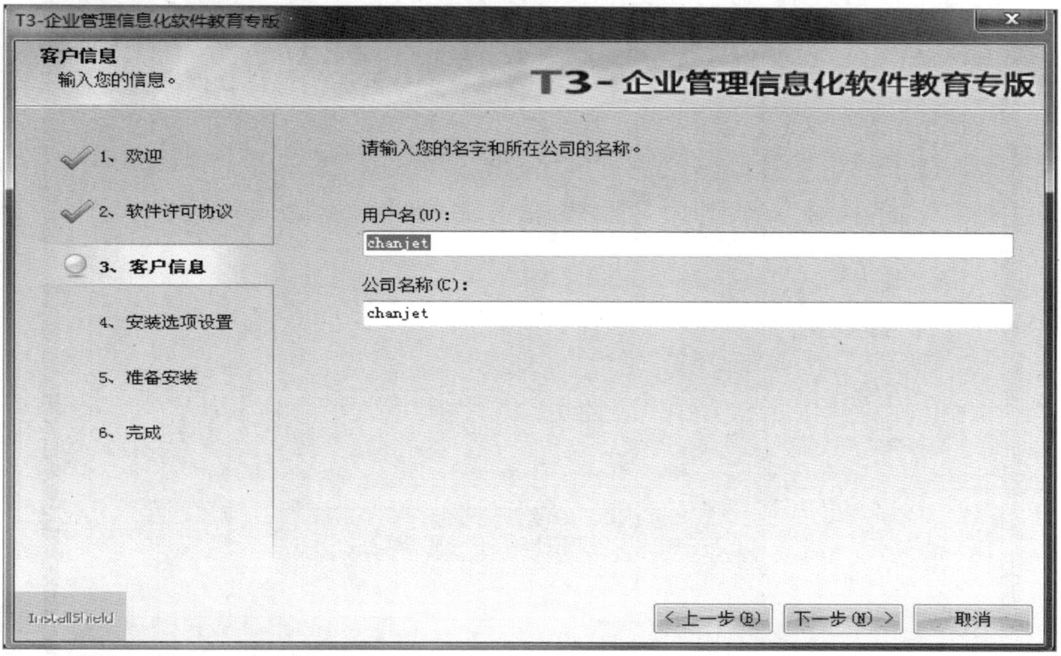

图 2-17　客户信息

(5) 选择安装路径,继续单击“下一步”,如图 2-18 所示。

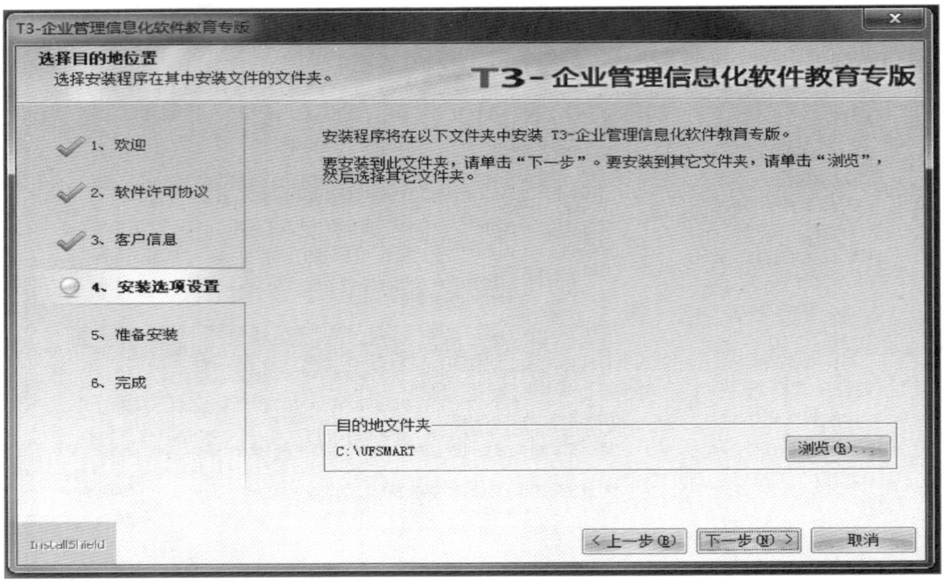

图 2-18 安装选项设置

(6) 选择安装产品组件。产品安装默认安装所有组件,客户端组件是必须安装的,如果不安装服务端组件,则取消其勾选状态,如图 2-19 所示。

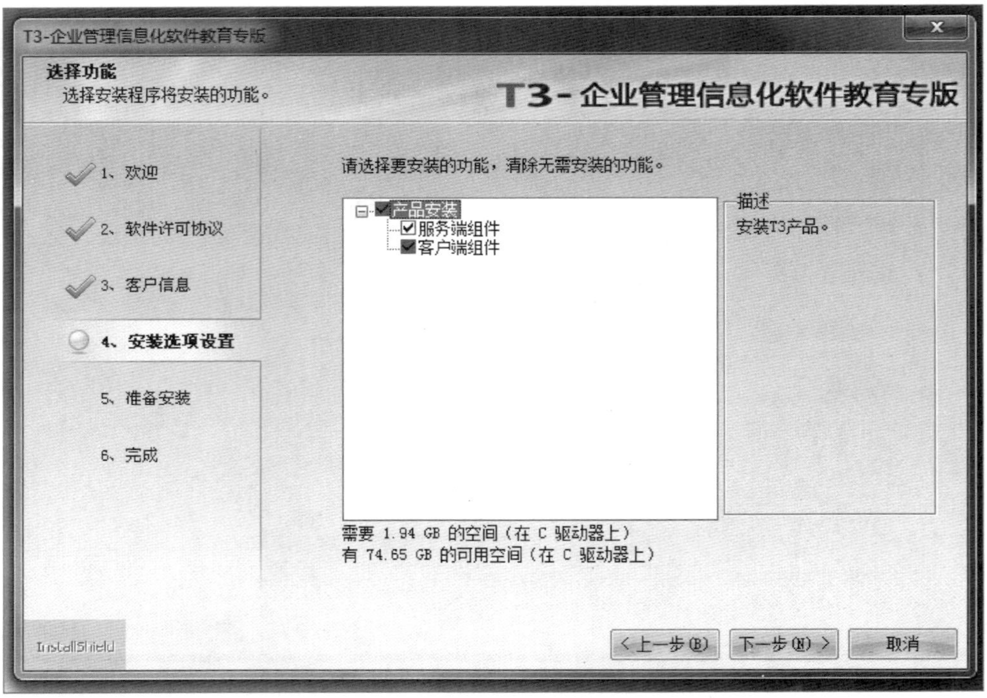

图 2-19 产品安装

(7) 单击“下一步”，弹出环境检测窗口，由于之前进行过环境检测，已经符合环境要求，直接退出即可，如图 2-20 所示。

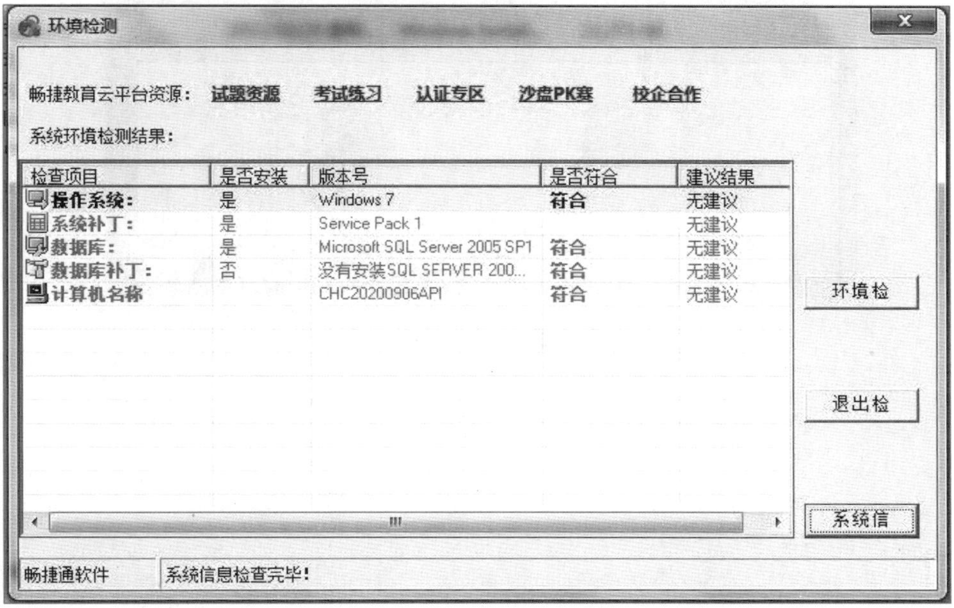

图 2-20 环境检测

(8) 按向导点击“下一步”开始安装，安装完成，请重启电脑，如图 2-21 所示。

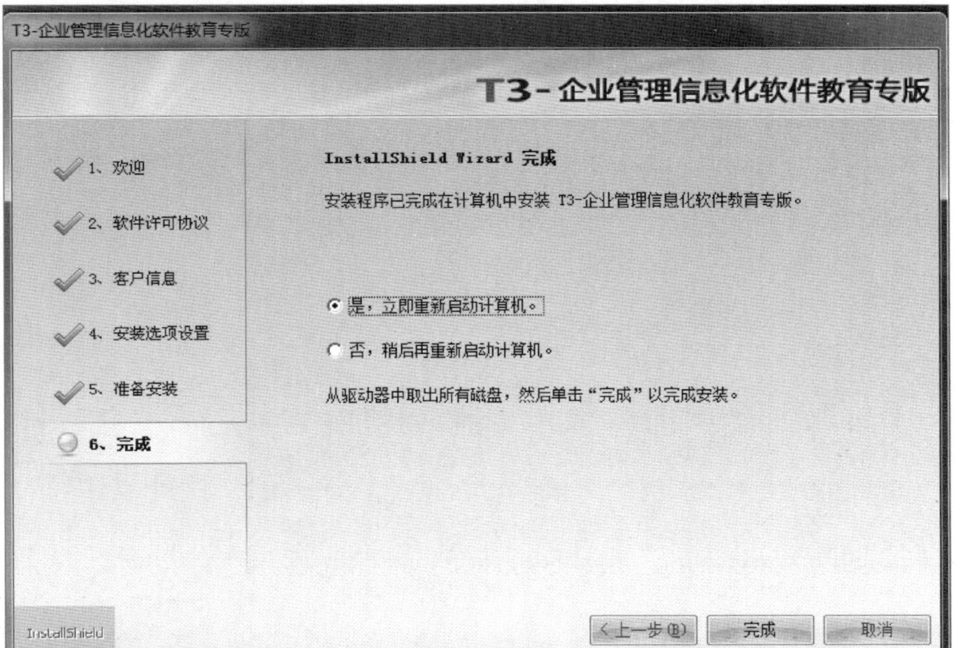

图 2-21 安装完成

(9) 重启以后进入演示账套或者新建账套,如图 2-22 所示。

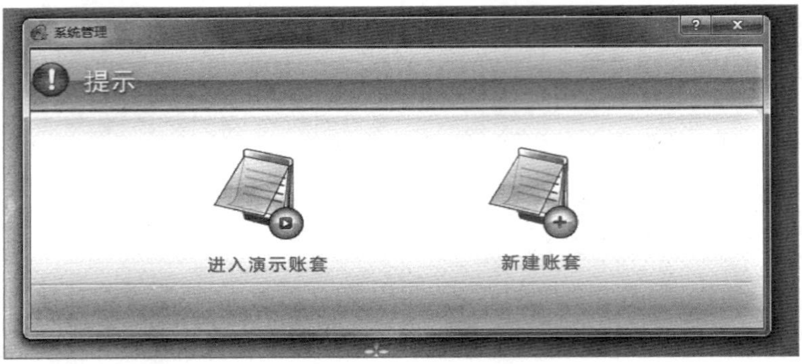

图 2-22 演示账套

第二篇　业务操作指导

本篇内容为会计电算化分模块递进式操作练习，包括建账、企业基本信息管理、记账凭证的填制与审核、账簿的登记与查询、期末结账、错账更正和财务报表编制七个项目。

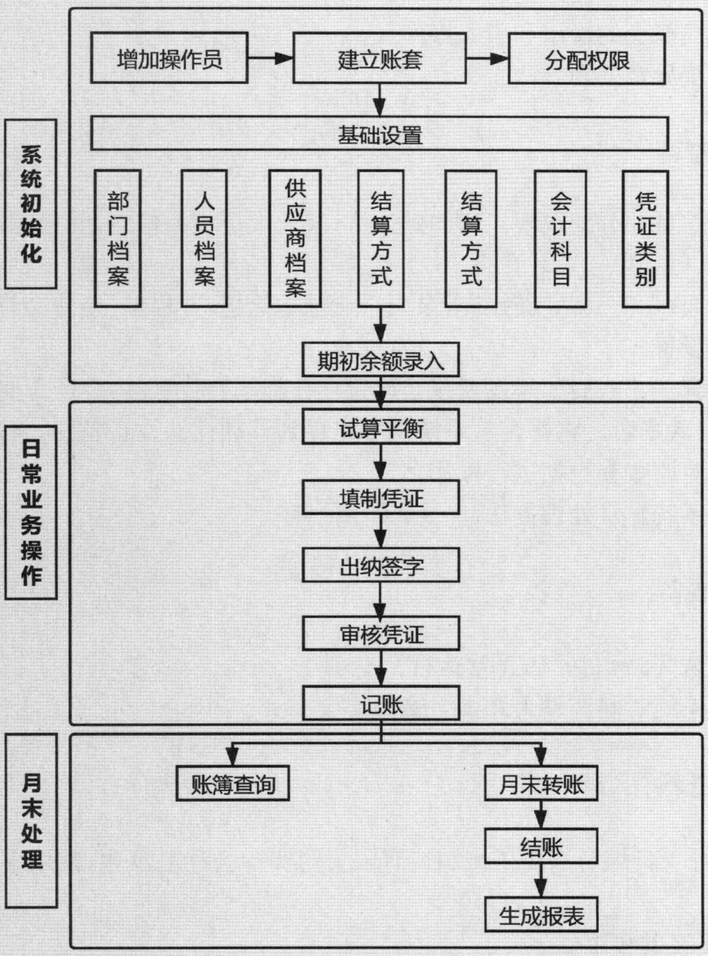

项目三　建　　账

一、实验目的

（1）熟悉 T3 软件系统管理模块的主要功能。

（2）能够完成操作员的增加和操作员权限分配。

（3）能够完成企业账套的建立和修改。

（4）能够完成账套的输出和引入操作。

（5）熟悉系统异常处理方法。

二、实验内容

（1）增加操作员并分配权限。增加操作员，录入人员相关信息，并根据岗位职责设置操作员的权限。

（2）建立企业账套。创立新账套，录入企业基本信息，并根据《企业会计准则》和企业财务政策进行账套设置。

（3）修改账套。建账后如果发现账套设置存在问题，对错误内容进行修改。

（4）输出、引入账套。将账套从系统里导出存到移动存储设备备份，将备份的账套引入财务软件系统可对原账套数据进行操作。

（5）常见的系统异常处理方法。

三、实验准备

（1）检验确认 T3 软件是否正常运行。

（2）将电脑系统时间调整为 2019-12-01。

四、实验资料

2019 年 12 月 1 日烟台兴茂机械制造有限公司实行会计电算化，使用 T3 软件作为其财务软件。

（一）操作员及其权限

财务分工是指对允许操作软件的用户规定操作权限。在系统使用之前需要对用户进行财务分工，来防止与业务无关人员擅自使用软件。烟台兴茂机械制造有限公司会计电算化系统操作人员信息及权限分配如表 3-1 所示。

表 3-1　操作员及其权限

部门	编号	姓名	口令	权限设置
财务部	001	张丽	1	账套主管,负责系统日常运行管理,拥有全部权限
财务部	002	孙娜	2	拥有“公用目录设置”“总账”(审核凭证、出纳签字除外)子系统的相关权限
财务部	003	王强	3	拥有“总账-出纳签字”和“现金管理”权限

(二) 账套信息

账套号:111

账套名称:烟台兴茂机械制造有限公司

账套路径:系统默认路径

启用会计期:2019 年 12 月

会计期间设置:12 月 1 日至 12 月 31 日

(三) 企业信息

单位名称:烟台兴茂机械制造有限公司

单位简称:烟台兴茂制造

单位地址:山东省烟台市莱山区港城东大街 100 号

法人代表:孔祥瑞

税号:913706129662088957

联系电话及传真:0531-6900119

电子邮箱:yantaixingmao@126.com

(四) 核算类型

本币名称:人民币(RMB)

企业类型:工业

行业性质:2007 年新会计准则科目

账套主管:张丽

按行业性质预置会计科目。

(五) 基础信息

对存货、客户、供应商不进行分类,有外币核算。

(六) 分类编码方案

科目编码级次:4222;其他编码级次采用系统默认值。

(七) 数据精度

采用系统默认值。

(八) 系统启用

启用“总账”子系统,启用日期为 2019 年 12 月 1 日。

五、实验操作指导

(一) 登录系统管理

(1) 单击“开始”—“程序”—“畅捷通 T3”—“企业信息化软件教育专版”—“系统管理”或者在桌面上双击“系统管理”图标进入“系统管理”窗口,如图 3-1 所示。

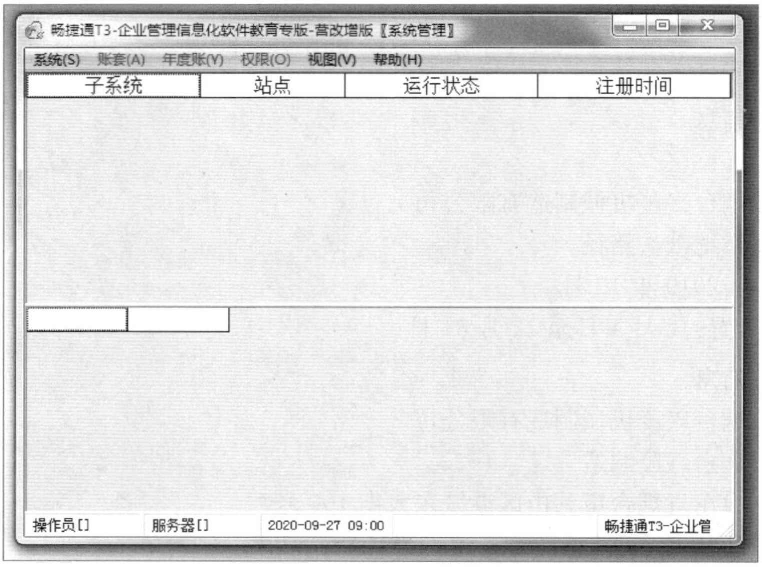

图 3-1　系统管理窗口

(2) 执行“系统”—“注册”命令,打开“注册【控制台】”。以系统管理员“admin”的身份进入,密码为空,单击“确定”按钮后登录,如图 3-2 所示。

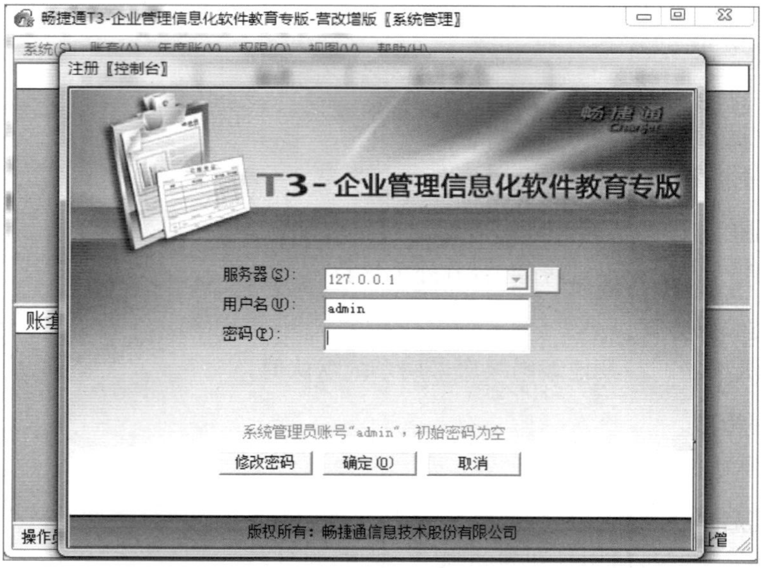

图 3-2　注册【控制台】

▶▶▶ 注意事项

系统管理员“admin”是系统管理权限最高的操作员。为保证系统数据的安全性，企业应及时更改系统管理员的密码，在登录界面勾选“修改密码”可设置新密码。在教学过程中，因多人共用一台电脑，不建议设置“admin”的密码。

（二）增加操作员

（1）在“系统管理”窗口，执行“权限”—“操作员”命令，进入“操作员管理”对话框。

（2）单击“增加”按钮，打开“增加操作员”对话框。输入编号“001”，姓名“张丽”，口令和确认口令均为“1”。所属部门为“财务部”，如图 3-3 所示。

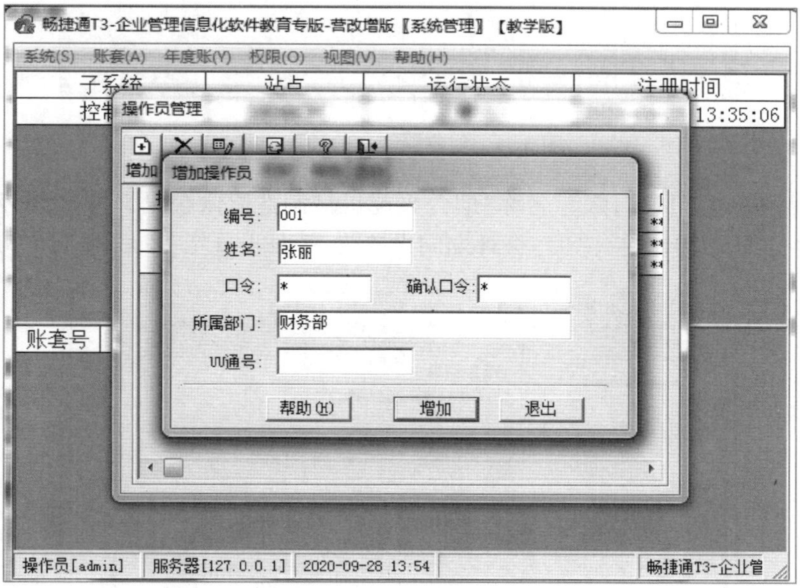

图 3-3 增加操作员

（3）单击“增加”按钮，根据实验资料依次增加其他操作员，设置完成后单击“退出”按钮退出。

▶▶▶ 注意事项

只有系统管理员“admin”有权限设置操作员，只有系统管理员才有权限进行账套主管的设定与取消操作。

T3 软件在技术上支持设置多个账套主管，但从企业管理层面上建议一个账套只设置一个账套主管。

（三）建立账套

（1）在“系统管理”窗口，执行“账套”—“建立”命令，进入“创建账套”窗口，如图 3-4 所示。

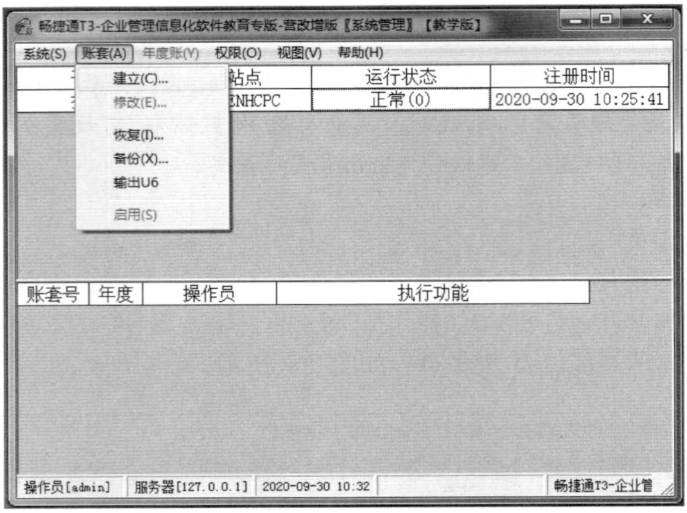

图 3-4　创建账套——建账方式

（2）输入账套号“111”，账套名称“烟台兴茂机械制造有限公司”，账套路径为系统默认路径，启用会计期为 2019 年 12 月，会计期间设置为 12 月 1 日至 12 月 31 日，如图 3-5 所示。

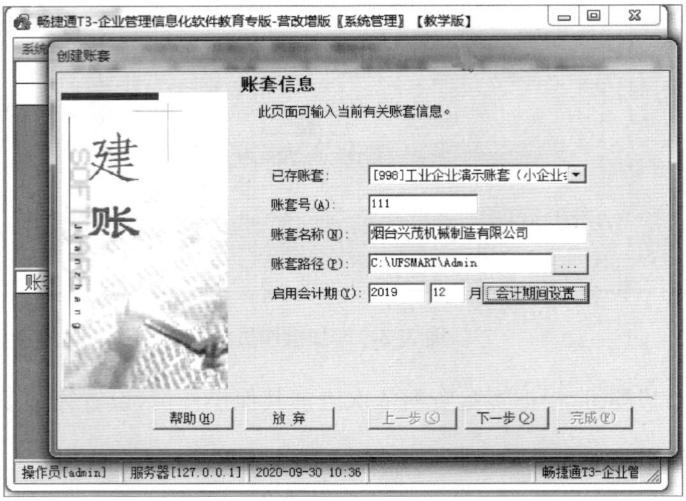

图 3-5　创建账套——账套信息

注意事项

账套号是账套的唯一标识，不允许重复，账套号设置后不允许修改。

账套存储路径默认为 T3 软件的安装路径，安装时可以修改路径，但账套路径一经设定完成不允许再进行修改。

（3）单击“下一步”，进入“单位信息”录入界面，录入单位信息，如图 3-6 所示。

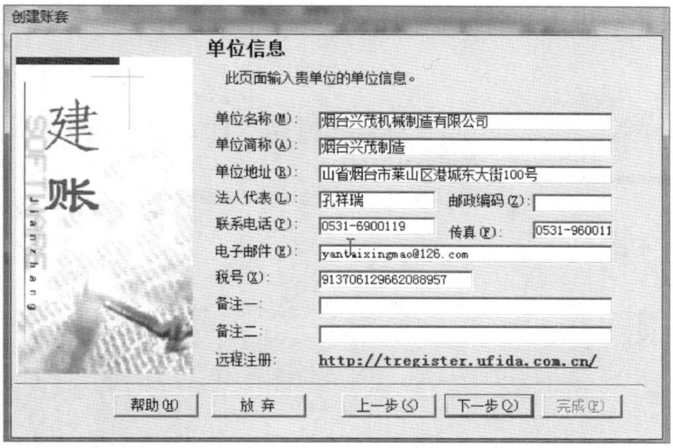

图 3-6　创建账套——单位信息

▶▶▶ 注意事项

单位信息中只有“单位名称”是必须录入的。打印发票时要用到单位名称，所以单位名称应录入企业的全称，并确保信息准确。

（4）单击“下一步”，进入“核算类型”界面。本币代码采用系统默认“RMB”，本币名称为“人民币”，企业类型选择“工业”，行业性质选择“2007 年新会计准则”，账套主管选择“[001]张丽”，勾选“按行业性质预置科目”，如图 3-7 所示。

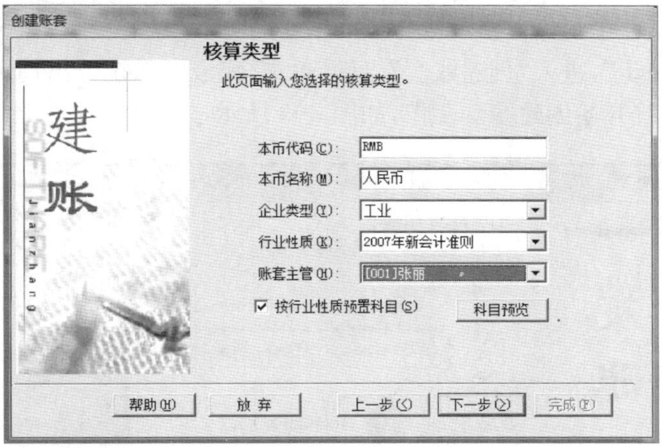

图 3-7　创建账套——核算类型

▶▶▶ 注意事项

行业性质决定系统预置科目的内容，一定要根据操作要求正确选择。选择了按行业性质预置科目，系统才会自动配置国家规定的一级科目和部分二级科目，否则系统会计科目库为空。

(5) 单击“下一步”,进入“基础信息”设置界面,勾选“有无外币核算”前的复选框,如图 3-8 所示。

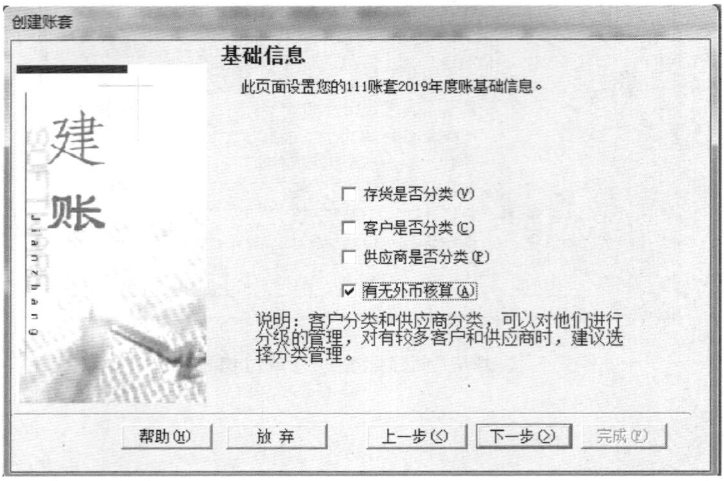

图 3-8　创建账套——基础信息

注意事项

是否对存货、客户及供应商进行分类将会影响档案的设置,有无外币核算将会影响基础信息的设置以及能否处理外币业务。

如果基础信息设置错误,可以由账套主管在修改账套功能中进行修改。

(6) 单击“下一步”,进入“创建账套”界面,单击“完成”,系统弹出提示“可以创建账套了么?”,单击“是”,系统开始创建账套工作,如图 3-9 所示。

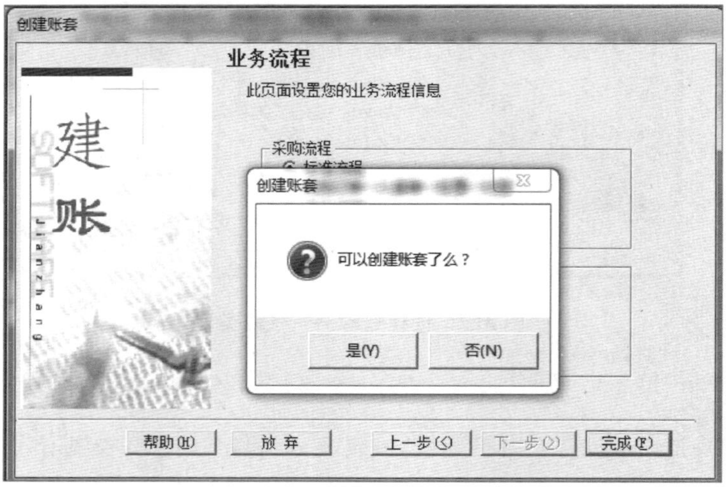

图 3-9　创建账套——开始

(7) 在弹出的"编码方案"对话框中，输入科目编码级次"4222"，其他编码级次设置采用默认值，如图 3-10 所示。

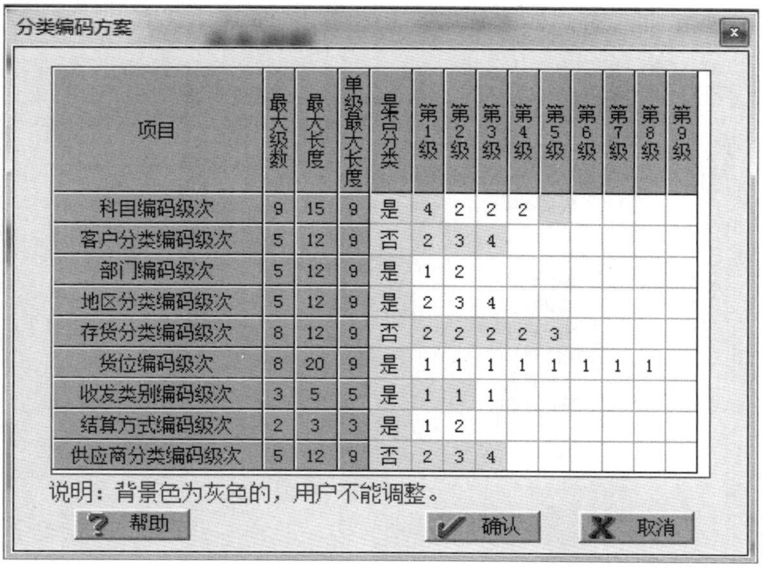

项目	最大级数	最大长度	单级最大长度	是否分类	第1级	第2级	第3级	第4级	第5级	第6级	第7级	第8级	第9级
科目编码级次	9	15	9	是	4	2	2	2					
客户分类编码级次	5	12	9	否	2	3	4						
部门编码级次	5	12	9	是	1	2							
地区分类编码级次	5	12	9	是	2	3	4						
存货分类编码级次	8	12	9	否	2	2	2	2	3				
货位编码级次	8	20	9	是	1	1	1	1	1	1	1	1	
收发类别编码级次	3	5	5	是	1	1	1						
结算方式编码级次	2	3	3	是	1	2							
供应商分类编码级次	5	12	9	否	2	3	4						

图 3-10　编码方案

注意事项

编码方案的设置，会直接影响基础信息设置中相应内容的编码级次和每级编码的位长。

删除编码级次时，要从最后一级依次往前删。

(8) 单击"确认"，系统自动进入"数据精度"设置界面，全部采用系统默认值"2"，如图 3-11 所示。

(9) 单击"确认"，弹出"建账成功"提示框，如图 3-12 所示。

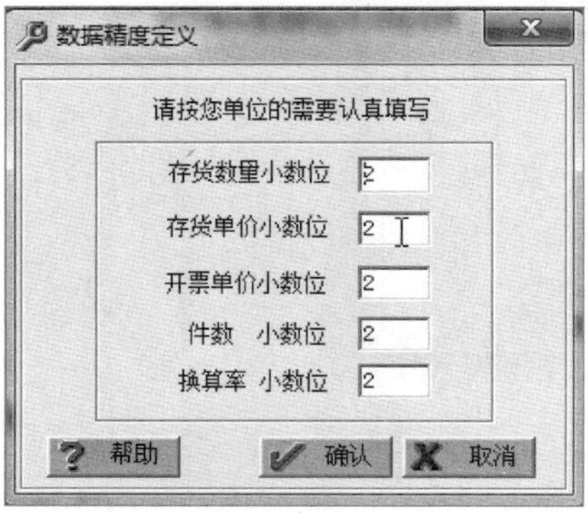

图 3-11　数据精度

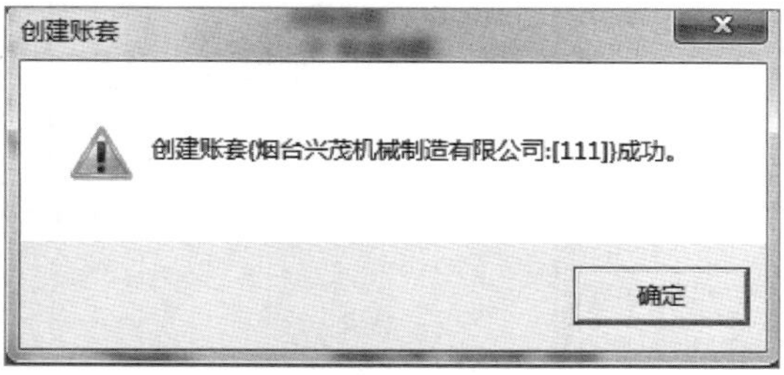

图 3-12　建账成功提示

（10）单击“确定”，弹出“是否立即启用账套”对话框，单击“是”，弹出“系统启用”对话框，如图 3-13 所示。

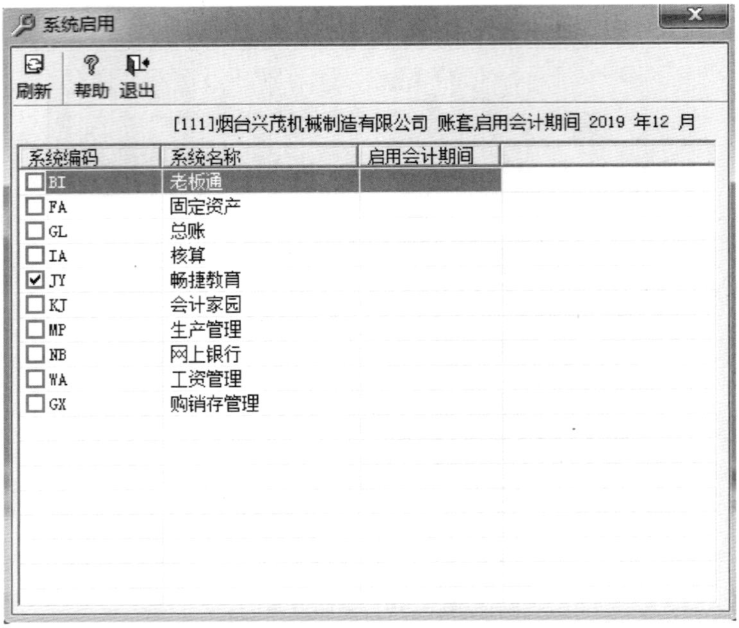

图 3-13　系统启用

（11）勾选“总账”，弹出“日历”，选择启用日期“2019-12-01”，如图 3-14 所示。

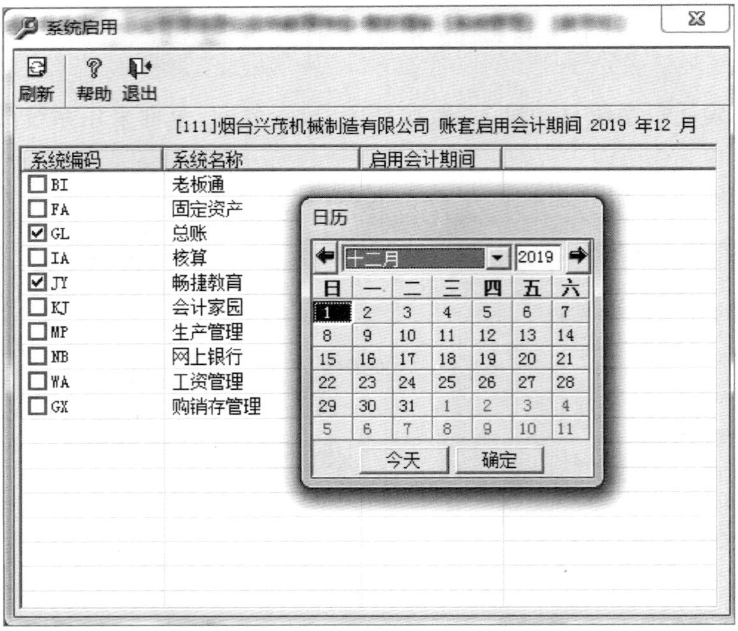

图 3-14　系统启用日期

（12）单击“确定”，系统弹出“确实要启用当前系统吗?”，单击“是”，如图 3-15 所示。

（13）启用本企业所需的模块后，单击“退出”。

（四）设置权限

（1）打开“系统管理”窗口，以“admin”身份注册，选择“权限”菜单下的“权限”命令，系统弹出“操作员权限”对话框，如图 3-16 所示。

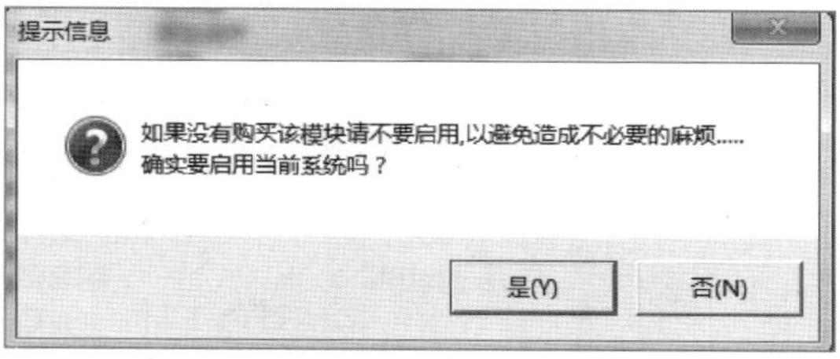

图 3-15　系统启用提示信息

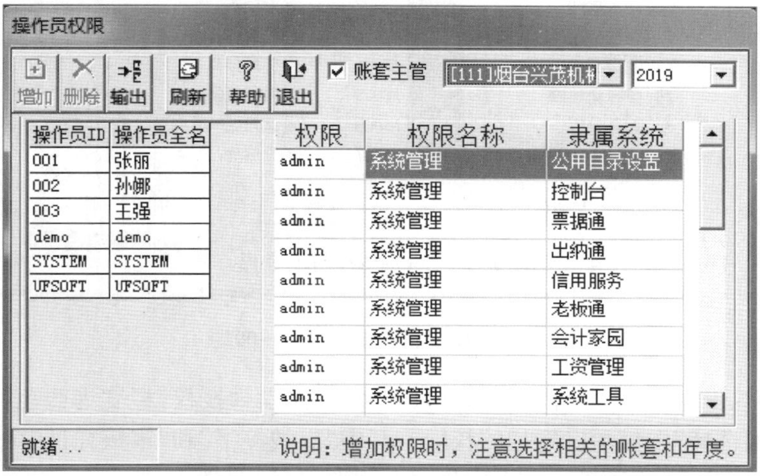

图 3-16　操作员权限

（2）单击选中操作员“001 张丽”，选择“111”账套，勾选“账套主管”选项。即可设置张丽为“111”账套主管。（由于建账操作中已将张丽设置为 111 账套的账套主管，此步骤可以省略）如图 3-17 所示。

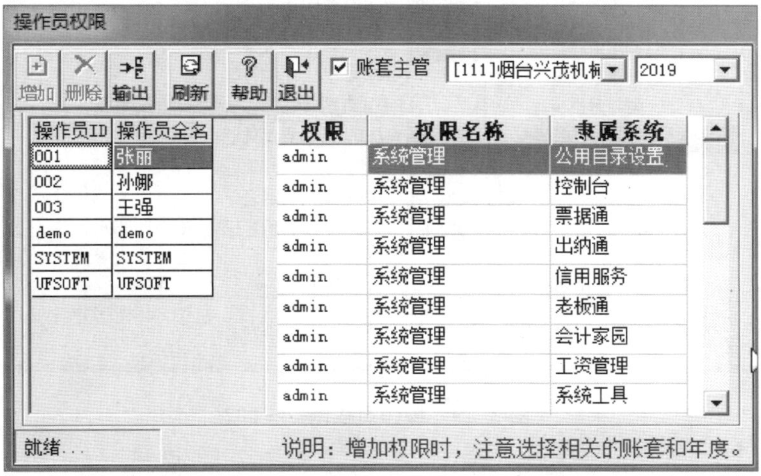

图 3-17　操作员权限——账套主管

(3) 单击选中操作员“002 孙娜”，选择“111”账套，单击“增加”按钮，打开“增加权限—[002]”对话框。双击左侧“产品分类选择”中的“公用目录设置”选项，如图 3-18 所示。

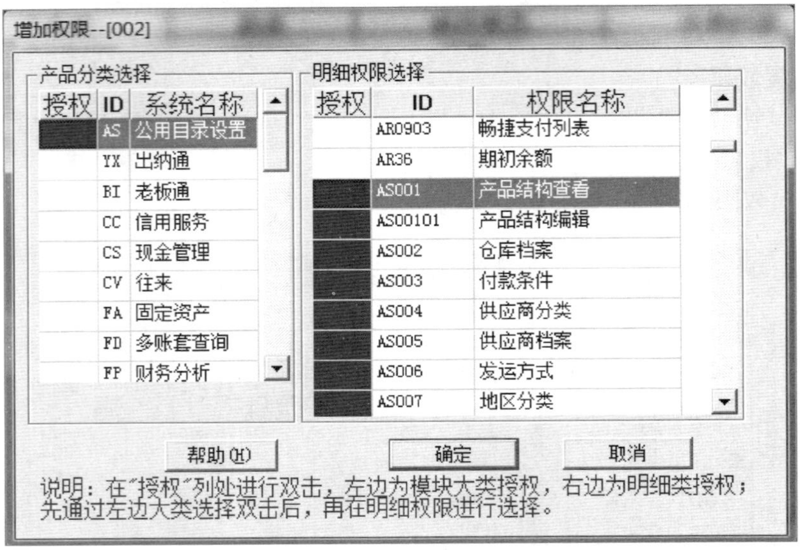

图 3-18　操作员权限——002

(4) 继续双击左侧“产品分类选择”中的“总账”选项，“授权”栏变为蓝色，系统在右侧列表框“明细权限选择”中显示已增加的权限。其中“出纳签字”和“审核凭证”两项明细权限因不能向该操作员授权，故通过双击操作将这两项取消，如图 3-19 所示。

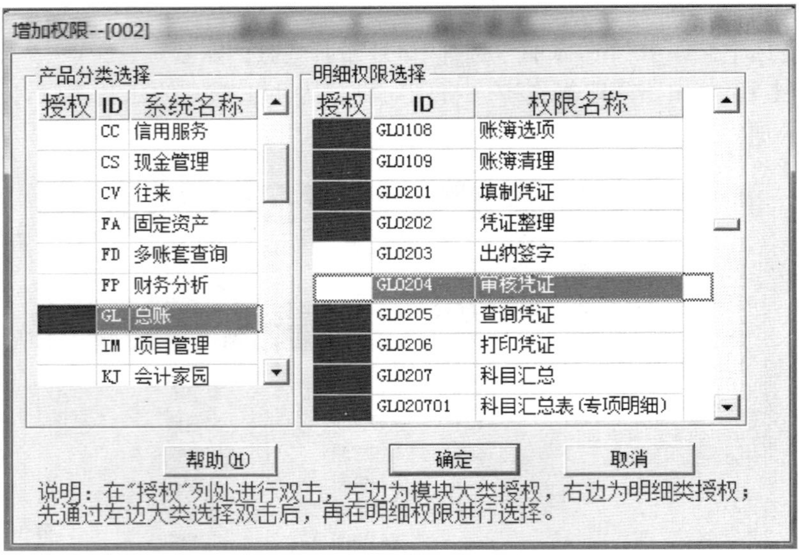

图 3-19　操作员权限——002

(5) 权限设置完毕，单击“确定”按钮。可以在“操作员权限”窗口中看到该操作员对指定年限的账套拥有的权限，如图 3-20 所示。

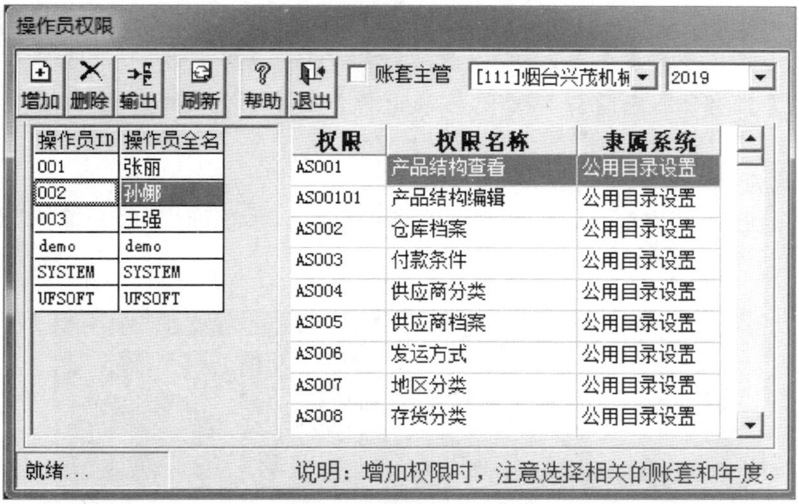

图 3-20　操作员权限——002

（6）继续选中操作员“003 王强”，单击“增加”按钮，打开“增加权限—003”对话框。双击左侧“产品分类选择”中的“现金管理”选项，“授权”栏变为蓝色，表示该系统权限全部赋予该操作员。接着再单击“产品分类选择”中的“总账”选项，在右侧“明细权限选择”列表框中，双击“出纳签字”权限，“授权”栏变为蓝色，即为该操作员赋予了明细权限。单击“确定”按钮，如图 3-21 所示。

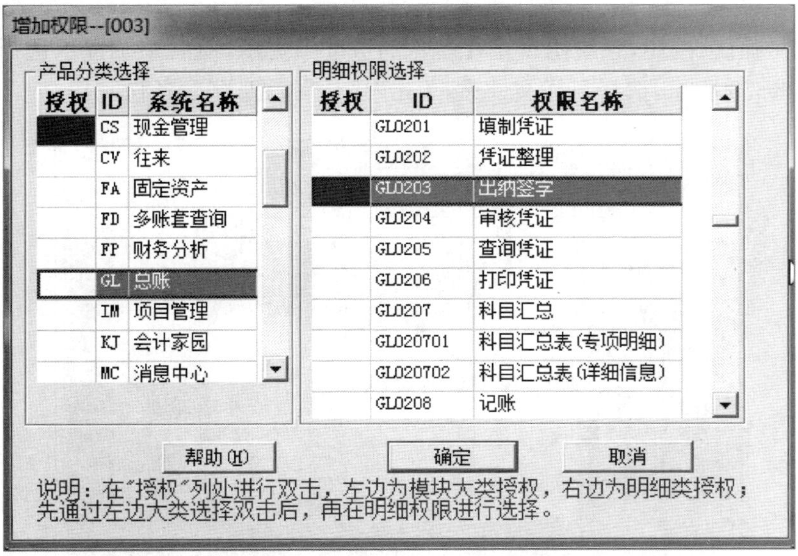

图 3-21　操作员权限——003

（7）全部权限设置完毕，单击“退出”按钮。

注意事项

只有系统管理员(admin)才有权设置或取消账套主管。账套主管以外的操作员权限设置可以由系统管理员完成,也可以由该账套的账套主管完成。

账套主管拥有该账套的全部权限,无须为账套主管另外赋权。

(五)账套备份

(1)在“系统管理”窗口,执行“账套”—“备份”命令,系统弹出“账套输出”对话框,选择需要备份的“111 账套”,如图 3-22 所示。

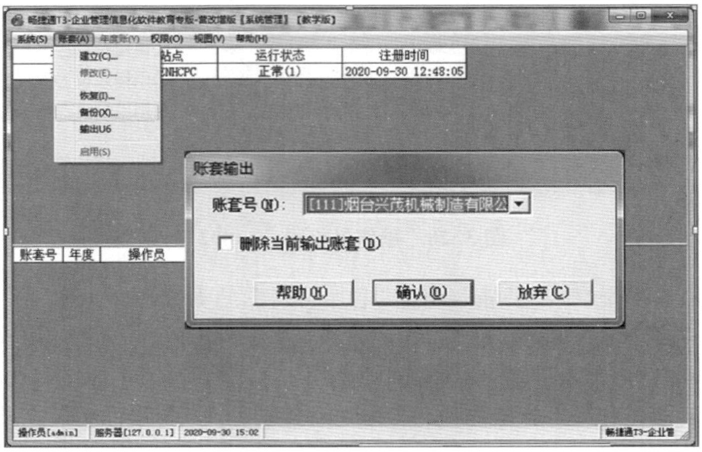

图 3-22 账套输出

(2)单击“确认”按钮,系统出现正在备份的进度条提示,最后系统提示选择备份的目标文件夹,如图 3-23 所示,选择目标文件夹,单击“确认”按钮,账套备份完毕。

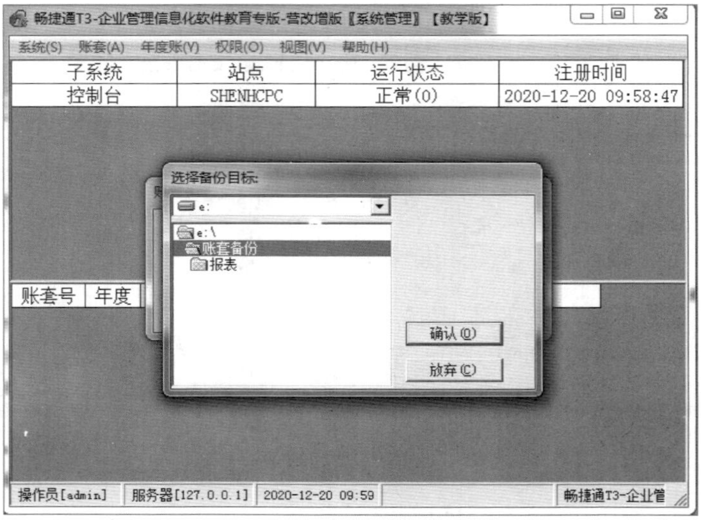

图 3-23 选择账套备份的目标文件夹

▶▶▶ 注意事项

只有系统管理员(admin)才有权进行账套的输出。

利用账套输出功能还可以进行“删除账套”的操作。在“账套输出”对话框中勾选“删除当前输出账套”选项即可删除账套。

(六) 恢复账套

(1) 以系统管理员“admin”的身份登录“系统管理”，执行“账套”—“恢复”命令，打开“恢复账套数据”对话框，选择备份文件夹中的文件“UF2KAct.lst”，如图 3-24 所示。

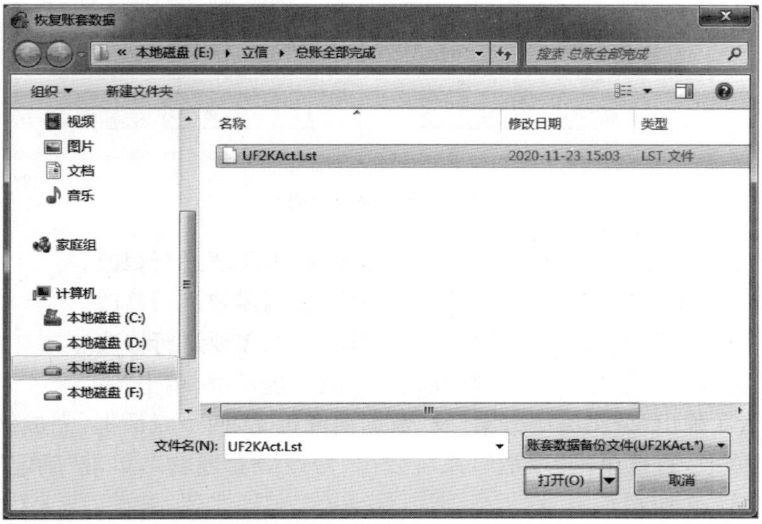

图 3-24　选择账套备份文件

(2) 单击“打开”按钮，经过恢复和账套引入后，系统弹出提示框，告知“账套 111 恢复成功!”，如图 3-25 所示。

(3) 单击“确定”按钮完成操作。

图 3-25　账套恢复成功提示

▶▶▶ 注意事项

只有系统管理员才有权限恢复账套。

(七) 修改账套

账套建账完成后，在未使用相关信息的基础上，如果需要对某些信息进行调整，可以以账套主管的身份登录系统管理进行修改。

(1) 在“系统管理”窗口，执行“系统”—“注册”命令，以账套主管“001 张丽”的身份注册，密码为“1”，选择账套“111 烟台兴茂机械制造有限公司”，操作日期为“2019-12-01”。

(2) 单击“确定”，执行“账套”—“修改”命令，进入“修改账套”界面，如图 3-26 所示。

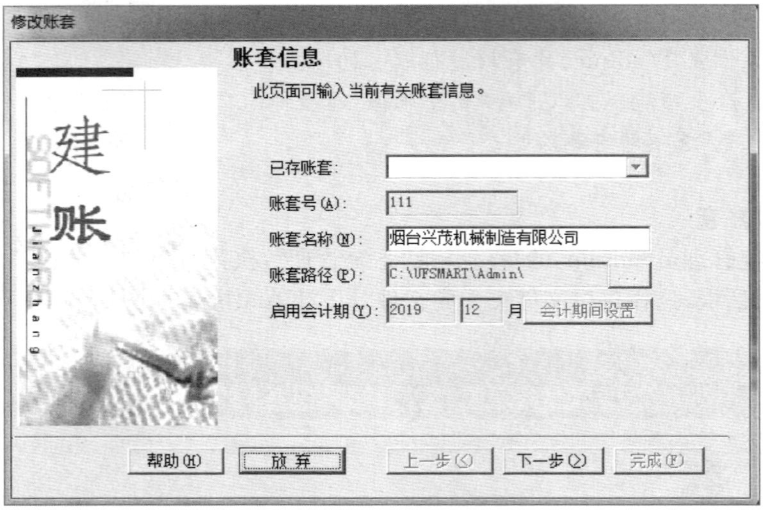

图 3-26 修改账套

(3) 单击“下一步”,进入“单位信息”修改界面,根据需要进行修改。

(4) 单击“下一步”,进入“核算类型”修改界面,根据需要进行修改。

(5) 单击“下一步”,进入“基础信息”修改界面,根据需要进行修改。

(6) 单击“完成”,系统弹出“确认修改账套了吗?”提示框,单击“是”。

(7) 系统依次弹出“分类编码方案”及“数据精度定义”两个对话框,完成修改后单击“确定”。如果不做修改,直接单击“取消”,系统弹出“修改账套成功”,单击“确定”,即可完成账套的修改,如图 3-27 所示。

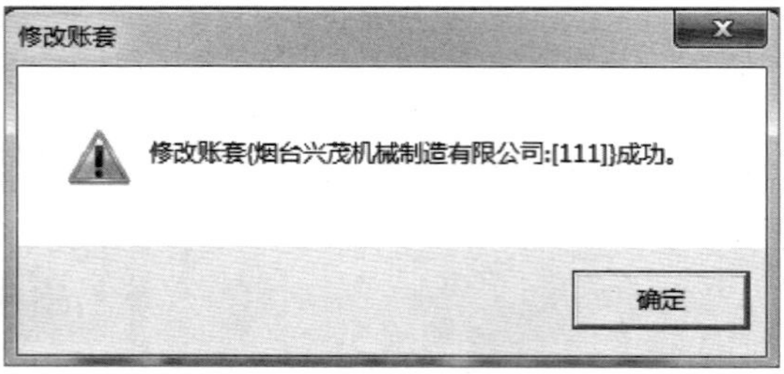

图 3-27 修改账套成功

注意事项

只有账套主管才能进行修改账套操作。

账套建成后,部分参数不能修改,若该部分出现错误,需要将原账套删除,重新建立新的账套。

(八) 常见系统异常的处理方法

用友 T3 系统对于系统异常的用户端处理方式包括清除单据锁定、清除异常任务。

（1）以系统管理员“admin”的身份登录“系统管理”，进入“系统管理”界面。

（2）单击“视图”，选择“清除异常任务”可将当前运行异常的任务结束。

（3）单击“视图”，选择“清除单据锁定”，打开“清除单据锁定”对话框，选中被锁定的单据，单击“确定”便可解除对单据的锁定，如图 3-28 所示。

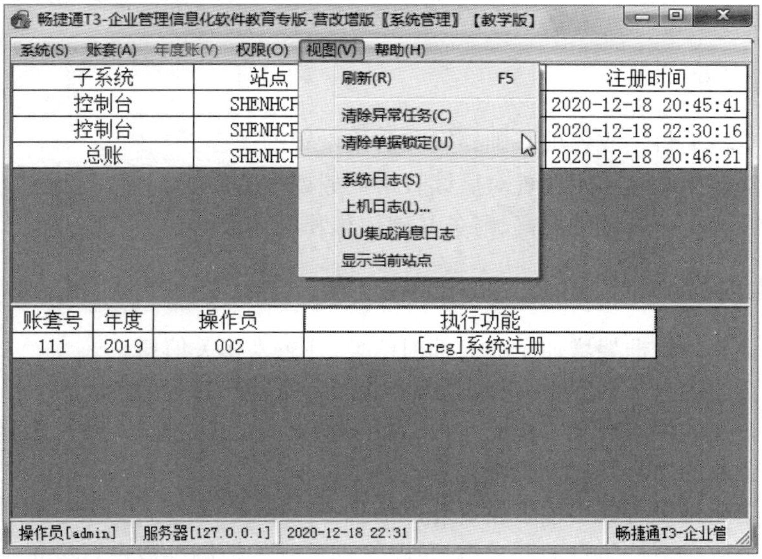

图 3-28　清除单据锁定

项目四　企业基本信息管理

一、实验目的

（1）根据实验资料完成各项基础档案和初始设置的操作。

（2）理解基础档案和初始设置对后续日常业务处理的影响。

（3）能够设置企业的基础档案、财务基础信息和期初数据。

二、实验内容

（1）根据企业组织框架增加企业的部门档案，并录入相关信息。

（2）增加企业的人员档案，并录入其编号、姓名、所属部门等信息。

（3）增加企业的供应商和客户档案，录入相关的税号、开户银行、银行账号等信息。

（4）根据企业的结算情况设置结算方式。

（5）根据企业是否有外币核算设置外币信息。

（6）根据企业对会计信息的要求，对总账管理系统的控制参数进行设置。

（7）针对现金科目和银行科目指定会计科目，并根据企业的自身情况设置凭证类别，并设置相应的限制条件。

（8）增加、修改、删除会计科目，并依据企业的财务信息进行期初余额录入。

三、实验准备

（1）引入项目三中的账套数据。

（2）电脑系统时间调整为 2019-12-01。

四、实验资料

（一）部门档案

企业的部门档案资料，如表 4-1 所示。

表 4-1　部门档案资料

部门编号	所属部门	部门编号	所属部门
1	总经理办公室	302	仓库
2	财务部	303	生产管理部门
3	生产部	4	销售部
301	生产车间	5	采购部

（二）人员档案

企业现有职工 14 人，其相关资料，如表 4-2 所示。

表 4-2 人员档案

人员编号	姓名	性别	雇佣状态	所属部门	职员属性
1001	孔祥瑞	男	在职	总经理办公室	企业管理
1002	宋成亮	男	在职	总经理办公室	企业管理
2001	张　丽	女	在职	财务部	企业管理
2002	孙　娜	女	在职	财务部	企业管理
2003	王　强	男	在职	财务部	企业管理
3001	孙思泽	男	在职	生产部——生产车间	生产人员
3002	徐　丽	女	在职	生产部——生产车间	生产人员
3003	于传强	男	在职	生产部——仓库	仓管人员
3004	赵小英	女	在职	生产部——仓库	仓管人员
3005	王加成	男	在职	生产部——生产管理部门	生产管理
4001	徐瑞诚	男	在职	销售部	销售人员
4002	赵　坤	女	在职	销售部	销售人员
5001	刘　星	男	在职	采购部	采购人员
5002	李　强	男	在职	采购部	采购人员

（三）客户档案

企业的客户档案，如表 4-3 所示。

表 4-3 客户档案

编号	名称	简称	税号	开户银行	账号
001	济南西城机械有限公司	济南西城	223456789012341	中国农业银行济南分行	6227043008479652031
002	济南信达汽车配件有限公司	济南信达	223456789012342	中国农业银行济南分行	6227043008479652032
003	青岛通达汽车配件公司	青岛通达	223456789012343	中国农业银行青岛分行	6227043008479652033
004	烟台三立有限公司	烟台三立	223456789012344	中国农业银行烟台分行	6227043008479652034
005	泰安银光电子公司	泰安银光	223456789012345	中国农业银行泰安分行	6227043008479652035
006	山东恒通汽车制造有限公司	山东恒通	223456789012346	中国农业银行济南分行	6227043008479652036

（续表）

编号	名称	简称	税号	开户银行	账号
007	烟台神通电气有限公司	烟台神通	223456789012347	中国农业银行烟台分行	6227043008479652037
008	威海东恒公司	威海东恒	223456789012348	中国农业银行威海分行	6227043008479652038
009	青岛山海机械有限公司	青岛山海	223456789012349	中国农业银行青岛分行	6227043008479652039
010	烟台凯马汽车制造公司	烟台凯马	223456789012340	中国农业银行烟台分行	6227043008479652030

（四）供应商档案

企业的供应商资料，如表 4-4 所示。

表 4-4　　供应商档案

编码	名称	简称	税号	开户银行	银行账号
001	重庆华宇机械有限公司	重庆华机	123456789012341	中国农业银行重庆分行	6227043008477652031
002	济南曼华包装有限公司	济南曼华	123456789012342	中国农业银行济南分行	6227043008477652032
003	中通工业集团	中通集团	123456789012343	中国农业银行聊城分行	6227043008477652033
004	烟台伟业有限公司	烟台伟业	123456789012344	中国农业银行烟台分行	6227043008477652034
005	青岛广源钢材有限公司	青岛广源	123456789012345	中国农业银行青岛分行	6227043008477652035
006	济南星光公司	济南星光	123456789012346	中国农业银行济南分行	6227043008477652036

（五）结算方式

企业的结算方式，如表 4-5 所示。

表 4-5　　结算方式

编码	结算方式	票据管理标识	编码	结算方式	票据管理标识
1	现金结算	否	4	汇兑	否
2	支票结算	是	401	信汇	否
201	现金支票	是	402	电汇	否
202	转账支票	是	5	委托收款	否
3	商业汇票	是	6	银行汇款	否
301	商业承兑汇票	是	7	托收承付	否
302	银行承兑汇票	是	8	其他	否

（六）外币设置

企业会计信息的外币设置，如表 4-6 所示。

表 4-6 外币及汇率

币符	币名	汇率
USD	美元	1∶7.0

（七）财务基础数据

（1）会计科目及 2019 年 12 月份期初余额，如表 4-7 所示。

表 4-7 会计科目及期初余额表

科目名称	辅助核算	方向	期初余额
库存现金(1001)	日记账	借	7 130.00
银行存款(1002)	银行账、日记账	借	1 979 307.72
中国农业银行(100201)	银行账、日记账	借	1 979 307.72
其他货币资金(1012)		借	140 000.00
银行本票存款(101201)		借	140 000.00
交易性金融资产(1101)		借	994 500.00
股票投资浪潮软件(110101)		借	994 500.00
成本(11010101)		借	900 000.00
公允价值变动(11010102)		借	94 500.00
应收票据(1121)		借	75 000.00
银行承兑汇票(112101)		借	75 000.00
烟台凯马汽车制造公司(11210101)		借	75 000.00
青岛通达汽车配件公司(11210102)		平	0
烟台三立有限公司(11210103)		平	0
泰安银光电子公司(11210104)		平	0
应收账款(1122)		借	1 522 264.71
威海东恒公司(112201)		借	331 233.00
青岛通达汽车配件公司(112202)		借	430 000.00
青岛山海机械有限公司(112203)		借	5 366.00
济南西城机械有限公司(112204)		平	0
烟台三立公司(112205)		借	755 665.71
预付账款(1123)		借	30 424.60

（续表）

科目名称	辅助核算	方向	期初余额
预付报刊订阅费(112301)		借	275.23
预付车辆保险费(112302)		借	149.37
青岛广源钢材有限公司(112303)		借	30 000.00
应收股利(1131)		平	0
应收利息(1132)		平	0
其他应收款(1221)		借	20 177.68
刘星(122101)		借	5 000.00
李强(122102)		平	0
重庆华宇机械有限公司(122103)		平	0
基本养老保险费(122104)		借	6 101.76
住房公积金(122105)		借	7 321.76
赵小英(122106)		平	0
济南曼华包装有限公司(122107)		平	0
失业保险费(122108)		借	228.72
基本医疗保险费(122109)		借	1 525.44
坏账准备(1231)		贷	50 000.00
应收账款(123101)		贷	50 000.00
材料采购(1401)		平	0
钢板(140101)		平	0
铝合金(140102)		平	0
包装盒(140103)		平	0
原材料(1403)		借	411 250.00
钢板(140301)		借	245 000.00
铝合金(140302)		借	166 250.00
材料成本差异(1404)		借	1 450.00
钢板(140401)		借	−1 050.00
铝合金(140402)		借	2 500.00
包装盒(140403)		平	0
库存商品(1405)		借	1 289 039.80

（续表）

科目名称	辅助核算	方向	期初余额
抗性消音器(140501)		借	843 094.00
铝合金油箱(140502)		借	445 945.80
有源消音器(140503)		平	0
委托加工物资(1408)		平	0
有源消音器(140801)		平	0
周转材料(1411)		借	11 380.00
包装盒(141101)		借	11 380.00
债权投资(1501)		借	206 000.00
债券投资(150101)		借	206 000.00
成本(15010101)		借	200 000.00
利息调整(15010102)		借	6 000.00
长期股权投资(1511)		借	600 000.00
烟台天明机械装备有限公司(151101)		借	600 000.00
成本(15110101)		借	600 000.00
损益调整(15110102)		平	0
固定资产(1601)		借	7 805 822.00
建筑物(160101)		借	2 660 000.00
机器设备(160102)		借	4 858 272.00
办公设备(160103)		借	287 550.00
累计折旧(1602)		贷	1 685 168.33
建筑物(160201)		贷	665 000.00
机器设备(160202)		贷	931 168.33
办公设备(160203)		贷	89 000.00
固定资产减值准备(1603)		平	0
固定资产清理(1606)		平	0
无形资产(1701)		借	480 000.00
专利(170101)		借	480 000.00
累计摊销(1702)		贷	60 000.00
专利(170201)		贷	60 000.00

（续表）

科目名称	辅助核算	方向	期初余额
递延所得税资产(1811)		借	5 000.00
待处理财产损溢(1901)		平	0
待处理流动资产损溢(190101)		平	0
短期借款(2001)		贷	980 000.00
中国农业银行(200101)		贷	980 000.00
应付票据(2201)		贷	140 000.00
烟台伟业有限公司(220101)		贷	90 000.00
青岛广源钢材有限公司(220102)		贷	50 000.00
应付账款(2202)		贷	665 875.00
烟台伟业有限公司(220201)		贷	210 000.00
济南星光公司(220202)		贷	262 000.00
中通工业集团(220203)		贷	193 875.00
烟台自来水公司(220204)		平	0
烟台供电局(220205)		平	0
预收账款(2203)		贷	10 683.67
山东恒通汽车制造有限公司(220301)		贷	6 096.53
烟台神通电气有限公司(220302)		贷	4 587.14
济南信达汽车配件有限公司(220303)		平	0
应付职工薪酬(2211)		贷	91 522.00
工资(221101)		贷	91 522.00
社会保险金(221102)		平	0
工会会费(221103)		平	0
住房公积金(221104)		平	0
应交税费(2221)		贷	77 072.33
应交增值税(222101)		平	0
进项税额(22210101)		平	0
销项税额(22210102)		平	0
转出未交增值税(22210103)		平	0
减免税额(22210104)		平	0

（续表）

科目名称	辅助核算	方向	期初余额
未交增值税(222102)		贷	62 565.00
应交个人所得税(222103)		平	0
应交城市维护建设税(222104)		贷	4 379.55
应交印花税(222105)		贷	376.48
应交企业所得税(222106)		贷	8 500.00
应交房产税(222107)		平	0
应交土地使用税(222108)		平	0
应交教育费附加(222109)		贷	1 251.30
应付利息(2231)		贷	33 825.00
长期借款利息(223101)		贷	33 825.00
应付股利(2232)		平	0
其他应付款(2241)		贷	50 550.00
保证金(224101)		贷	50 550.00
长期借款(2501)		贷	820 000.00
中国工商银行(250101)		贷	820 000.00
递延所得税负债(2901)		贷	9 450.00
实收资本(4001)		贷	7 850 000.00
烟台兴鲁机械制造有限公司(400101)		贷	7 000 000.00
烟台飞达机械设备有限公司(400102)		贷	850 000.00
烟台海德专用车有限公司(400103)		平	0
资本公积(4002)		贷	280 000.00
其他资本公积(400201)		贷	280 000.00
资本溢价(400202)		平	0
盈余公积(4101)		贷	470 104.70
法定盈余公积(410101)		贷	235 052.35
任意盈余公积(410102)		贷	235 052.35
本年利润(4103)		贷	1 810 000.00
利润分配(4104)		贷	922 629.54
提取法定盈余公积(410401)		平	0

(续表)

科目名称	辅助核算	方向	期初余额
提取任意盈余公积(410402)		平	0
应付股利(410403)		平	0
未分配利润(410404)		贷	922 629.54
生产成本(5001)		借	428 134.06
抗性消音器(500101)		借	256 777.27
铝合金油箱(500102)		借	171 356.79
制造费用(5101)		平	0
办公用品(510101)		平	0
职工薪酬(510102)		平	0
水电费(510103)		平	0
折旧费(510104)		平	0
主营业务收入(6001)		平	0
抗性消音器(600101)		平	0
铝合金油箱(600102)		平	0
有源消音器(600103)		平	0
其他业务收入(6051)		平	0
固定资产出租(605101)		平	0
公允价值变动损益(6101)		平	0
投资收益(6111)		平	0
主营业务成本(6401)		平	0
抗性消音器(640101)		平	0
铝合金油箱(640102)		平	0
有源消音器(640103)		平	0
其他业务成本(6402)		平	0
销售费用(6601)		平	0
广告费(660101)		平	0
展览会费用(660102)		平	0
职工薪酬(660103)		平	0
水电费(660104)		平	0

（续表）

科目名称	辅助核算	方向	期初余额
包装盒(660105)		平	0
管理费用(6602)		平	0
差旅费(660201)		平	0
报刊订阅费(660202)		平	0
办公用品(660203)		平	0
业务招待费(660204)		平	0
维修费(660205)		平	0
培训费(660206)		平	0
职工薪酬(660207)		平	0
水电费(660208)		平	0
折旧(660209)		平	0
其他(660210)		平	0
摊销(660211)		平	0
财务费用(6603)		平	0
利息支出(660301)		平	0
现金折扣(660302)		平	0
存款利息收入(660303)		平	0
其他(660304)		平	0
资产减值损失(6701)		平	0
信用减值损失(6702)		平	0
营业外支出(6711)		平	0
捐赠支出(671101)		平	0
处置固定资产净损失(671102)		平	0
所得税费用(6801)		平	0
当期所得税费用(680101)		平	0
递延所得税费用(680102)		平	0

（2）企业指定会计科目，如表 4-8 所示。

表 4-8　　指定会计科目

项目	会计科目	项目	会计科目
现金科目	库存现金(1001)	银行科目	银行存款(1002)

（3）企业的凭证类别和限制情况，如表 4-9 所示。

表 4-9　　凭证类别

类别字	凭证类别	限制类别	限制科目
现收	现金收款凭证	借方必有	1001
现付	现金付款凭证	贷方必有	1001
银收	银行收款凭证	借方必有	1002
银付	银行付款凭证	贷方必有	1002
转	转账凭证	凭证必无	1001,1002

（八）总账控制参数

企业对总账的凭证、账簿、凭证打印、预算控制、权限、会计日历等进行设置，如表 4-10 所示。

表 4-10　　总账控制参数

选项卡	参数设置
凭证	制单序时控制 赤字控制：资金及往来赤字控制 可以使用其他系统受控科目 凭证编号方式采用系统编号 出纳凭证必须经由出纳签字 不允许修改、作废他人填制的凭证 允许查看他人填制的凭证 其他默认
账簿	明细账(日记账、多栏账)打印方式按年排页 其他默认
会计日历	默认
其他	部门、个人、项目排序方式均为按编码方式排序 数量、单价小数位、本位币精度均为 2 位

五、实验操作指导

（一）登录 T3 企业信息平台

（1）双击桌面快捷方式“T3-企业管理信息化软件教育专版”，打开“注册【控制台】”对话框。

（2）输入用户名“001”，选择账套“[111]烟台兴茂机械制造有限公司”，会计年度“2019”，选择操作日期“2019-12-01”，如图 4-1 所示。

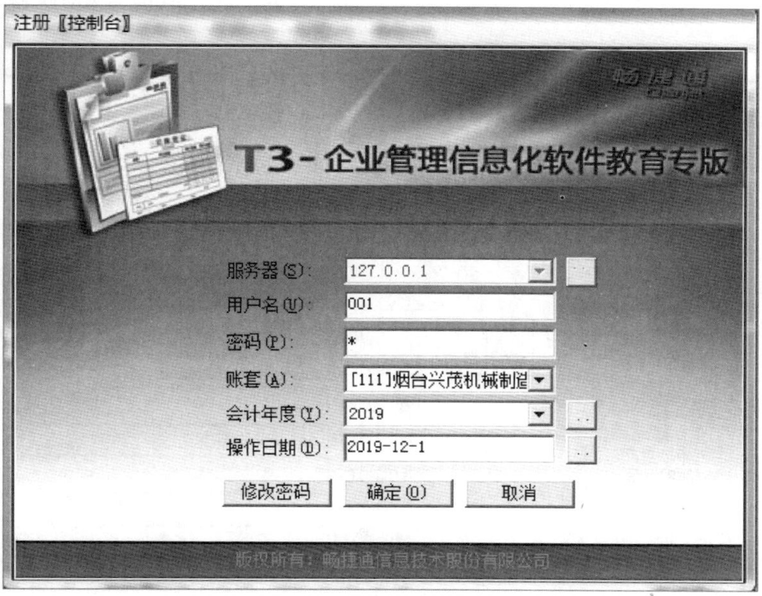

图 4-1　登录企业信息平台

（3）单击“确定”按钮，打开“T3-企业管理信息化软件教育专版”窗口（以下简称“T3 窗口”），如图 4-2 所示。

图 4-2　T3 窗口

(二) 机构设置

1. 部门档案设置

(1) 在 T3 窗口执行“基础设置”—“机构设置”—“部门档案”命令,系统弹出“部门档案”设置窗口。

(2) 单击“增加”按钮,部门编码输入“1”,部门名称输入“总经理办公室”,单击“保存”按钮。

(3) 同理,根据实验资料表 4-1 依次完成其他部门档案的录入。最终结果如图 4-3 所示。

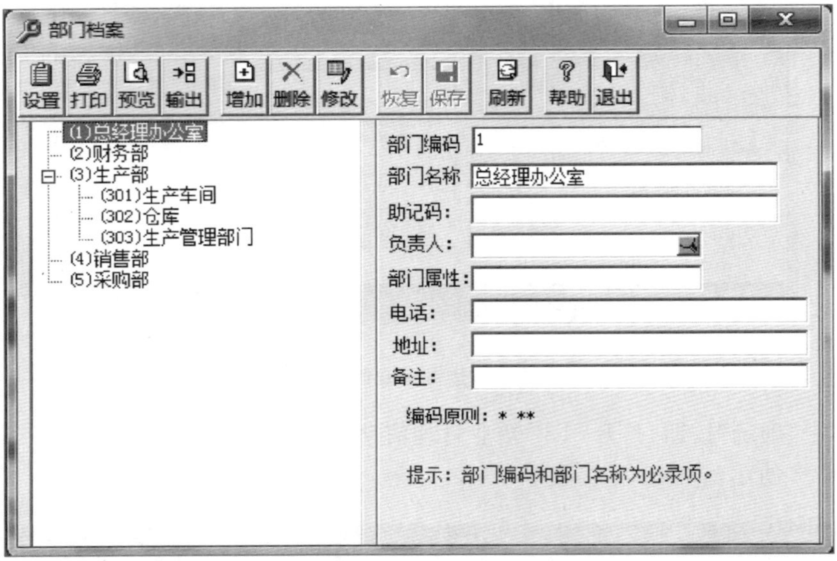

图 4-3 设置部门档案

注意事项

部门编码应符合部门编码级次原则。

部门编码和名称必须唯一。

部门档案资料一经使用将不能被修改或者删除。

在未建立职员档案前,不能选择输入负责人信息。待职员档案设置完成后,再回到“部门档案”对话框通过“修改”功能来补充输入负责人信息。

2. 职员档案设置

(1) 在 T3 窗口执行“基础设置”—“机构设置”—“职员档案”命令,系统弹出“职员档案”设置窗口,并自动新增一空白职员档案记录。

(2) 依次在“职员编号”“职员名称”“职员属性”栏填入职员档案信息,可单击“所属部门”旁的参照按钮,打开已设置好的部门档案进行部门选择。在此录入职员编码为“1001”,职员名称“孔祥瑞”,所属部门为“总经理办公室”,职员属性“企业管理”,单击“增加”按钮,系统自动保存本条记录，并自动新增一空白职员档案记录，用于增加其他职员档案信息。根据实验资料表 4-2 依次完成其他人员档案的录入，最终结果如图 4-4 所示。

职员编号	职员名称	职员助记码	所属部门	职员属性	手机	Email	QQ通号	生日
1001	孔祥瑞	KXR	总经理办公室	企业管理				
1002	宋成亮	SCL	总经理办公室	企业管理				
2001	张丽	ZL	财务部	企业管理				
2002	孙娜	SN	财务部	企业管理				
2003	王强	WQ	财务部	企业管理				
3001	孙思泽	SSZ	生产车间	生产人员				
3002	徐丽	XL	生产车间	生产人员				
3003	于传强	YCQ	仓库	仓管人员				
3004	赵小英	ZXY	仓库	仓管人员				
3005	王加成	WJC	生产管理部门	生产管理				
4001	徐瑞诚	XRC	销售部	销售人员				
4002	赵坤	ZK	销售部	销售人员				
5001	刘星	LX	采购部	采购人员				
5002	李强	LQ	采购部	采购人员				

图 4-4　设置职员档案

> **注意事项**
>
> 职员编号、职员名称和所属部门为必须输入项。
>
> 如果要保存已输入的内容，必须单击“增加”按钮（或按回车键）增加新的空白行后才能保存，最后一名职员输入完毕后还需增加一个空行，该职员信息才能被保存。
>
> 职员档案资料一旦被使用，将不能修改或删除。要删除已被使用过的职员时，须先将该职员还原为未使用状态。

（三）往来单位设置

1. 客户分类

（1）在 T3 窗口中执行“基础设置”—“往来单位”—“客户分类”命令，系统弹出“客户分类”设置界面。

（2）单击“增加”按钮输入“类别编码”“类别名称”等信息，单击“保存”按钮。

> **注意事项**
>
> 如果在新建账套时选择了客户分类，则必须进行客户分类的设置，然后才能增加客户档案；若在新建账套时没有进行客户分类，则不需要进行客户分类的设置，直接增加客户档案即可。
>
> 客户分类被使用后就不能删除，要删除已被使用过的客户分类时，必须先将该客户分类还原为未使用状态。（本书实验资料不涉及客户分类）

2. 客户档案

（1）在 T3 窗口中执行“基础设置”—“往来单位”—“客户档案”命令，系统弹出“客户档案”设置窗口。

（2）选择末级客户分类，默认“00 无分类”，然后单击“增加”按钮，系统弹出“客户档案卡片”窗口，在“基本”“联系”“信用”“其他”四张选项卡中分别录入资料中的数据，单击“保存”按钮，如图 4-5 所示。

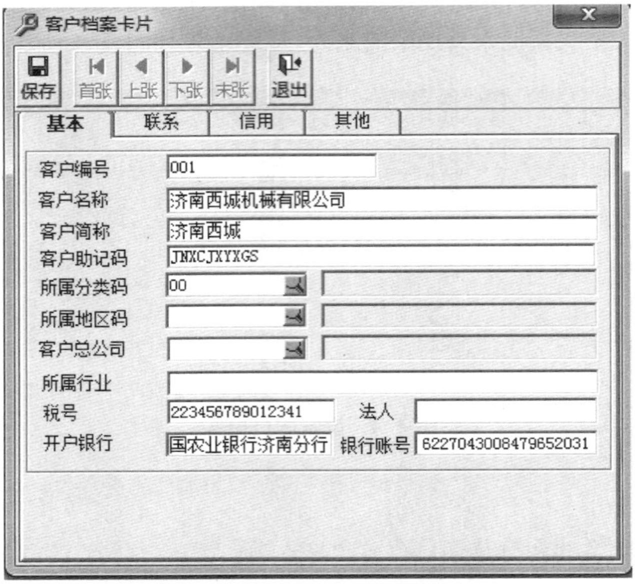

图 4-5　设置客户档案

注意事项

客户编号必须输入且唯一,可用数字或字母表示,一经保存便不能修改。

客户简称可以是汉字或英文字母,必须输入,可以修改。

3. 供应商分类

(1) 在 T3 窗口中执行"基础设置"—"往来单位"—"供应商分类"命令,系统弹出"客户分类"设置界面。

(2) 单击"增加"按钮,输入"类别编码""类别名称"等信息,单击"保存"按钮。

注意事项

如果在新建账套时选择了供应商分类,则必须进行供应商分类的设置,然后才能增加供应商档案;否则不需要进行供应商分类的设置,直接增加供应商档案即可。

当供应商分类已被使用后就不能删除;若要删除已使用过的供应商分类,则须先将其还原为未使用状态。(本书实验资料不涉及供应商分类)

4. 供应商档案

(1) 在 T3 窗口中执行"基础设置"—"往来单位"—"供应商档案"命令,打开"供应商档案"窗口。

(2) 在窗口左侧的列表中选择供应商分类,默认"00 无分类",单击"增加"按钮,弹出"供应商档案卡片"对话框,在"基本""联系""信用""其他"四张选项卡中录入资料中的数据,单击"保存"按钮,如图 4-6 所示。

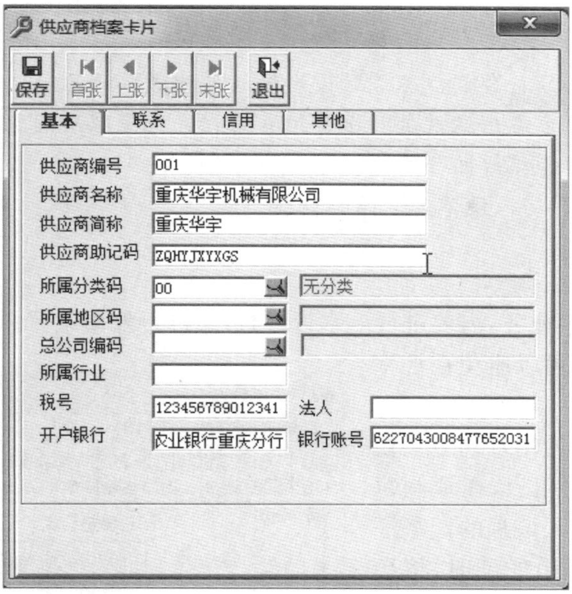

图 4-6　设置供应商档案

▶▶▶ 注意事项

供应商编号必须输入且唯一，可用数字或字母表示，一经保存便不能修改。

（四）结算方式

（1）在 T3 窗口中执行“基础设置”—“收付结算”—“结算方式”命令，系统弹出“结算方式”设置窗口。

（2）单击“增加”按钮，按要求输入企业常用的结算方式，单击“保存”按钮。若需要进行票据管理，则需要选中“票据管理方式”复选框，如图 4-7 所示。

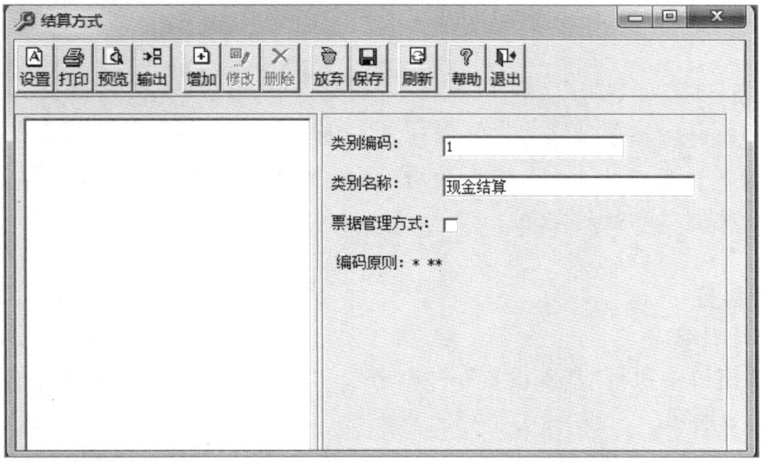

图 4-7　设置结算方式

> **注意事项**
>
> 结算方式编码必须符合创建账套时设定的结算方式编码原则。
>
> 票据管理是为了方便出纳人员对银行结算票据进行管理而设置的功能，选择票据管理的目的是方便支票登记簿的登记。
>
> 结算方式一旦被引用，便不能修改和删除。

(五) 外币种类

核算单位涉及外币业务，需要进行汇率管理时，应进行外币设置。这样既可以减少录入汇率的次数和差错，又可以避免在汇率发生变化时出现错误。

使用固定汇率(即使用月初或年初汇率)作为记账汇率的用户，在填制每月的凭证前，应预先录入该月的记账汇率，否则在填制该月外币凭证时，将会出现汇率为零的错误。

使用变动汇率(即使用当日汇率)作为记账汇率时，在填制某天的凭证前，应预先录入该天的记账汇率。

(1) 在T3窗口中执行“基础设置”—“财务”—“外币种类”命令，系统弹出“外币设置”对话框。

(2) 在币符中输入“USD”，币名输入“美元”，其他项目采用默认值，单击“确认”按钮保存。

(3) 输入2019年12月的记账汇率“7.0”，按回车确认，如图4-8所示。

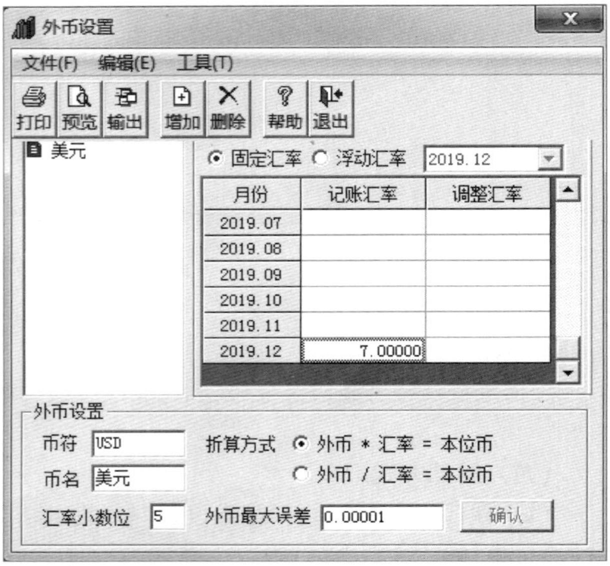

图4-8　外币设置

> **注意事项**
>
> 只有在建账时选择了该账套有外币核算，方能使用本功能。
>
> 这里的汇率管理只提供输入汇率的功能，制单时使用固定汇率还是浮动汇率，取决于总账管理系统选项参数的定义。

(六) 会计科目

1. 增加会计科目

(1) 在T3窗口中执行“基础设置”—“财务”—“会计科目”命令，系统弹出“会计科目”设置窗口，如图4-9所示。

如果在建账时勾选了“按行业性质预置科目”选项，则在进行会计科目设置时，系统会自动生成相应行业的会计科目，用户只要设置明细科目即可。

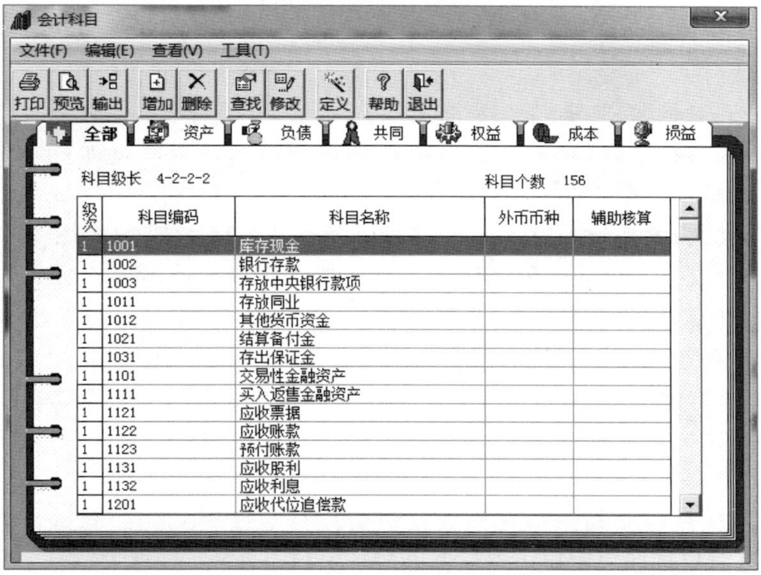

图 4-9 设置会计科目

（2）单击“增加”按钮，系统弹出“会计科目新增”窗口。

（3）输入科目编码“100201”、科目名称“中国农业银行”，勾选“日记账”“银行账”，其他采用默认值，如图 4-10 所示。

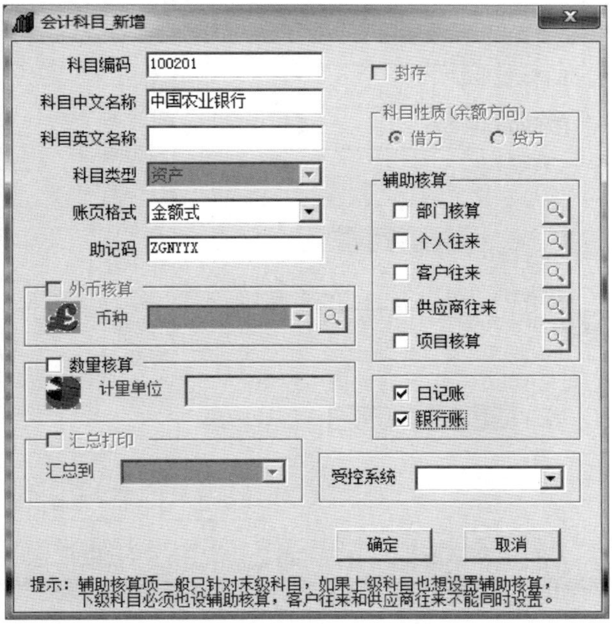

图 4-10 新增会计科目

（4）同理按实验资料表 4-7 依次增加其他明细科目。

注意事项

增加会计科目时，科目编码必须唯一。

遵循自上而下的原则，即先设上级再设下级会计科目。新增加的下级科目所有科目属性与原上级科目一致。

科目一经使用，只能增加同级科目，不能在该科目下增设下级科目。

增加会计科目时，编码长度必须符合建立账套时所设定的编码原则。

增加明细科目时，明细科目的“科目类型”及“科目性质(余额方向)”自动跟随上级科目，并且不可以修改。

在新增外币核算会计科目时，如果建立账套时没有选择外币核算，那么外币核算属性为灰色显示，不可以选择币种。

2. 修改会计科目

（1）在“会计科目”窗口中单击要修改的会计科目“1001 库存现金”。

（2）单击“修改”按钮或者双击该科目，打开“会计科目_修改”对话框。

（3）单击“修改”按钮勾选“日记账”，单击“确定”，如图 4-11 所示。

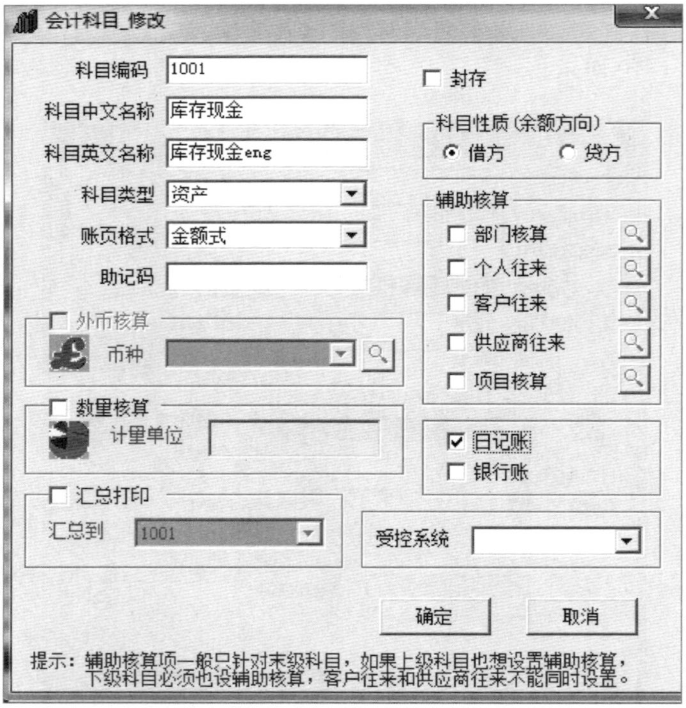

图 4-11　修改会计科目

（4）同理按实验资料表 4-7 依次修改其他会计科目。

注意事项

已有数据的科目不能修改科目的性质。

没有会计科目设置权的用户，只能在此浏览科目的具体定义，而不能进行修改。非末级科目及已使用的末级科目不能再修改科目编码。

如果会计科目已被制过单或已录入期初余额则不能删除或修改。如要修改该科目必须先删除有该科目的凭证，并将该科目及其下级科目余额清零后再修改，修改完毕后应将余额及凭证补充完整。

3. 删除会计科目

（1）在“会计科目”窗口，单击要删除的会计科目“1003 存放中央银行款项”。

（2）单击“删除”按钮，弹出“记录删除后不能修复！真的删除此记录吗?”提示框，单击“确定”按钮，如图 4-12 所示。

图 4-12　删除会计科目

注意事项

已使用的会计科目(如已录入期初余额或已制单)不能删除。

非末级科目不能删除。

删除会计科目时应遵循自下而上的原则，即先删除下级科目再删除上级科目。

被指定的会计科目不能删除，如要删除，应先取消指定。

4. 指定会计科目

（1）在“会计科目”窗口，执行“编辑”—“指定科目”命令，进入“指定科目”对话框，选择“现金总账科目”选项。

（2）选中待选科目“1001 库存现金”，单击“＞”按钮，系统将“1001 库存现金”由待选科目移入已选科目，如图 4-13 所示。

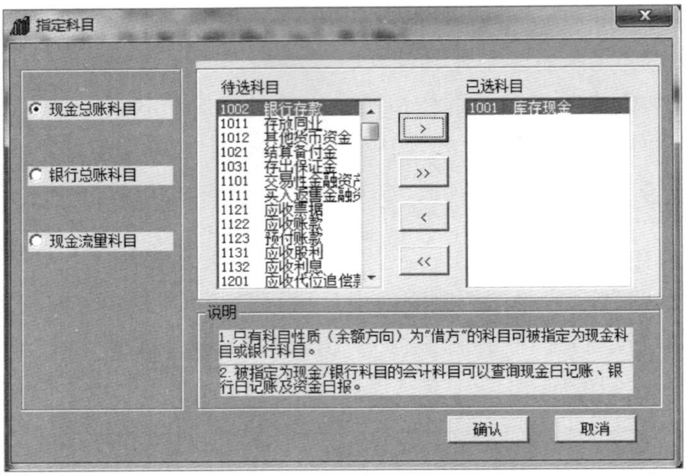

图 4-13　指定会计科目

（3）同理，设置指定银行科目。

注意事项

指定会计科目是指定出纳专管科目。指定的现金、银行存款科目供出纳管理使用，所以在出纳签字、查询现金、银行存款日记账前，需要指定现金、银行存款总账科目。

（七）凭证类别设置

（1）在 T3 窗口中执行“基础设置”—“财务”—“凭证类别”命令，系统弹出“凭证类别预置”对话框。

（2）勾选“现金收款凭证　现金付款凭证　银行收款凭证　银行付款凭证　转账凭证”选项，如图 4-14 所示。

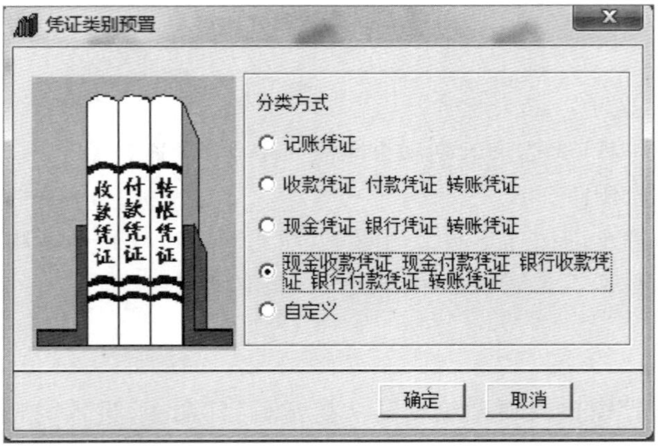

图 4-14　凭证类别预置

（3）单击“确定”按钮，进入“凭证类别”对话框。

（4）将类别字“1”改为“现收”，双击现金收款凭证的“限制类型”，出现下拉列表，选择“借方必有”选项，然后通过单击按钮，选择或直接输入限制科目“1001”。

（5）同理设置其他凭证类别的限制类型、限制科目，如图 4-15 所示。

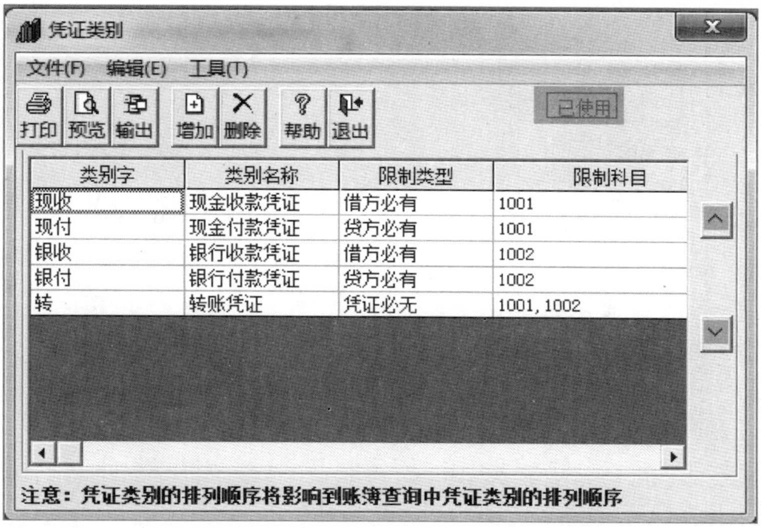

图 4-15 设置凭证类别

（6）单击“退出”按钮。

注意事项

限制科目的数量不限，但是科目之间需要用英文状态下的逗号分隔。

填制凭证时，如果凭证不满足这些限制条件，则系统不允许保存凭证。

若限制科目为非末级科目，则在制单时，其所有下级科目都将受到同样的限制。

已使用的凭证类别不能删除，也不能修改类别字。

列表右侧的上下箭头可以调整凭证类别的前后顺序，它将决定明细账中凭证的排列顺序。

（八）录入期初余额

1. 基本科目余额的录入

（1）在 T3 窗口中执行“总账”—“设置”—“期初余额”命令，打开“期初余额录入”对话框。

（2）录入“1001 库存现金”科目的期初余额“7 130.00”，按回车键确认。

（3）用同样的方法，录入实验资料表 4-7 中其他基本科目的期初余额，如图 4-16 所示。

2. 辅助核算科目余额的录入

在“期初余额录入”对话框中，双击有辅助核算的会计科目，在打开的窗口中单击“增加”按钮，输入该科目的期初余额明细资料，如图 4-17 所示。

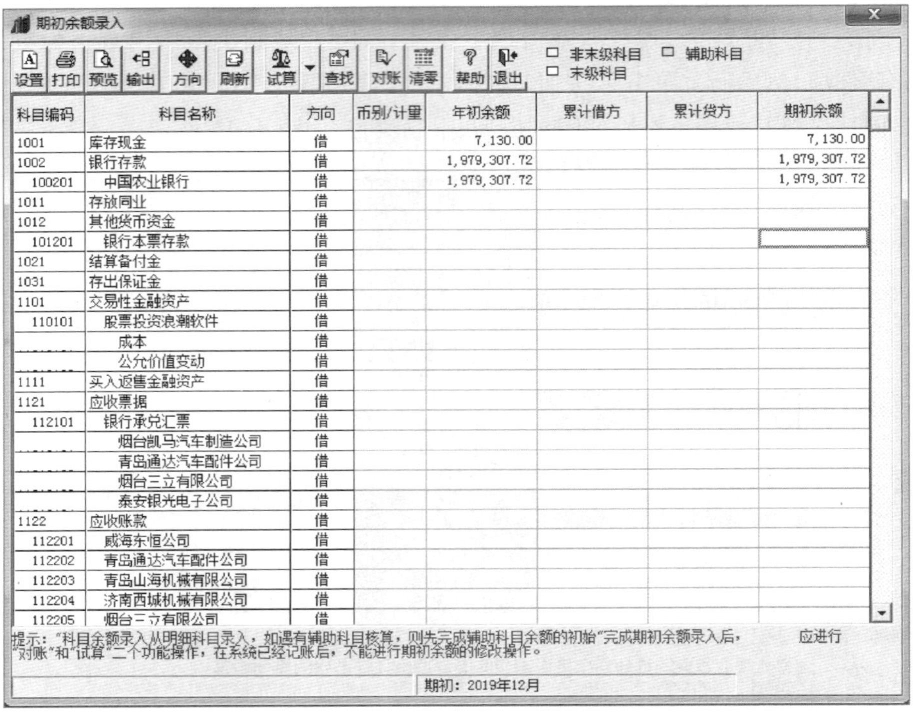

图 4-16　基本科目期初余额录入

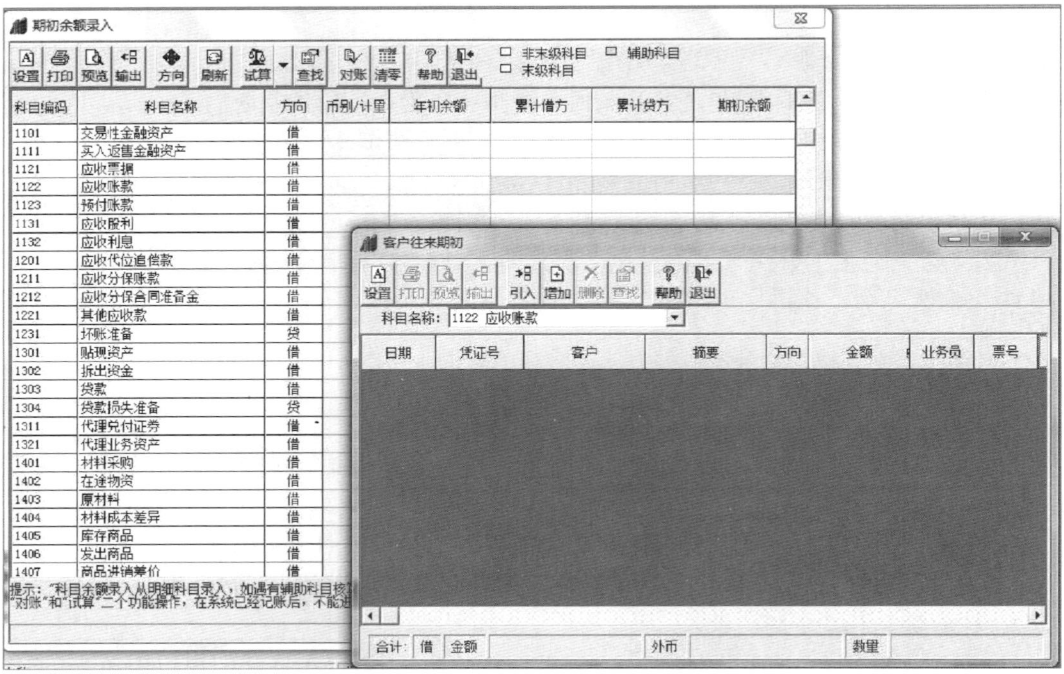

图 4-17　辅助核算科目期初余额录入

由于本书实验资料在会计科目设置中，没有涉及部门核算、个人往来、客户往来、供应商往来、项目核算等辅助核算的会计科目，所以此步骤不用进行操作。

注意事项

期初余额只能在末级明细科目输入，上级科目的期初余额将自动计算并填列。

如果某科目为数量、外币核算，应输入期初数量、外币余额，而且必须先输入本币余额，再输入数量、外币余额。

出现红字余额用负号输入。

修改余额时，直接输入正确数据即可，然后单击“刷新”按钮进行刷新。

凭证记账后，期初余额将变为浏览只读状态，不能再修改。

辅助核算科目的期初余额在辅助项中输入，但借贷方累计发生额直接输入。

3. 期初余额试算平衡

（1）所有科目的余额录入完毕后，在“期初余额录入”窗口中，单击“试算”按钮，打开“期初试算平衡表”提示框，如图 4-18 所示。

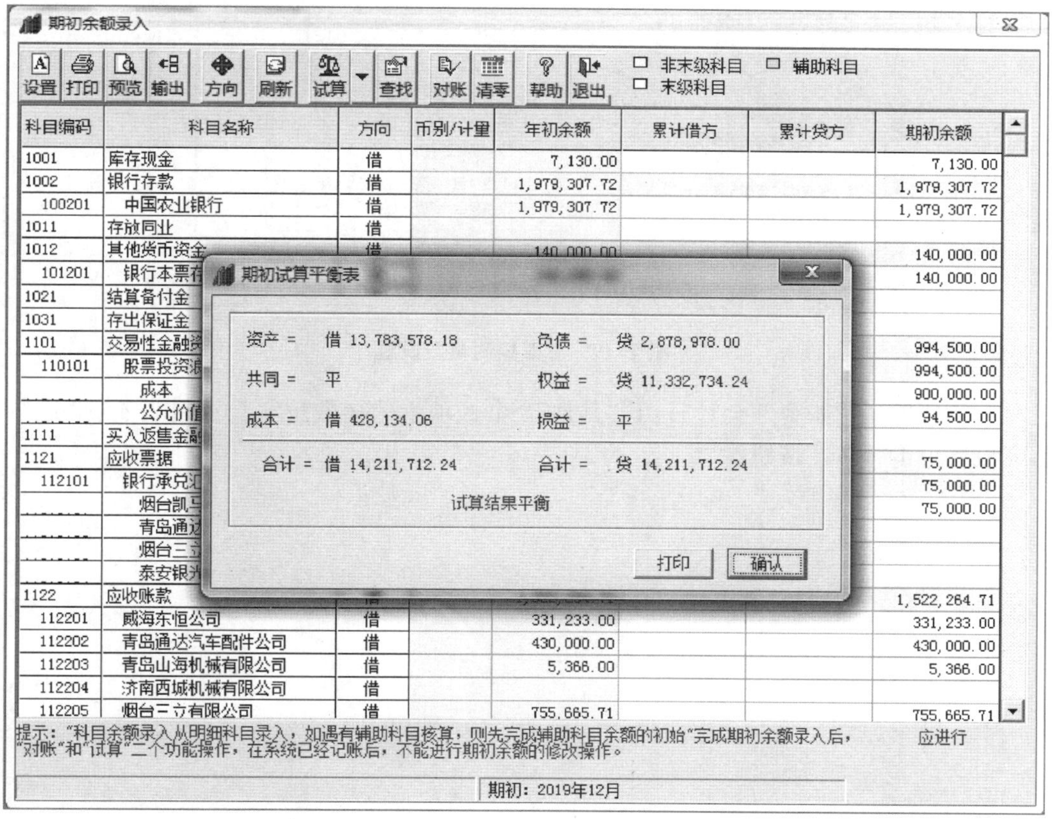

图 4-18 期初余额试算平衡

（2）单击“确认”按钮。

> **注意事项**
>
> 若期初余额试算不平衡,将不能记账,但可以填制凭证,需要修改期初余额直至试算平衡为止。

(九) 总账控制参数设置

(1) 在 T3 窗口中执行“总账”—“设置”—“选项”命令,进入“选项”对话框。

(2) 在“选项”对话框中,单击“凭证”选项卡,取消“允许修改、作废他人填制的凭证”复选框“√”,如图 4-19 所示,单击“确定”按钮。

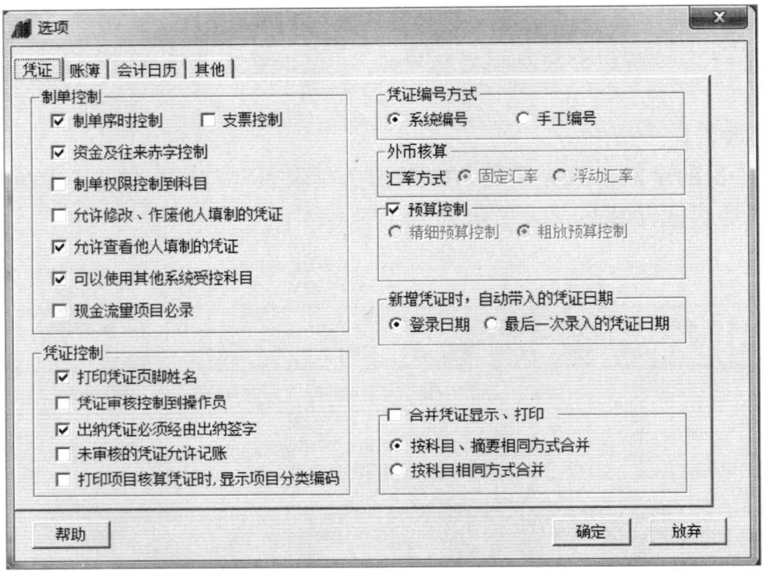

图 4-19 总账控制参数设置

(3) 对“凭证”“账簿”“会计日历”“其他”3 个选项卡的参数按实验资料表 4-10 进行设置,完成后单击“确定”按钮。

项目五　记账凭证的填制与审核

一、实验目的

（1）能够熟练运用软件完成企业日常记账凭证的填制。

（2）能够熟练运用软件完成记账凭证的出纳签字与凭证审核。

二、实验内容

（1）企业日常记账凭证的填制。

（2）记账凭证的出纳签字与凭证审核。

三、实验准备

（1）正确引入项目四账套数据。

（2）电脑系统时间调整为 2019-12-31。

四、实验资料

2019 年 12 月，烟台兴茂机械制造有限公司发生的经济业务，请参考本书“项目十　会计电算化综合实验”资料。

五、实验操作指导

（一）取消制单序时控制

（1）为方便记账凭证的录入，可取消系统的制单序时控制。在 T3 窗口中执行“总账”—“设置”—“选项”命令。

（2）在“凭证”选项卡，取消“制单序时控制”的勾选。

（3）单击“确定”按钮，如图 5-1 所示。

（二）填制记账凭证

1. 填制一张现金收款凭证（项目十　12 月份经济业务，业务 16）

（1）以“002 孙娜”登录，执行“总账”—“凭证”—“填制凭证”命令，进入“填制凭证”窗口。

（2）单击“增加”，出现一张空白凭证。

（3）选择凭证类型为“现金收款凭证”，输入制单日期“2019.12.10”。

（4）输入摘要“差旅费余款收回”、科目名称“库存现金”、借方金额“450.00”，按回车键后，系统自动将摘要带入下一行，输入科目名称“其他应收款/李强”、贷方金额“450.00”，如图 5-2 所示。

（5）单击“保存”按钮，弹出“凭证已成功保存！”提示框。

（6）单击“确定”按钮，凭证保存成功。

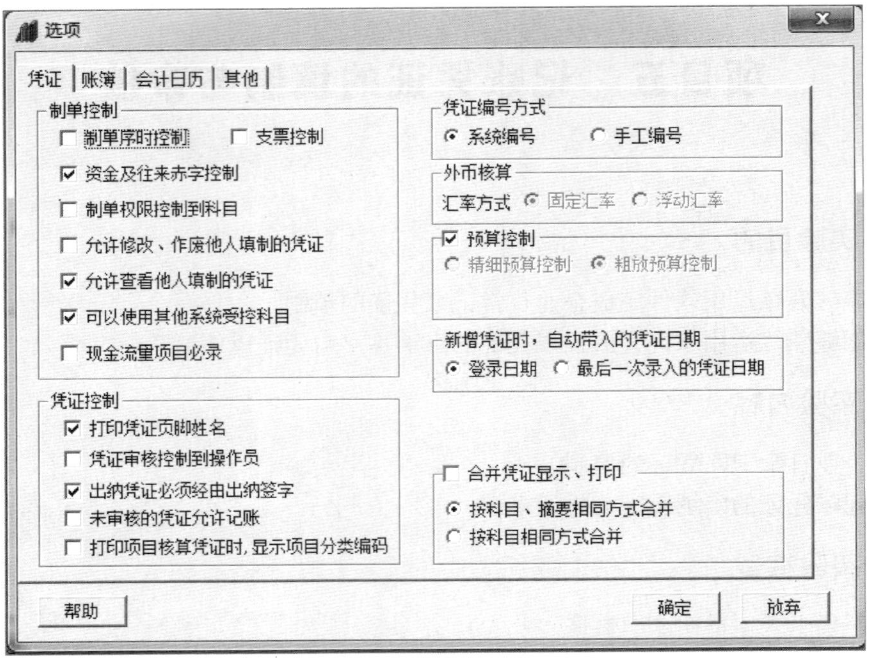

图 5-1　取消制单序时控制

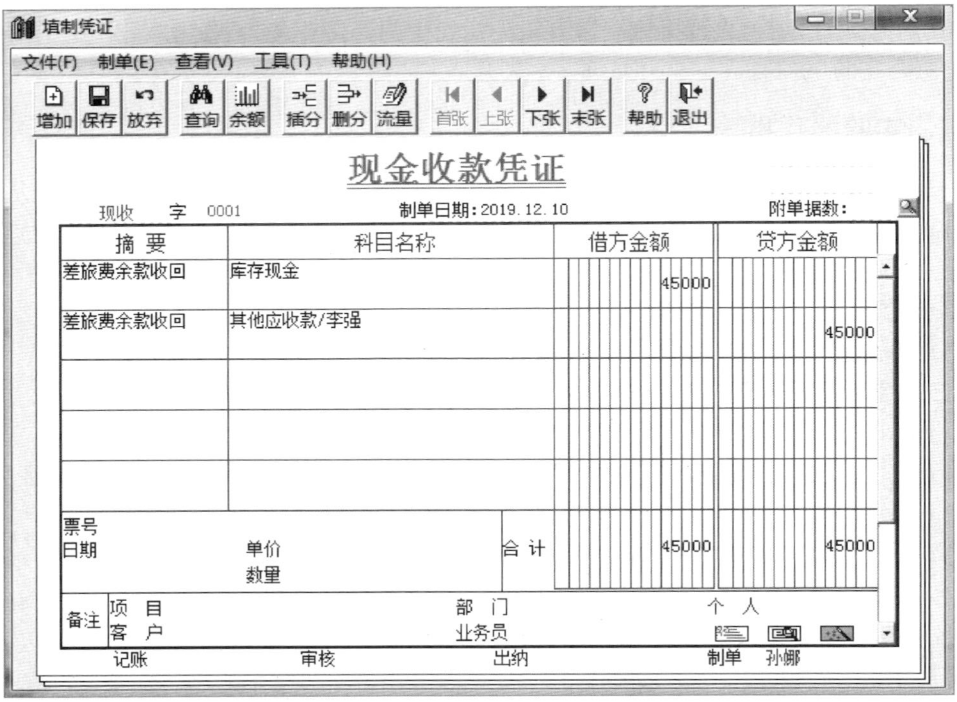

图 5-2　现金收款凭证

注意事项

现金收款凭证借方必有科目：1001 库存现金，否则凭证无法保存。

填制凭证时应选择企业账套角色中"会计"人员登录企业信息平台。如果无法进入填制凭证界面，请检查用户是否具有"填制凭证"权限。

如果使用科目编码录入凭证，请使用末级科目编码。

在金额栏按"="键，可以使凭证根据借贷必相等的平衡原则，自动计算借贷方差额填入金额。

在金额栏使用"—"，可以生成红字金额。

在借贷方金额上按空格键可以调整借贷方向。

2. 填制一张现金付款凭证(项目十　12 月份经济业务，业务 3)

(1) 以"002 孙娜"登录，执行"总账"—"凭证"—"填制凭证"命令，进入"填制凭证"窗口。

(2) 单击"增加"，出现一张空白凭证。

(3) 选择凭证类型为"现金付款凭证"，输入制单日期"2019.12.02"。

(4) 输入摘要"补付差旅费"、科目名称"管理费用/差旅费"、借方金额"1 900.00"，按回车键后，系统自动将摘要带入下一行，输入科目名称"库存现金"、贷方金额"1 900.00"，如图 5-3 所示。

图 5-3　现金付款凭证

(5) 单击"保存"按钮，弹出"凭证已成功保存！"提示框。

（6）单击“确定”按钮，凭证保存成功。

注意事项

现金付款凭证贷方必有科目：1001 库存现金，否则凭证无法保存。

3. 填制一张银行存款收款凭证(项目十　12 月份经济业务，业务 4)

（1）以“002 孙娜”登录，执行“总账”—“凭证”—“填制凭证”命令，进入“填制凭证”窗口。

（2）单击“增加”，出现一张空白凭证。

（3）选择凭证类型为“银行收款凭证”，输入制单日期“2019.12.02”。

（4）输入摘要“收回材料余款”、科目名称“银行存款/中国农业银行”，回车后弹出“辅助项”对话框，如图 5-4 所示。

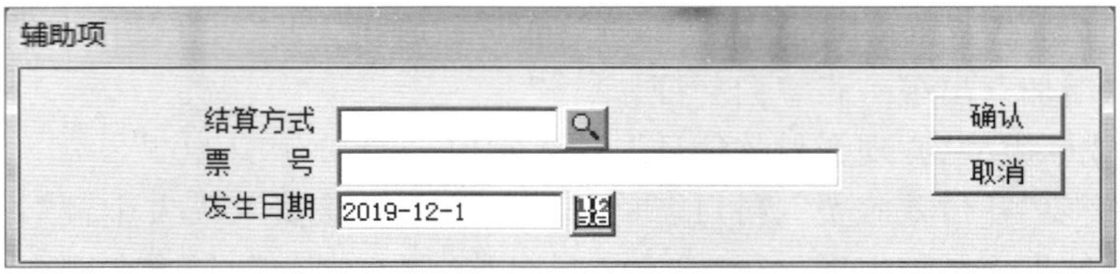

图 5-4　辅助项对话框

（5）按要求输入内容(本书实验资料无具体结算方式、票号等资料，单击“取消”即可)。输入借方金额“2 168.25”，按回车键后，系统自动将摘要带入下一行，输入科目名称“其他应收款/重庆华宇机械有限公司”、贷方金额“2 168.25”，如图 5-5 所示。

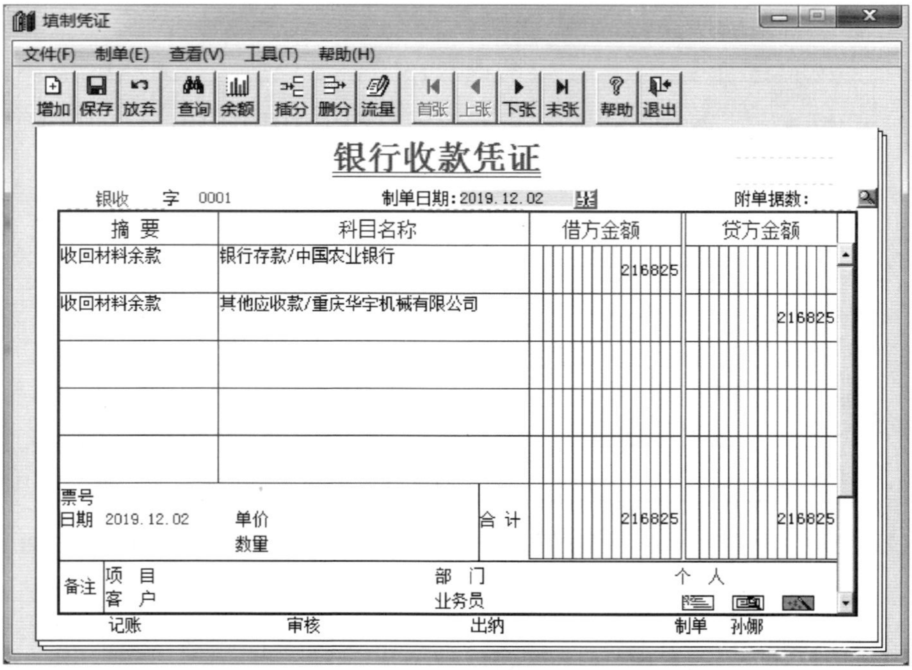

图 5-5　银行收款凭证

（6）单击“保存”按钮，弹出“凭证已成功保存！”提示框。

（7）单击“确定”按钮，凭证保存成功。

注意事项

银行收款凭证借方必有科目：1002 银行存款，否则凭证无法保存。

4. 填制一张银行存款付款凭证（项目十 12 月份经济业务，业务 1）

（1）以“002 孙娜”登录，执行“总账”—“凭证”—“填制凭证”命令，进入“填制凭证”窗口。

（2）单击“增加”，出现一张空白凭证。

（3）选择凭证类型为“银行付款凭证”，输入制单日期“2019.12.01”。

（4）输入摘要“提取备用金”、科目名称“库存现金”、借方金额“2 500.00”，按回车键后，系统自动将摘要带入下一行，输入科目名称“银行存款/中国农业银行”、贷方金额“2 500.00”，如图 5-6 所示。

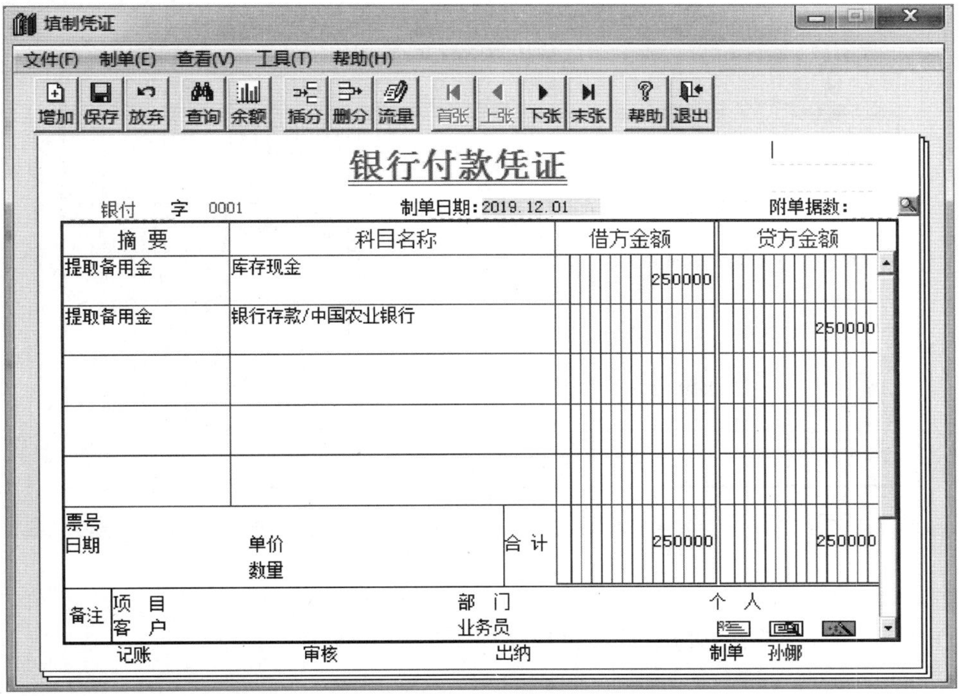

图 5-6 银行付款凭证

（5）单击“保存”按钮，弹出“凭证已成功保存！”提示框。

（6）单击“确定”按钮，凭证保存成功。

注意事项

银行付款凭证贷方必有科目：1002 银行存款，否则凭证无法保存。

5. 填制一张转账凭证(项目十　12月份经济业务,业务2)

(1) 以“002 孙娜”登录,执行“总账”—“凭证”—“填制凭证”命令,进入“填制凭证”窗口。

(2) 单击“增加”,出现一张空白凭证。

(3) 选择凭证类型为“转账凭证”,输入制单日期“2019.12.01”。

(4) 输入摘要“购买钢板材料”、科目名称“材料采购/钢板”、借方金额“121 975.00”;按回车键后,系统自动将摘要带入下一行,输入科目名称“应交税费/应交增值税/进项税额”、借方金额“15 856.75”;按回车键后,系统自动将摘要带入下一行,输入科目名称“其他应收款/重庆华宇机械有限公司”、借方金额“2 168.25”;按回车键后,系统自动将摘要带入下一行,输入科目名称“其他货币资金/银行本票存款”、贷方金额“140 000.00”,如图5-7所示。

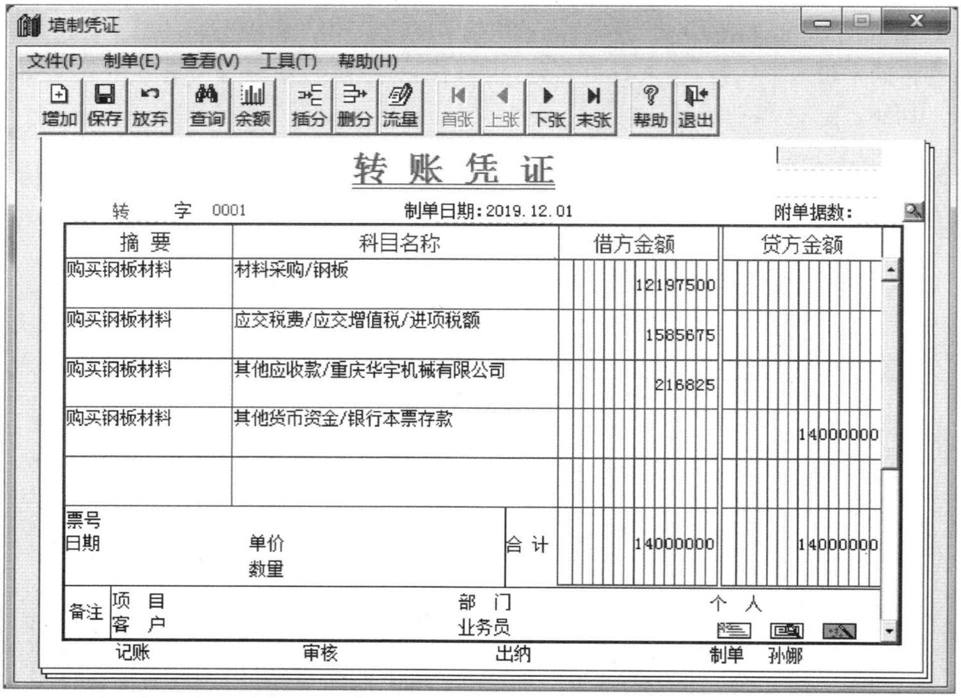

图5-7　转账凭证

(5) 单击“保存”按钮,弹出“凭证已成功保存!”提示框。

(6) 单击“确定”按钮,凭证保存成功。

注意事项

转账凭证凭证必无科目:1001 库存现金、1002 银行存款,否则凭证无法保存。

(三) 修改未经审核的凭证

(1) 以“002 孙娜”登录,执行“总账”—“凭证”—“填制凭证”命令,进入“填制凭证”窗口。

(2) 单击“上张”或“下张”按钮,找到要修改的凭证,对凭证进行修改,修改完毕,单击“保存”按钮,如图5-8所示。

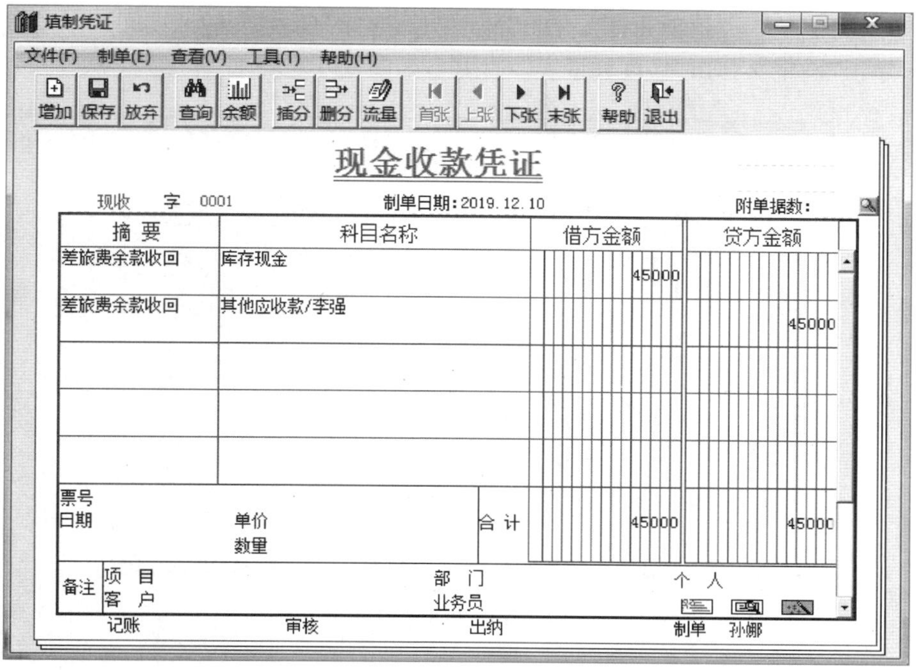

图 5-8 修改凭证

(四) 作废和整理凭证

(1) 打开要作废的记账凭证,执行"制单"—"作废/恢复"命令,凭证左上角出现"作废"印章,如图 5-9 所示。

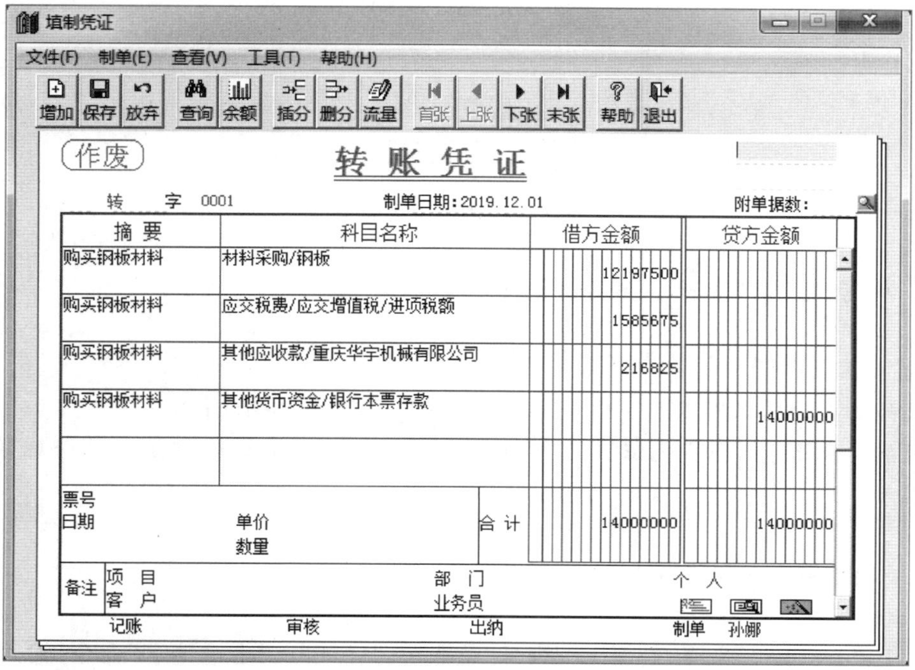

图 5-9 作废凭证

(2) 单击“制单”—“整理凭证”,弹出“凭证期间选择”对话框,凭证期间选择“2019.12”

(3) 单击“确定”,弹出“作废凭证表”对话框,如图 5-10 所示。

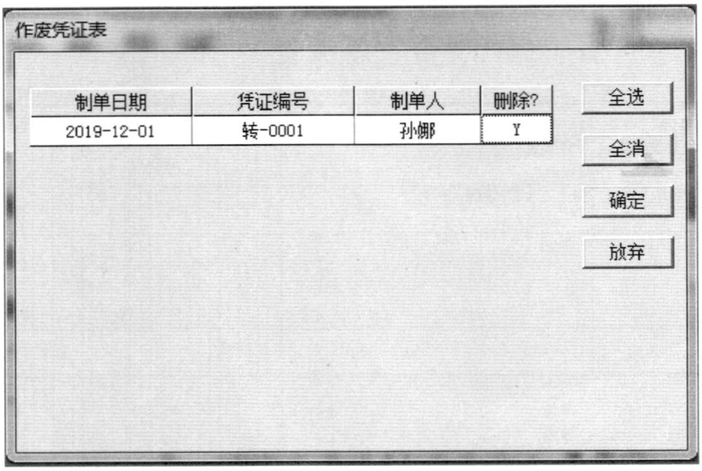

图 5-10　作废凭证表

(4) 双击“删除?”,显示“Y”,单击“确定”按钮,弹出“是否还需要整理凭证断号”提示框,如图 5-11 所示。

图 5-11　整理凭证断号

(5) 单击“是(Y)”按钮,完成凭证整理。

注意事项

已经作废的凭证不想保留时,可以通过“整理凭证”将其彻底删除。

只能对未记账的作废凭证执行“整理凭证”工作。整理凭证时,可以对未记账的凭证重新编号。

(五) 出纳签字与取消出纳签字

1. 出纳签字

(1) 以“003 王强”登录 T3 窗口,执行“总账”—“凭证”—“出纳签字”命令,输入查询条件，也可以采用默认值，如图 5-12 所示。

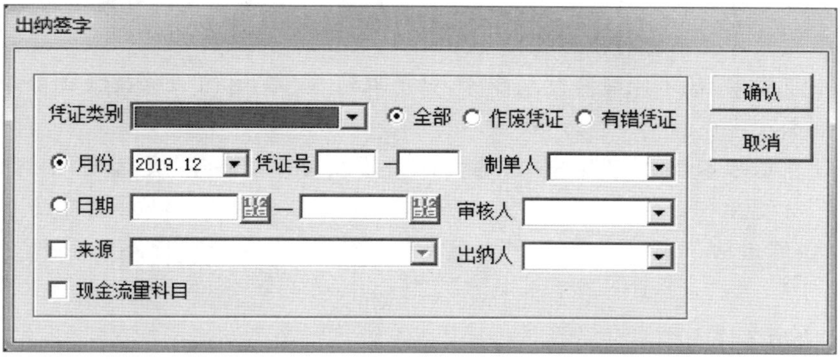

图 5-12　出纳签字

（2）单击“确认”按钮，打开“出纳签字”对话框，显示需要出纳签字的凭证列表。

（3）单击“确定”按钮，打开“出纳签字”窗口，选择“出纳”—“签字”命令或者单击工具栏上的“签字”按钮，凭证底部的出纳处自动签上出纳人员的姓名，如图 5-13 所示。

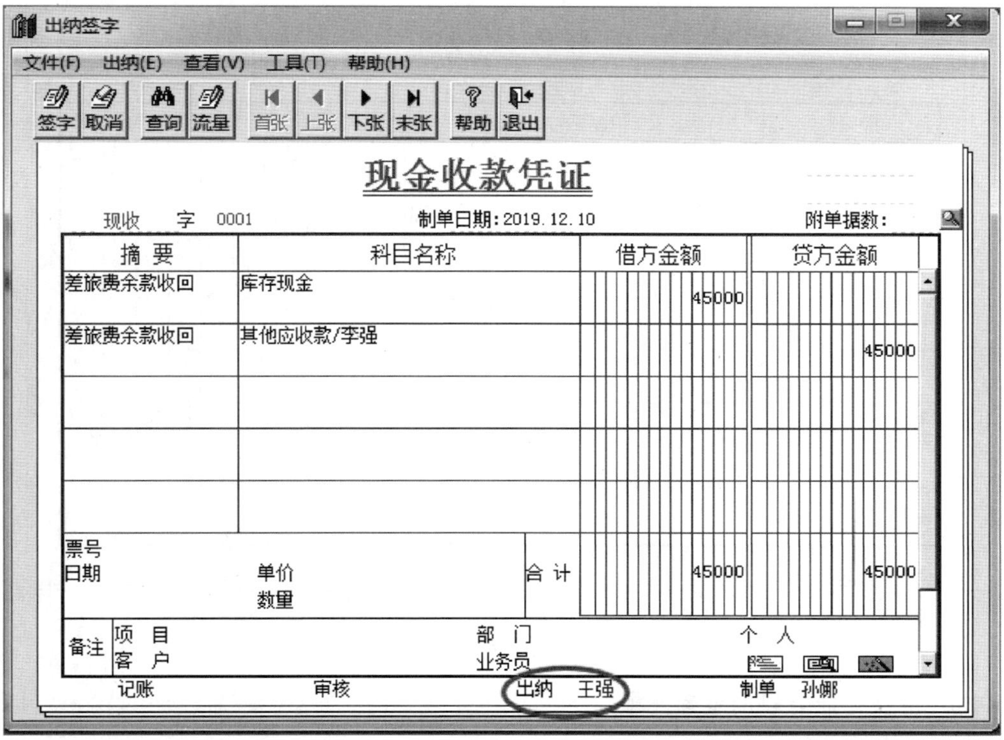

图 5-13　出纳签字成功

注意事项

指定为现金科目和银行科目的凭证才需出纳签字,没有指定科目则无法完成签字。

无权限的操作员不能对出纳凭证签字。

凭证一经签字,就不能被修改或删除,只有取消签字后才可以修改或删除,取消签字只能由出纳本人完成。

若在设置总账参数时,不选中“出纳凭证必须经由出纳签字”复选框,则可以不执行“出纳签字”功能。

可以执行“出纳—成批出纳签字”功能对所有收、付款凭证进行集中签字。

2. 取消出纳签字

在“出纳签字”窗口,选择“出纳”—“取消签字”命令或者单击工具栏上的“取消”按钮,凭证底部出纳处的签字自动取消,如图 5-14 所示。

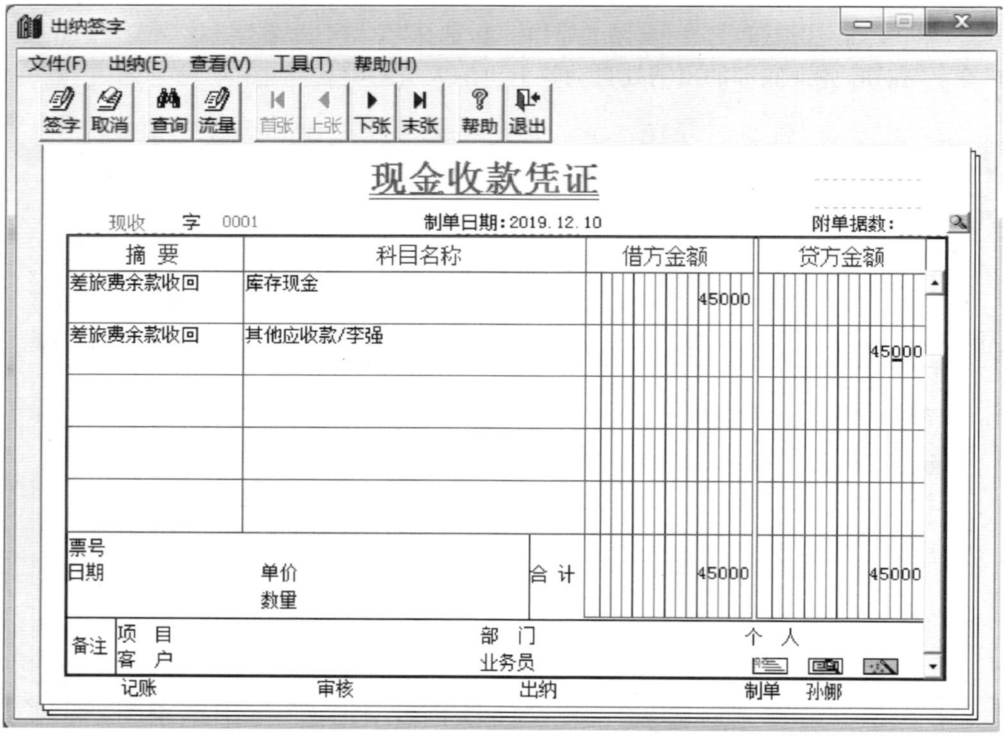

图 5-14 取消出纳签字

(六)审核凭证与取消审核凭证

1. 审核凭证

(1) 以“001 张丽”登录,执行“总账”—“凭证”—“审核凭证”命令,输入查询条件,也可以采用默认值,如图 5-15 所示。

(2) 单击“确认”按钮,打开“凭证审核”对话框。显示需要审核的凭证列表。

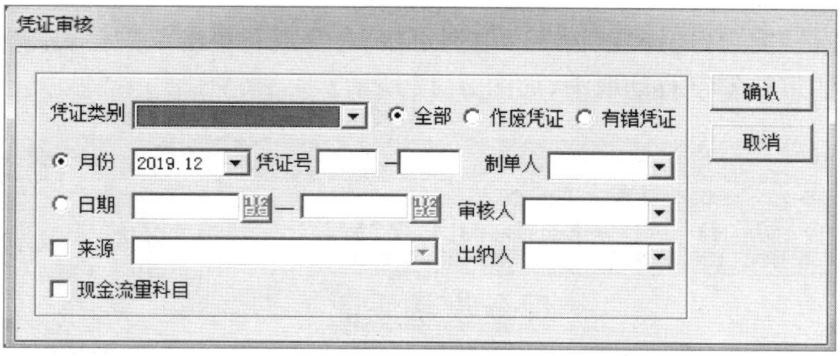

图 5-15 审核凭证查询条件

(3) 单击“确定”按钮，打开“凭证审核”窗口，选择“审核”—“审核凭证”命令或者单击工具栏上的“审核”按钮，凭证底部的审核处自动签上审核人员的姓名，如图 5-16 所示。

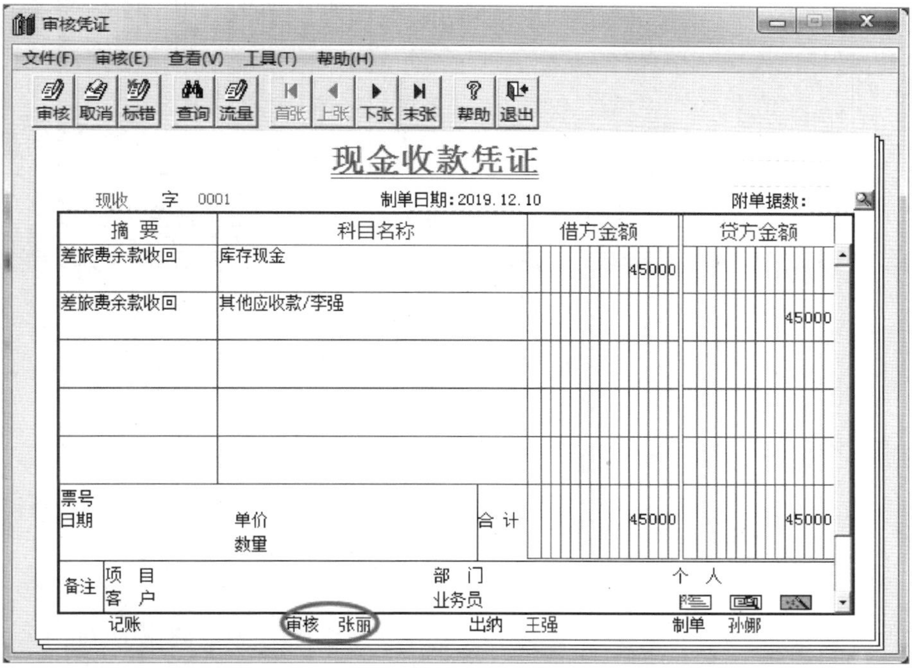

图 5-16 审核凭证成功

注意事项

未经审核通过的凭证可暂时对该凭证作“标错”处理。作废凭证不能被审核，也不能被标错。

审核人和制单人不能是同一个人。

凭证一经审核，就不能被修改或删除，只有取消审核签字后才可修改或删除。

系统提供了成批审核凭证功能，可以一次性审核多张凭证。

2. 取消审核凭证

在“审核凭证”窗口,选择“审核”—“取消审核”命令或者单击工具栏上的“取消”按钮,凭证底部审核处的审核签字自动取消,如图 5-17 所示。

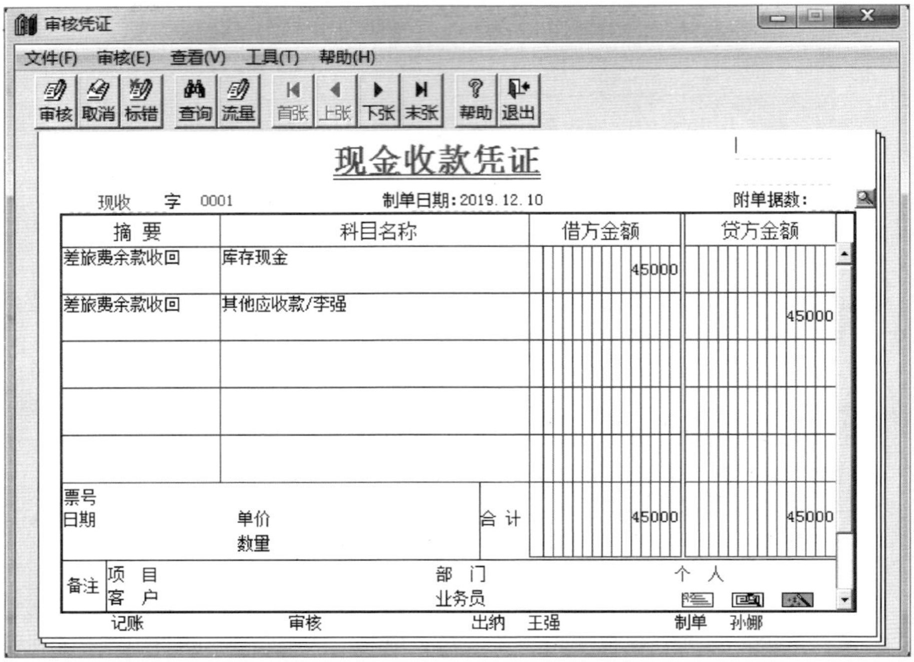

图 5-17 取消审核

项目六　账簿的登记与查询

一、实验目的

（1）了解 T3 软件总账系统账簿和手工账务处理中账簿的区别。
（2）掌握现金日记账及银行存款日记账的查询方法。
（3）掌握总账及明细账的查询方法。
（4）熟悉辅助账的查询方法。

二、实验内容

（1）使用“出纳”角色登录企业信息平台，了解出纳管理的各种功能，完成现金日记账和银行存款日记账的查询。

（2）当完成制单、审核及记账活动后，日常核算需要得到的信息资料已全部形成，并以“账簿”（现金日记账、银行存款日记账、明细分类账、总分类账、辅助账）的形式进行储存，通过账簿查询的方法来分析会计信息。

三、实验准备

（1）正确引入课程资源中“烟台兴茂 12 月份记账凭证”账套数据。
（2）电脑系统时间调整为“2019-12-31”。

四、实验资料

（1）2019-12-31，完成烟台兴茂机械制造有限公司 12 月份发生的所有经济业务的记账工作。

（2）完成现金日记账和银行存款日记账的查询工作。
（3）完成总账、明细账、余额表等科目账和辅助账的查询工作。

五、实验操作指导

《会计法》第三条规定，各单位必须依法设置会计账簿，并保证其真实、完整。会计账簿是同会计科目相结合而存在并发挥作用的，账簿是科目的载体，科目是经济业务的整理、归纳和分析，由此形成可利用的会计信息。

在手工账务处理中，可以说有会计必有账簿。电算化环境下系统能够自动完成账簿的登记工作，只要期初余额的录入、记账凭证的填制等基础业务操作正确，系统生成的账簿就一定是正确的，极大地缩短了登记账簿的时间，并提高了准确性。

手工环境下的账务处理程序，如图 6-1 所示。

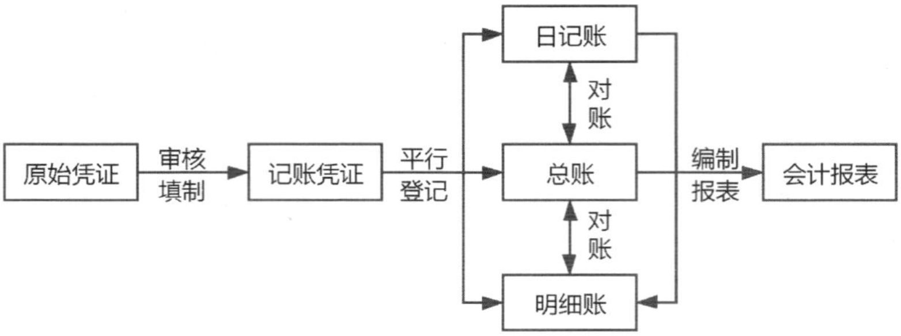

图 6-1　手工账务处理程序

会计电算化环境下的账务处理程序,如图 6-2 所示。

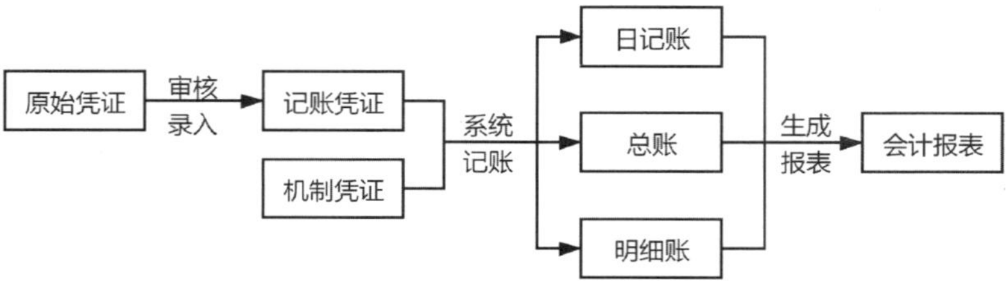

图 6-2　电算化账务处理程序

(一) 记账与取消记账

1. 记账

(1) 以“002 孙娜”登录 T3 窗口,执行“总账”—“凭证”—“记账”命令,打开“记账”对话框,单击“全选”按钮,选择记账的凭证范围,如图 6-3 所示。

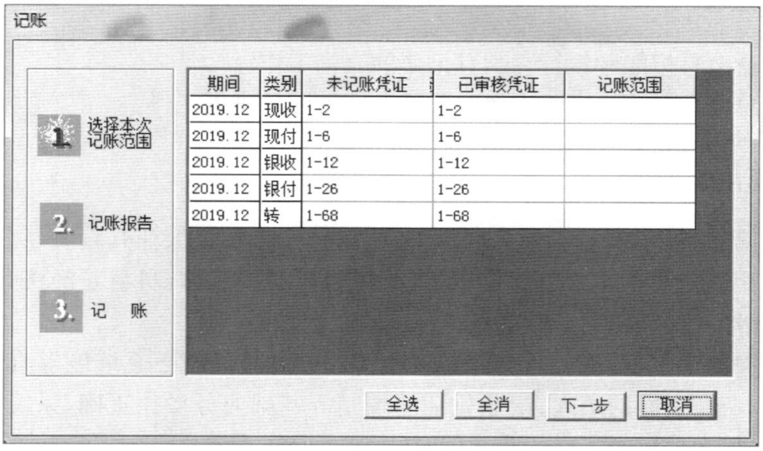

图 6-3　选择记账范围

（2）依次单击“下一步”按钮，提示“记账”，如图 6-4 所示。

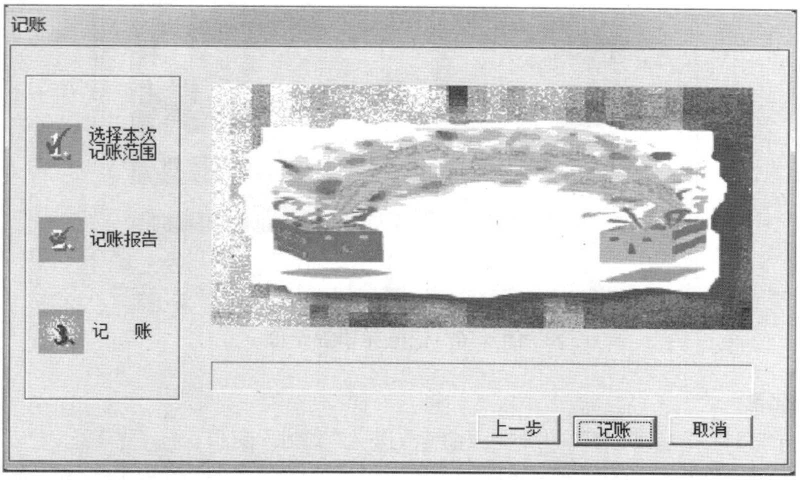

图 6-4 记账报告

（3）单击“记账”按钮，因为是本月第一次记账，系统弹出“期初试算平衡表”对话框，显示期初余额试算情况，如图 6-5 所示。

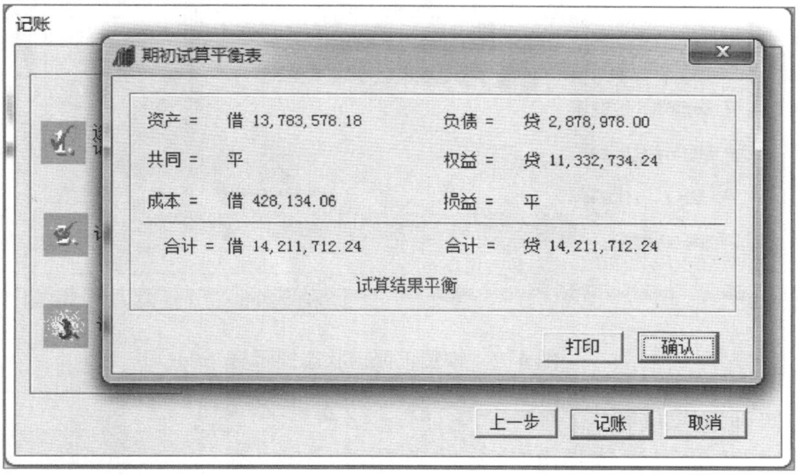

图 6-5 期初试算平衡

（4）单击“确认”按钮，开始记账，完成后系统弹出“记账完毕!”提示框，如图 6-6 所示。

注意事项

在第一次记账时，若期初余额不平衡，系统将不允许记账。

未经审核的凭证不能记账，但是作废的凭证不需要审核可以直接记账。

记账凭证上月未记账，则本月不能记账。

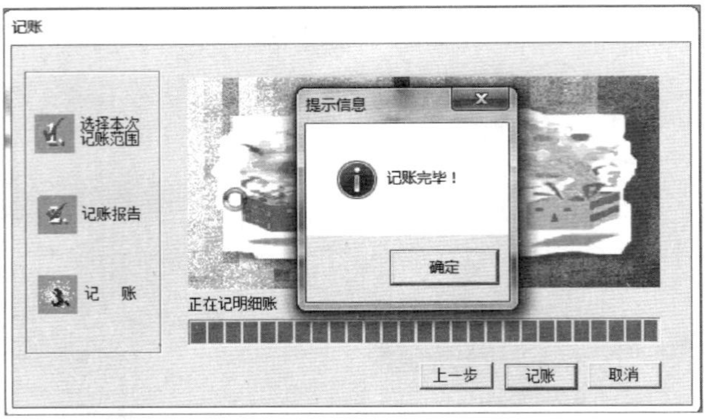

图 6-6　记账完毕提示框

2. 取消记账

(1) 执行“总账”—“期末”—“对账”命令，进入“对账”窗口。

(2) 按“Ctrl＋H”组合键，弹出“恢复记账前状态功能已被激活”提示框，如图 6-7 所示。

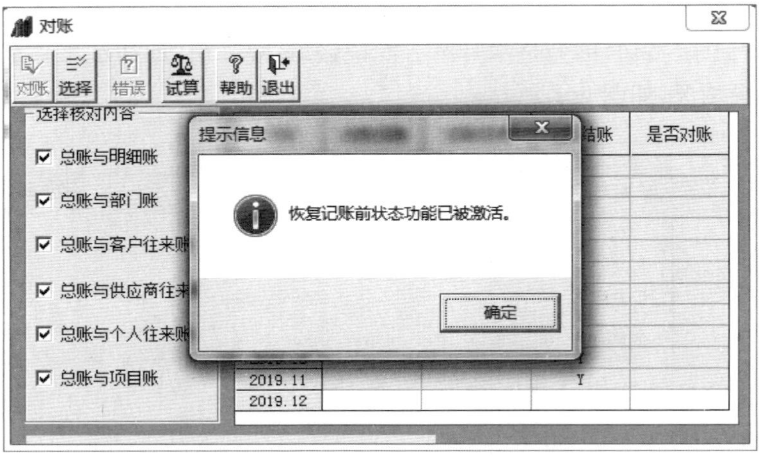

图 6-7　恢复记账前状态提示框

(3) 单击“确定”，执行“总账”—“凭证”—“恢复记账前状态”命令，系统弹出“恢复记账前状态”对话框，选择恢复“最近一次记账前状态”，单击“确定”，输入账套主管口令，点击“确认”按钮，如图 6-8 所示。

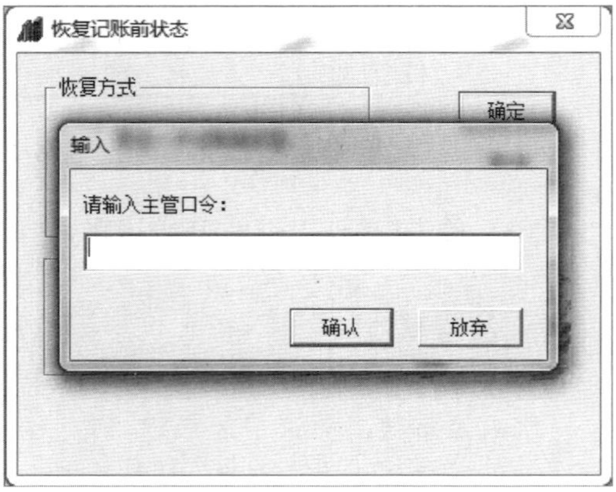

图 6-8　输入主管口令

(4) 系统提示“恢复记账完毕!”，单击“确定”按钮退出。

(5) 为进行账簿查询，将全部凭证再次记账。

(二) 账簿查询

出纳账簿管理是指查询与输出现金日记

账、银行存款日记账、资金日报及支票登记簿等，由出纳人员完成相关操作。

1. 现金日记账查询

（1）以“003 王强”登录，执行“现金”—“现金管理”—“日记账”—“现金日记账”命令，打开“现金日记账查询条件”对话框，选中“是否按对方科目展开”复选框，再选中“名称＋编码”和“末级”两个单选按钮，其余默认，如图 6-9 所示。

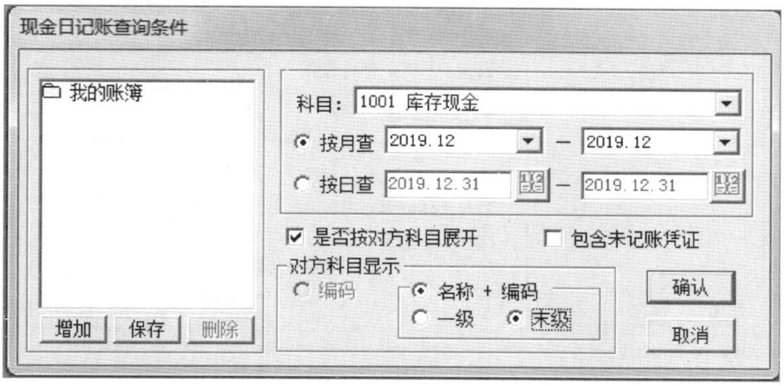

图 6-9 现金日记账查询条件

（2）单击“确认”按钮，系统显示查询期间发生的关于库存现金的业务，如图 6-10 所示。

2019年 月	日	凭证号数	摘要	对方科目	借方	贷方	方向	余额
			月初余额				借	7,130.00
12	01	银付-0001	提取备用金	中国农业银行(100201)	2,500.00		借	9,630.00
12	01		本日合计		2,500.00		借	9,630.00
12	02	现付-0001	补付差旅费	差旅费(660201)		1,900.00	借	7,730.00
12	02		本日合计			1,900.00	借	7,730.00
12	08	现付-0002	预支差旅费	李强(122102)		2,000.00	借	5,730.00
12	08		本日合计			2,000.00	借	5,730.00
12	10	现收-0001	差旅费余款收回	李强(122102)	450.00		借	6,180.00
12	10		本日合计		450.00		借	6,180.00
12	14	现付-0003	支付业务招待费	业务招待费(660204)		490.00	借	5,690.00
12	14		本日合计			490.00	借	5,690.00
12	20	现付-0004	支付员工培训费	培训费(660206)		1,200.00	借	4,490.00
12	20		本日合计			1,200.00	借	4,490.00
12	27	现付-0005	支付税控系统技术维护费	其他(660210)		280.00	借	4,210.00
12	27		本日合计			280.00	借	4,210.00
12	28	现付-0006	支付材料运费	铝合金(140102)		300.00	借	3,910.00
12	28	现付-0006	支付材料运费	进项税额(22210101)		27.00	借	3,883.00
12	28		本日合计			327.00	借	3,883.00
12	29	现收-0002	收到员工罚款	赵小英(122106)	737.40		借	4,620.40
12	29		本日合计		737.40		借	4,620.40
12			当前合计		3,687.40	6,197.00	借	4,620.40
12			当前累计		3,687.40	6,197.00	借	4,620.40

图 6-10 现金日记账

2. 银行存款日记账的查询

(1) 以“003 王强”登录，执行“现金”—“现金管理”—“日记账”—“银行日记账”命令，打开“银行日记账查询条件”对话框，选中“是否按对方科目展开”复选框，再选中“名称＋编码”和“末级”两个单选按钮，其余默认，如图 6-11 所示。

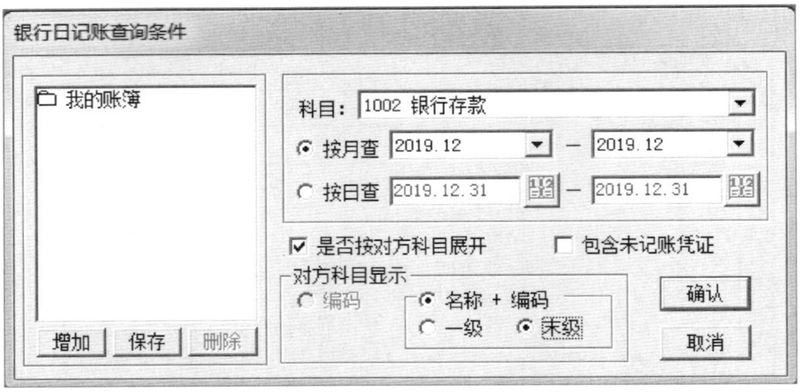

图 6-11 银行存款日记账查询条件

(2) 单击“确认”按钮，系统显示查询期间发生的关于银行存款的业务，如图 6-12 所示。

文件 基础设置 总账 往来 现金 出纳 项目 窗口 帮助

银行日记账

科目 1002 银行存款

2019年 月	日	凭证号数	摘要	结算号	对方科目	借方	贷方	方向	余额
			月初余额					借	1,979,307.72
12	01	银付-0001	提取备用金		库存现金(1001)		2,500.00	借	1,976,807.72
12	01		本日合计				2,500.00	借	1,976,807.72
12	02	银收-0001	收回材料余款		重庆华宇机械有限公司(122103)	2,168.25		借	1,978,975.97
12	02		本日合计			2,168.25		借	1,978,975.97
12	03	银付-0002	支付企业网银费用		其他(660304)		1,210.00	借	1,977,765.97
12	03		本日合计				1,210.00	借	1,977,765.97
12	04	银付-0003	交11月税费		未交增值税(222102)		62,565.00	借	1,915,200.97
12	04	银付-0003	交11月税费		应交城市维护建设税(222104)		4,379.55	借	1,910,821.42
12	04	银付-0003	交11月税费		应交教育费附加(222109)		1,251.30	借	1,909,570.12
12	04	银付-0003	交11月税费		应交印花税(222105)		376.48	借	1,909,193.64
12	04	银付-0003	交11月税费		应交企业所得税(222106)		8,500.00	借	1,900,693.64
12	04		本日合计				77,072.33	借	1,900,693.64
12	05	银付-0004	预订报刊费		预付报刊订阅费(112301)		3,302.75	借	1,897,390.89
12	05	银付-0004	预订报刊费		进项税额(22210101)		297.25	借	1,897,093.64
12	05		本日合计				3,600.00	借	1,897,093.64
12	08	银付-0005	办理银行本票		银行本票存款(101201)		15,000.00	借	1,882,093.64
12	08		本日合计				15,000.00	借	1,882,093.64
12	10	银收-0002	购包装盒多余款退回		济南曼华包装有限公司(122107)	762.00		借	1,882,855.64
12	10		本日合计			762.00		借	1,882,855.64
12	11	银付-0006	支付长期借款利息		利息支出(660301)		3,075.00	借	1,879,780.64
12	11	银付-0006	支付长期借款利息		长期借款利息(223101)		33,825.00	借	1,845,955.64

图 6-12 银行存款日记账

▶▶▶ 注意事项

库存现金和银行存款科目必须先在“会计科目”功能下的“指定科目”中预先指定，才可查询日记账。

双击某行账簿记录或者选中某行账簿记录再单击“凭证”按钮，可联查该笔账簿记录的对应记账凭证。单击“总账”按钮可联查总账。

3. 科目汇总表

（1）以“002 孙娜”登录，执行“总账”—“凭证”—“科目汇总”命令，打开“科目汇总”对话框，

（2）选择科目汇总条件，如“月份”默认选择查询月份“2019.12”，选择“已记账凭证”，最后点击“汇总”，系统将自动计算并列出科目汇总表，如图 6-13 所示。

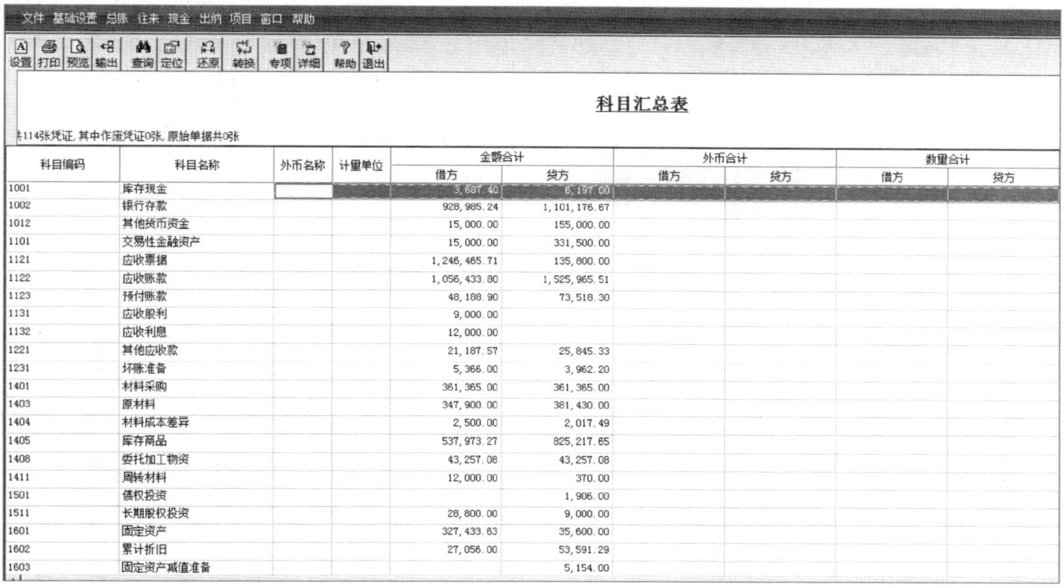

科目汇总表

共114张凭证，其中作废凭证0张，原始单据共0张

科目编码	科目名称	外币名称	计量单位	金额合计		外币合计		数量合计	
				借方	贷方	借方	贷方	借方	贷方
1001	库存现金			3,687.40	6,197.00				
1002	银行存款			928,985.24	1,101,176.67				
1012	其他货币资金			15,000.00	155,000.00				
1101	交易性金融资产			15,000.00	331,500.00				
1121	应收票据			1,246,465.71	135,800.00				
1122	应收账款			1,056,433.80	1,525,965.51				
1123	预付账款			48,188.90	73,518.30				
1131	应收股利			9,000.00					
1132	应收利息			12,000.00					
1221	其他应收款			21,187.57	25,845.33				
1231	坏账准备			5,366.00	3,962.20				
1401	材料采购			361,365.00	361,365.00				
1403	原材料			347,900.00	381,430.00				
1404	材料成本差异			2,500.00	2,017.49				
1405	库存商品			537,973.27	825,217.65				
1408	委托加工物资			43,257.08	43,257.08				
1411	周转材料			12,000.00	370.00				
1501	债权投资				1,906.00				
1511	长期股权投资			28,800.00	9,000.00				
1601	固定资产			327,433.63	35,600.00				
1602	累计折旧			27,056.00	53,591.29				
1603	固定资产减值准备				5,154.00				

图 6-13　科目汇总表

4. 总账查询

总账查询不仅可以查询各总账科目的年初余额、各月发生额合计和月末余额，而且还可以查询明细账的年初余额、各月发生额合计和月末余额。

（1）以“002 孙娜”登录，执行“总账”—“账簿查询”—“总账”命令，打开“总账查询条件”对话框，如图 6-14 所示。

（2）输入要查询的科目，如“6001 主营业务收入”，注意不要输入“600101”。因为是总账查询，应输入一级科目。科目级次选择中，如将科目级次输入为“1—1”，则只查一级科目；如将科目级次输入为“1—3”，则查一至三级科目。如果需要查询所有末级科目，选择“末级科目”复选框即可。因为是总账查询，科目级次应选为“1—1”。

（3）单击“确认”，系统显示当期关于科目“6001 主营业务收入”本期的总账信息，如图 6-15 所示。

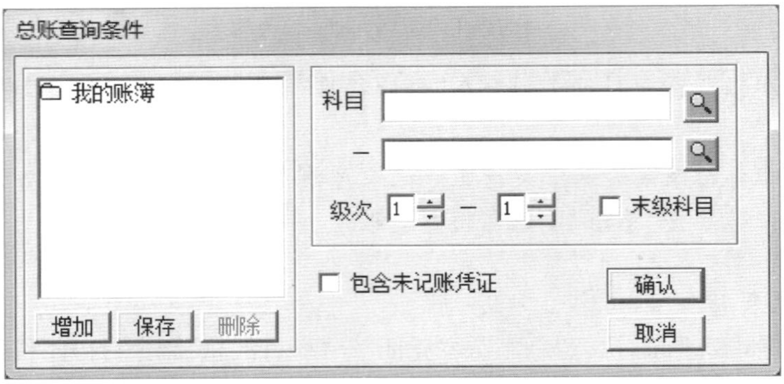

图 6-14　总账查询条件

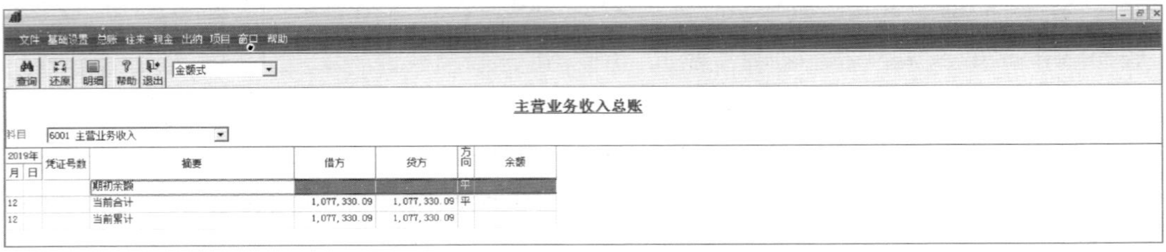

图 6-15　“主营业务收入”总账查询

注意事项

损益类科目期末方向一定为“平”。

科目范围可输入起止科目范围，为空时，系统默认为是所有科目。

除库存现金和银行存款两个科目外，在总账账户界面，在“当前合计”或“当前累计”行双击或单击“明细”按钮，可以联查相应科目的明细账。

5. 明细账查询

(1) 以“002 孙娜”登录，执行“总账”—“账簿查询”—“明细账”命令，打开“明细账查询条件”对话框，科目范围为空时，系统默认查询所有科目。“科目”中输入“600101”，如图6-16所示。

图 6-16　明细账查询条件

（2）单击“确认”，系统显示当期关于“科目 600101 主营业务收入”本期明细账的详细信息，如图 6-17 所示。

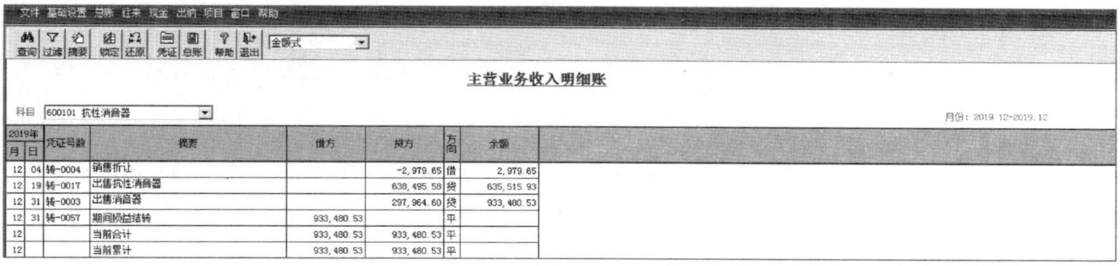

2019年 月	日	凭证号数	摘要	借方	贷方	方向	余额
12	04	转-0004	销售折让		-2,979.65	借	2,979.65
12	19	转-0017	出售抗性消音器		638,495.58	贷	635,515.93
12	31	转-0003	出售消音器		297,964.60	贷	933,480.53
12	31	转-0057	期间损益结转	933,480.53		平	
12			当前合计	933,480.53	933,480.53	平	
12			当前累计	933,480.53	933,480.53	平	

图 6-17 “主营业务收入”明细账查询

注意事项

若要查询包含未记账凭证的明细账可选择“包含未记账凭证”。

明细账是检查报表的重要方式，若资产负债表中的“应收账款”项目出现错误导致不平衡，最简单的发现错误的方法是查询明细账，因为报表中“应收账款”项目是根据“应收账款借方余额＋预收账款借方余额－坏账准备”计算填列，涉及“应收账款”的二级明细，所以应该把每一个应收账款的二级明细查出来进行核对。

只有会计科目设置了数量核算或外币核算，才能查询数量金额式和外币金额式明细账。

6. 余额表的查询

（1）以“002 孙娜”登录，执行“总账”—“账簿查询”—“余额表”命令，打开“发生额及余额表查询条件”对话框，如图 6-18 所示。

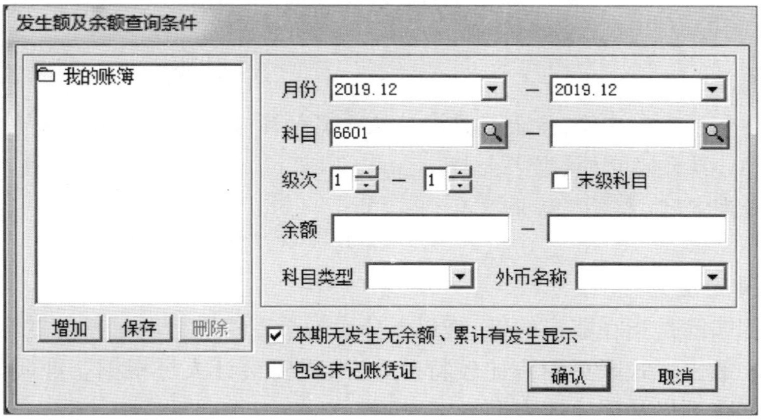

图 6-18 发生额及余额表查询条件

（2）输入要查询的科目，如“6601 销售费用”，单击“确认”，系统显示当期关于科目“6601 销售费用”的发生额及余额，如图 6-19 所示。

发生额及余额表

月份：2019.12-2019.12

科目编码	科目名称	期初余额		本期发生		期末余额	
		借方	贷方	借方	贷方	借方	贷方
6601	销售费用			31,714.56	31,714.56		
6602	管理费用			40,047.26	40,047.26		
6603	财务费用			13,201.66	13,201.66		
6701	资产减值损失			5,154.00	5,154.00		
6702	信用减值损失			2,361.40	2,361.40		
6711	营业外支出			14,744.48	14,744.48		
6801	所得税费用			20,517.35	20,517.35		
损益小计				127,740.71	127,740.71		
合计				127,740.71	127,740.71		

图 6-19 “销售费用”发生额及余额表

（3）若要继续查询“6602 管理费用”，单击窗口上方的“查询”按钮，弹出“发生额及余额表查询条件”对话框，同步骤(2)输入科目“6602 管理费用”，单击“确定”完成查询。

（4）单击工具栏上的“累计”按钮，表格将自动增加借方、贷方累计发生额两列，如图 6-20 所示。

发生额及余额表

月份：2019.12-2019.12

科目编码	科目名称	期初余额		本期发生		累计发生		期末余额	
		借方	贷方	借方	贷方	借方	贷方	借方	贷方
6602	管理费用			43,063.26	39,767.26	43,063.26	39,767.26	3,296.00	
6603	财务费用			12,090.31	12,090.31	12,090.31	12,090.31		
6701	资产减值损失			5,154.00	5,154.00	5,154.00	5,154.00		
6702	信用减值损失			2,361.40	2,361.40	2,361.40	2,361.40		
6711	营业外支出			14,744.48	14,744.48	14,744.48	14,744.48		
6801	所得税费用			20,517.35	20,517.35	20,517.35	20,517.35		
损益小计				97,930.80	94,634.80	97,930.80	94,634.80	3,296.00	
合计				97,930.80	94,634.80	97,930.80	94,634.80	3,296.00	

图 6-20 “管理费用”发生额及余额表

注意事项

发生额及余额表可查询、输出某月或某几个月的所有总账科目及明细科目的期初余额、本期发生额、累计发生额、期末余额。

科目范围为空时，系统默认是所有科目。

7. 多栏式账簿查询

多栏式明细账簿是指在账户的借、贷双方分设若干专栏进行明细核算的账簿格式，其账页格式相对于一般三栏式账页而言比较特殊，一般需要会计人员根据企业实际需要先进行设置或定义多栏账页格式后才能查询。

（1）以“002 孙娜”登录，执行“总账”—“账簿查询”—“多栏账”命令，打开“多栏账”对话框。

（2）单击“增加”按钮，打开“多栏账定义”对话框，以“2221 应交增值税”为例，在“核算科目”下拉列表中选择“2221 应交增值税”。单击“自动编制”按钮，如图 6-21 所示。

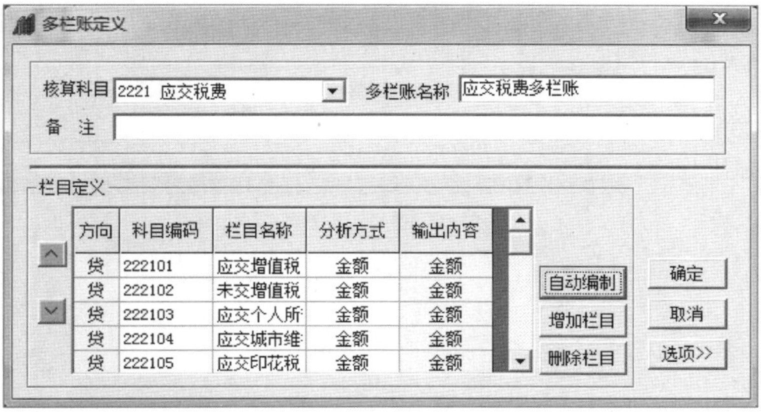

图 6-21　多栏式明细账定义

（3）单击“确定”按钮，完成“多栏账定义”。

（4）单击“查询”按钮，打开“多栏账查询”对话框，如图 6-22 所示。

图 6-22　多栏式明细账查询条件

（5）单击“确认”按钮，打开要查询账户的多栏账，如图 6-23 所示。

注意事项

设置了明细科目的总账科目都可查询多栏式明细账。

多栏账只能联查凭证，不能联查总账。

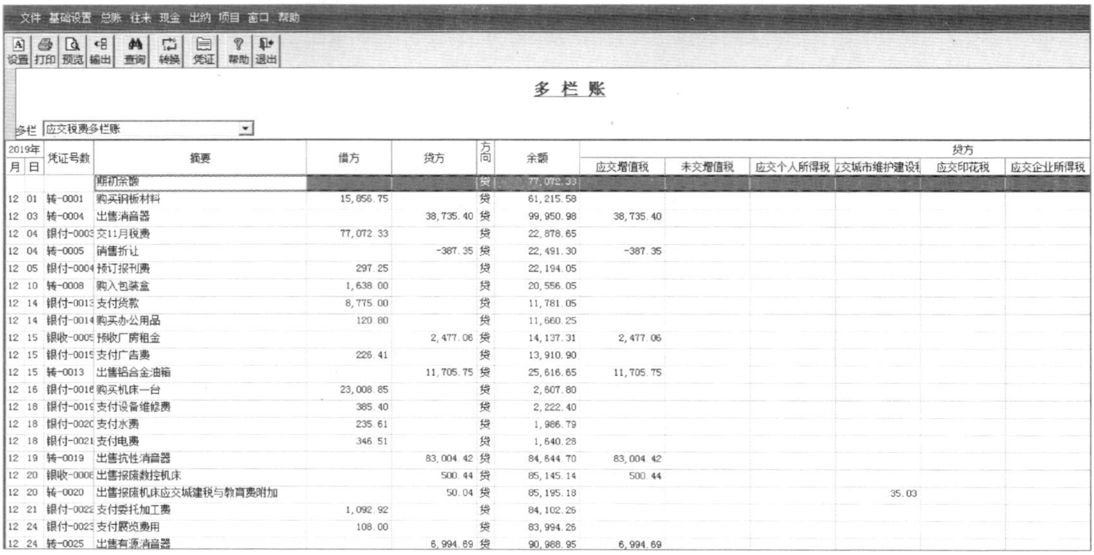

2019年月	日	凭证号数	摘要	借方	贷方	方向	余额	贷方 应交增值税	未交增值税	应交个人所得税	应交城市维护建设税	应交印花税	应交企业所得税
			期初余额			贷	77,072.33						
12	01	转-0001	购买钢板材料	15,856.75		贷	61,215.58						
12	03	转-0004	出售消音器		38,735.40	贷	99,950.98	38,735.40					
12	04	银付-0003	交11月税费	77,072.33		贷	22,878.65						
12	04	转-0005	销售折让		-387.35	贷	22,491.30	-387.35					
12	05	银付-0004	预订报刊费	297.25		贷	22,194.05						
12	10	转-0008	购入包装盒	1,638.00		贷	20,556.05						
12	14	银付-0013	支付货款	8,775.00		贷	11,781.05						
12	14	银付-0014	购买办公用品	120.80		贷	11,660.25						
12	15	银收-0005	预收厂房租金		2,477.06	贷	14,137.31	2,477.06					
12	15	银付-0015	支付广告费	226.41		贷	13,910.90						
12	15	转-0013	出售铝合金油箱		11,705.75	贷	25,616.65	11,705.75					
12	16	银付-0016	购买机床一台	23,008.85		贷	2,607.80						
12	18	银付-0019	支付设备维修费	385.40		贷	2,222.40						
12	18	银付-0020	支付水费	235.61		贷	1,986.79						
12	18	银付-0021	支付电费	346.51		贷	1,640.28						
12	19	转-0019	出售抗性消音器		83,004.42	贷	84,644.70	83,004.42					
12	20	银收-0006	出售报废数控机床		500.44	贷	85,145.14	500.44					
12	20	转-0020	出售报废机床应交城建税与教育费附加		50.04	贷	85,195.18				35.03		
12	21	银付-0022	支付委托加工费	1,092.92		贷	84,102.26						
12	24	银付-0023	支付展览费用	108.00		贷	83,994.26						
12	24	转-0025	出售有源消音器		6,994.69	贷	90,988.95	6,994.69					

图 6-23　多栏式明细账

8. 辅助账簿查询

辅助账簿是指在正常账户之外，根据部门、客户、供应商、个人和项目等设立的用于进行相应辅助核算的“账簿”，如果某科目设立时选择了相应“辅助核算”复选框，系统则在进行科目核算的同时会自动按部门、客户、供应商、个人和项目等“辅助核算”账户进行核算，即提供横向、纵向的查询统计功能，为企业管理者提供各种辅助管理方面的会计信息，真正体现管理为决策服务的功能。

注意事项

部门辅助账、个人辅助账、客户往来辅助账、供应商辅助账和项目辅助账，都属于辅助账，在查询前要提前设置“辅助核算”，否则不能查询该辅助账簿。

(三) 银行对账

银行对账是银行进行货币资金管理的重要内容，也是出纳人员的基本工作之一。企业的结算业务大部分是通过银行完成的，由于企业与银行的账务处理和入账时间不一致，往往会发生账面不一致的情况，即形成“未达账项”。为了能够准确掌握银行存款的实际余额，了解可以动用货币资金的数额，判断记账记录是否正确，企业必须定期进行银行对账处理。

银行对账处理的操作由出纳完成。首次进行银行对账时，需要执行银行对账期初功能，即初始化工作。(本书实验资料没有涉及该相关操作，如实际工作中需要可以按以下步骤进行。)

1. 银行对账期初数据的录入。

以“003 王强”登录，执行“现金”—“设置”—“银行期初输入”命令，打开“银行科目选择”对话框，选择对应的科目，单击“确定”按钮，打开“银行对账期初”对话框。输入单位日记账和银行对账单调整前余额和期初未达账项，调整后的余额相等。

2. 银行对账单录入

执行“现金”—“现金管理”—“银行账”—“银行对账单”命令，打开“银行科目选择”对话框。选择对应的科目、月份，单击“确定”按钮，打开“银行对账单”窗口。单击“增加”按钮，输入银行对账单信息，单击“保存”按钮。

3. 进行银行对账

执行“现金”—“现金管理”—“银行账”—“银行对账”命令，打开“银行科目选择”对话框。选择对应的科目、月份，单击“确定”按钮，打开“银行对账”窗口。单击“对账”按钮，打开“自动对账”对话框，输入截止日期，单击“确定”按钮，则单位日记账和银行对账单的“两清”栏自动显示对账结果。

4. 查询、输出银行存款余额调节表

执行“现金”—“现金管理”—“银行账”—“余额调节表”命令，打开“银行存款余额调节表”窗口。选择对应的科目，单击“查看”按钮或双击该科目所在的行，可以查看“银行存款余额调节表”，单击“输出”按钮，可以将银行存款余额调节表以 Microsoft Excel、UFO 电子表等格式输出。

注意事项

录入的银行对账单、单位日记账的期初未达账项的发生日期不能大于等于此银行科目的启用日期。

实务中，若企业从银行取得 TXT、MDB、DBF 格式的电子对账单，可以通过执行“引入功能”，将银行对账单导入系统。

银行对账采用自动对账与手工对账相结合的方式。自动对账后，可能还有一些特殊已达账没有校对出来，而被视为未达账项，为了保证对账正确，可用手工对账来进行调整。

项目七　期末结账

一、实验目的

（1）能够熟练运用T3软件完成期末自定义转账凭证处理。
（2）能够完成期间损益的期末自动结转。
（3）能完成期末对账和试算平衡。
（4）能够完成结账操作。

二、实验内容

（1）利用会计公式进行期末自定义转账凭证会计处理。通过转账定义功能对自定义转账科目和计算公式进行设置，再通过转账生成功能生成记账凭证。

（2）期间损益结转。通过对软件系统的设置将月末损益类科目的余额由软件系统自动结转到“本年利润”科目，并生成记账凭证。

（3）期末对账及试算平衡。月末将总账与总账、总账与明细账进行核对，检验账簿记录的准确性。

（4）期末结账和取消结账。期末完成结账操作后，所有业务和单据将不允许再进行操作。如果发现凭证或单据存在错误，则需要先取消结账，再进行修改。

三、实验准备

（1）正确引入课程资源中“烟台兴茂12月份记账凭证”账套数据。
（2）电脑系统时间调整为“2019-12-31”。

四、实验资料

烟台兴茂机械制造有限公司2019年12月期末处理要求如下：

（一）自定义转账

12月31日，完成增值税、城市维护建设税及教育费附加、法定盈余公积、本年利润和利润分配的期末结转。

（二）期间损益结转

12月31日，完成期间损益的期末结转。

（三）期末对账

12月31日，完成期末对账工作，检查是否账账相符。

（四）期末结账

12 月 31 日，检查本月业务是否处理完毕，完成总账管理子系统期末结账处理。

五、实验操作指导

（一）自定义转账设置

（1）以“002 孙娜”登录，执行“总账”—“期末”—“转账定义”—“自定义结转”命令，打开“自动转账设置”对话框。

（2）单击“增加”按钮，打开“转账目录”对话框。

（3）输入“转账序号”“转账说明”，选择“凭证类别—转账凭证”，如图 7-1 所示。

图 7-1 自动转账设置

（4）单击“确定”按钮，在编辑区第一行选择“科目编码”，双击“方向”栏，选择“借”，输入金额公式。

（5）单击“增行”按钮，选择“科目编码”，双击该行的“方向”栏，选择“贷”，输入金额公式，如图 7-2 所示。

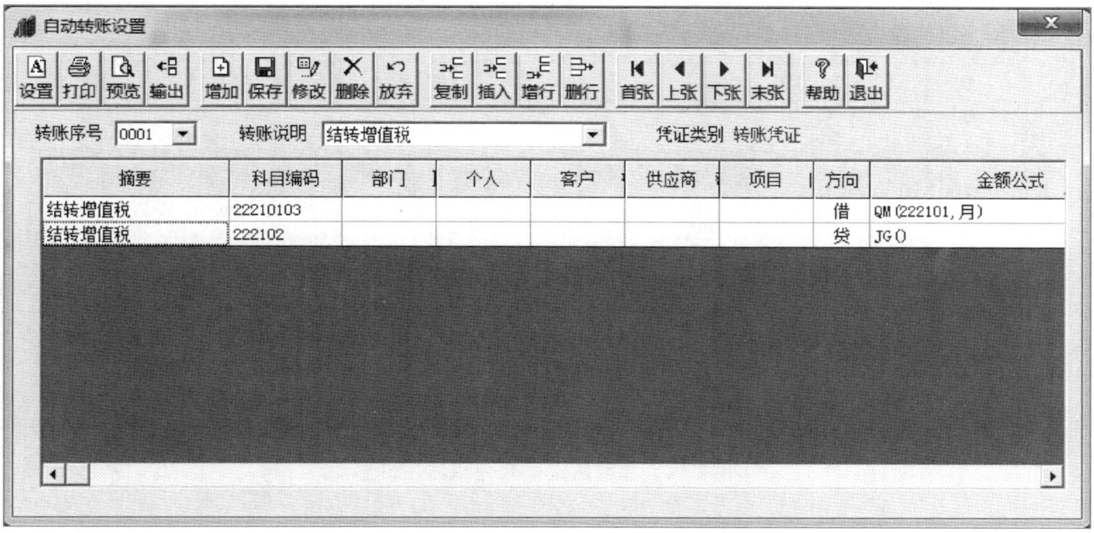

图 7-2 增值税结转设置

(6) 单击“保存”按钮，完成增值税结转设置。

(7) 同理重复以上操作，完成城市维护建设税及教育费附加结转设置，如图 7-3 所示。

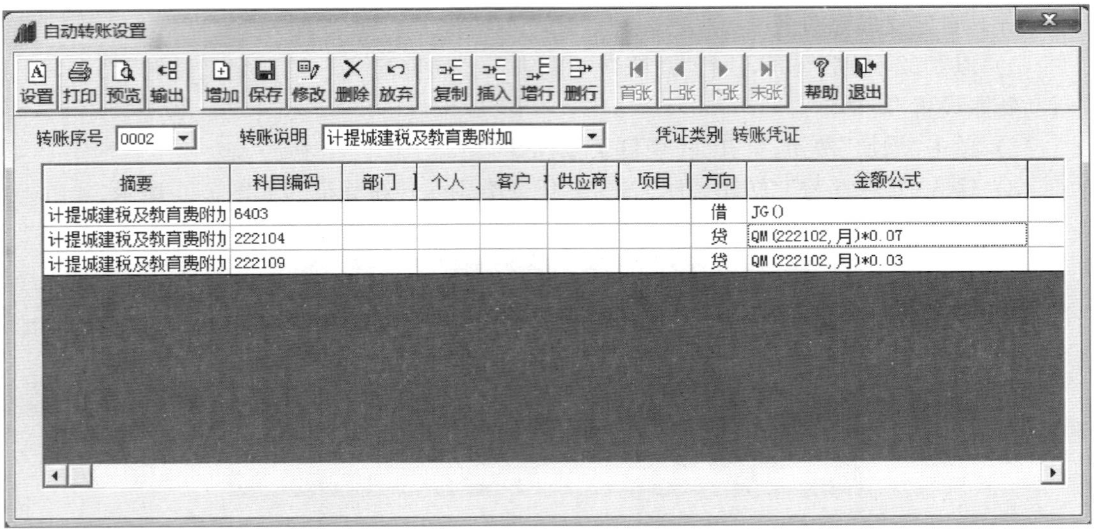

图 7-3　城市维护建设税及教育费附加结转设置

(8) 完成提取法定盈余公积结转设置，如图 7-4 所示。

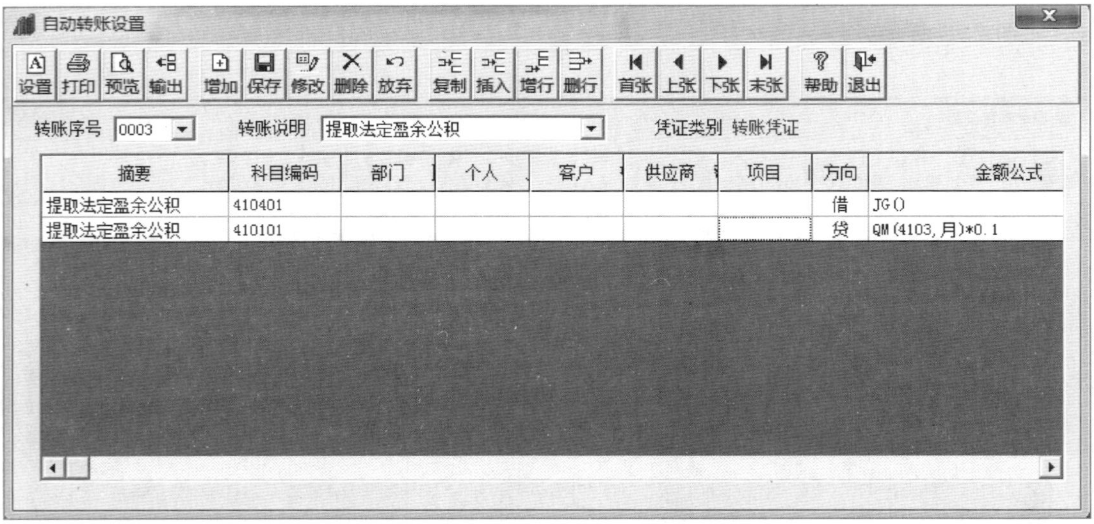

图 7-4　提取法定盈余公积结转设置

(9) 完成本年利润结转设置，如图 7-5 所示。

(10) 完成利润分配结转设置，如图 7-6 所示。

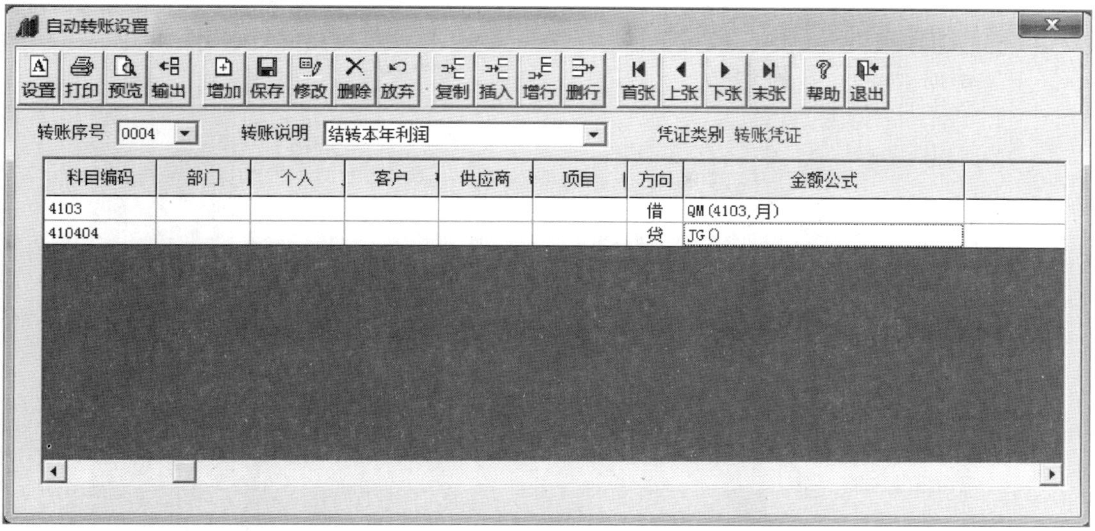

图 7-5　本年利润结转设置

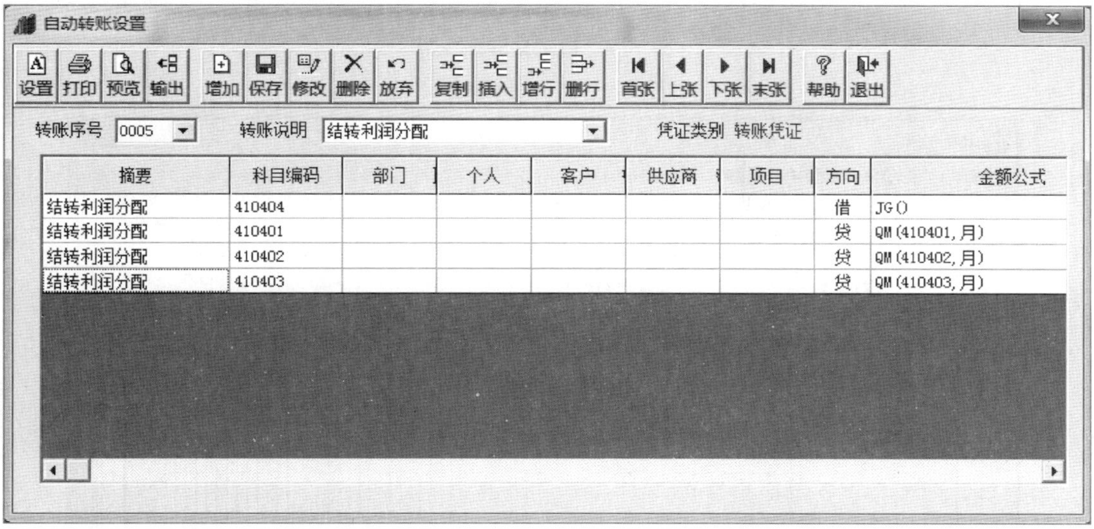

图 7-6　利润分配结转设置

（二）自定义转账生成

(1) 执行“总账”—“期末”—“转账生成”命令，打开“转账生成”窗口。

(2) 选择“自定义转账”选项，双击第一行记录，“是否结转”栏显示“Y”，如图 7-7 所示。

(3) 单击“确定”按钮，生成转账凭证，单击“保存”，凭证左上角显示“已生成”，如图 7-8所示。

(4) 同理，依次完成其余自定义转账凭证的生成。

(5) 更换操作员，以“001 张丽”登录，审核凭证；“002 孙娜”登录记账。

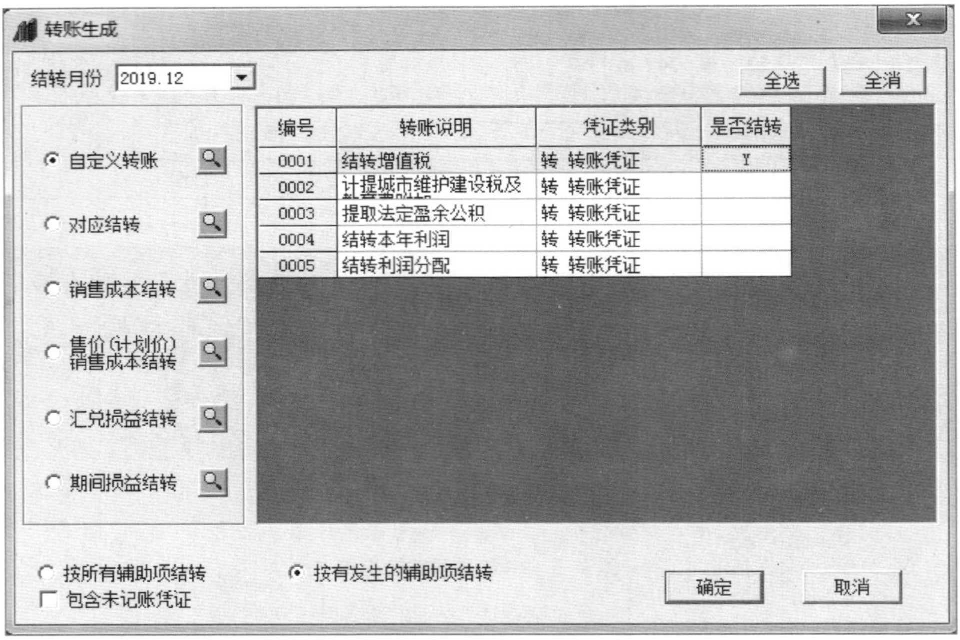

图 7-7　自定义转账生成

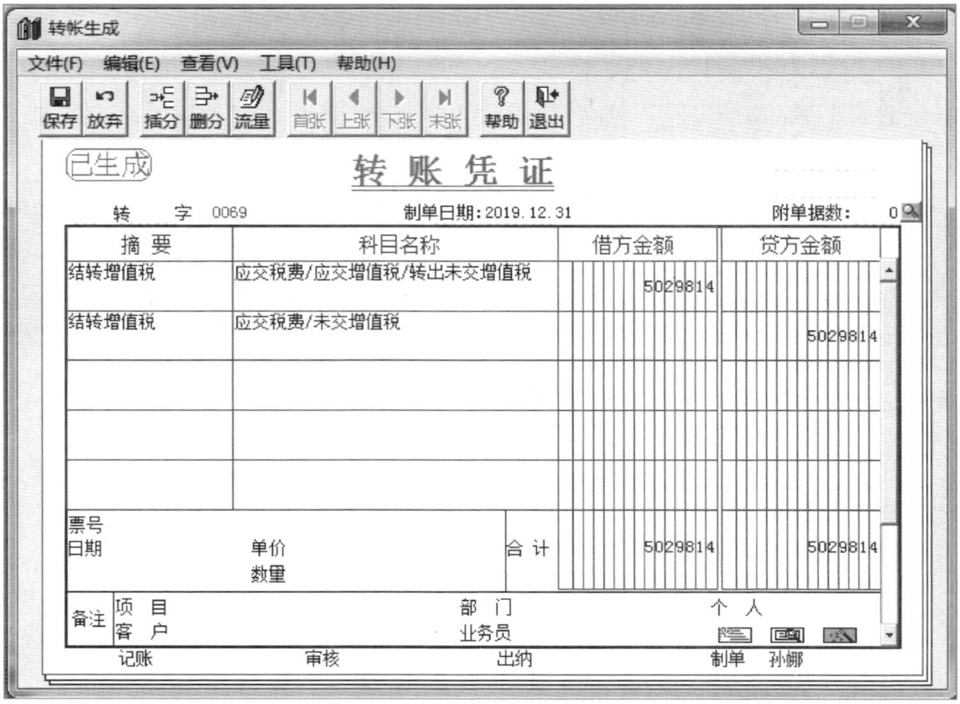

图 7-8　自定义转账生成凭证

注意事项

金额公式中的科目可以为非末级科目。

生产成本的结转应在制造费用结转后进行，所得税的转账生成必须在完成其他期间损益结转生成凭证且记账后才能进行，不分先后顺序的业务可同时进行转账生成。

所有种类的自动转账均可通过自定义实现。

（三）期间损益转账定义

（1）以“002 孙娜”登录，执行“总账”—“期末”—“转账定义”—“期间损益结转”命令，打开“期间损益结转设置”对话框。

（2）“凭证类别”选择“转账凭证”，选择输入“本年利润”科目“4103”，单击“确定”按钮，如图 7-9 所示。

图 7-9 期间损益结转设置

（四）期间损益转账生成

（1）以“002 孙娜”登录，执行“总账”—“期末”—“转账定义”—“转账生成”命令，打开“转账生成”对话框。

（2）选中“期间损益结转”单选按钮，类型选择“收入”，单击“全选”按钮，为防止前面有未记账凭证，可以勾选“包含未记账凭证”选项以保证结转凭证的正确性，如图 7-10 所示。

（3）单击“确定”按钮，打开“转账生成”窗口，自动生成收入类账户结转的凭证，单击“保存”按钮，显示凭证已生成，如图 7-11 所示。

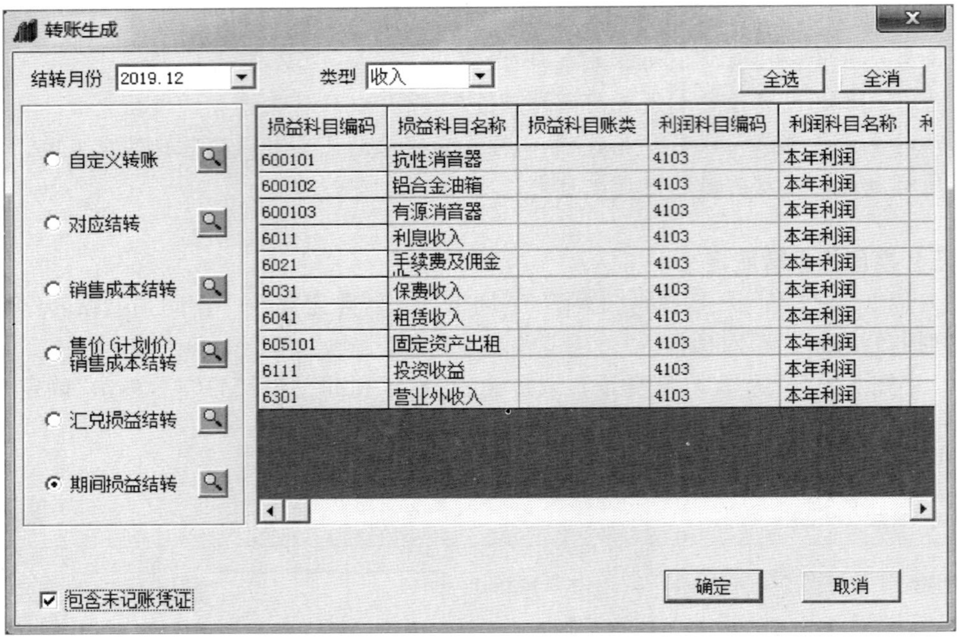

图 7-10　期间损益转账生成

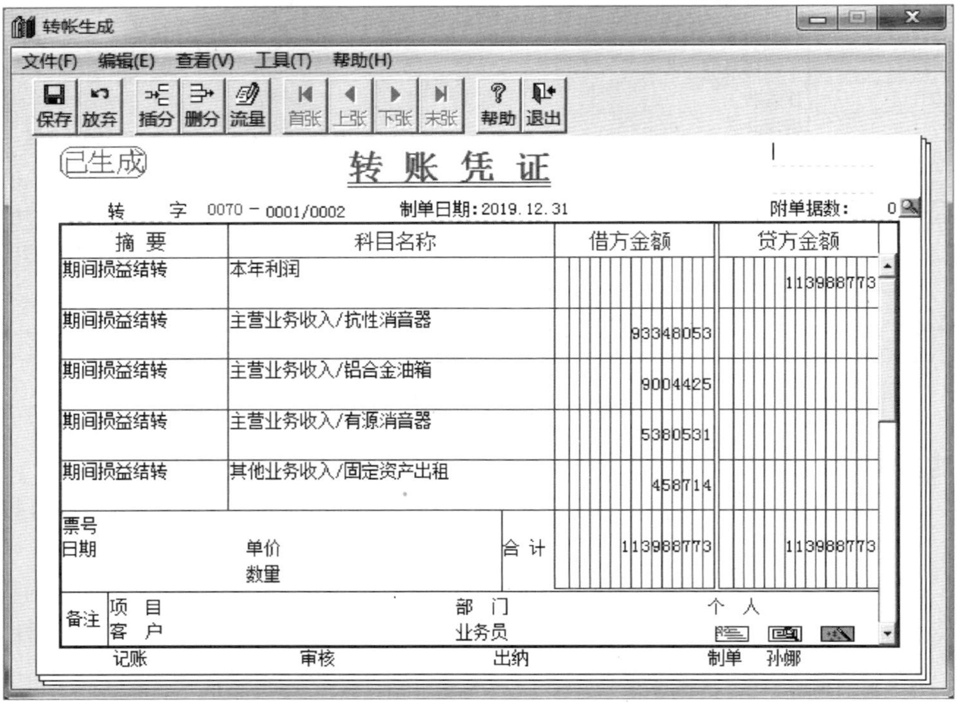

图 7-11　收入结转凭证

（4）单击“退出”按钮，返回“转账生成”窗口。

（5）同理，类型选择“支出”，单击“全选”按钮，再单击“确定”，弹出“2019.12 月之前有未记账凭证，是否继续结转”提示框，单击“是”，系统生成一张转账凭证，将支出结转到本年利润，如图 7-12 所示。

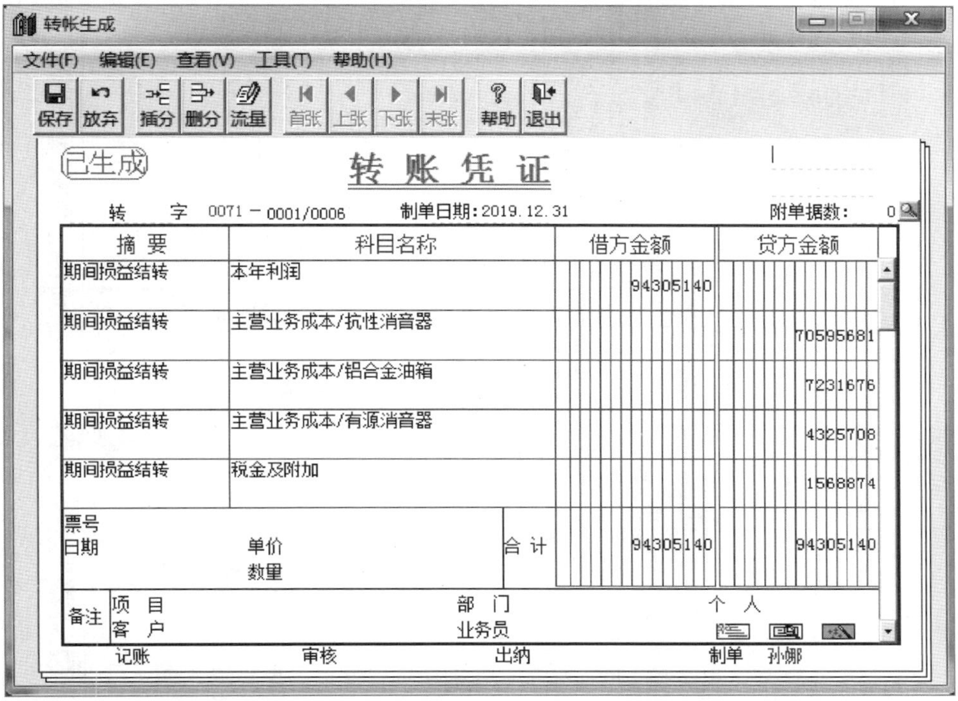

图 7-12　费用结转凭证

（6）更换操作员，以“001 张丽”登录，对凭证进行审核；“002 孙娜”登录记账。

注意事项

最好不要在一张凭证上结转收入和费用，否则科目的对应关系不清楚。

必须先进行转账定义，才能进行转账生成操作。

期间损益结转之前需要将相关经济业务的记账凭证完成记账操作。“转账生成”形成的记账凭证仍需要审核和记账。

（五）期末对账

（1）以“001 张丽”登录 T3 窗口，选择“总账”—“期末”—“对账”命令，打开“对账”对话框。

（2）选中 2019 年 12 月所在行“是否对账”单元格，单击“选择”按钮（或者双击“是否对账”单元格），激活“对账”按钮，如图 7-13 所示。

（3）单击“对账”按钮，系统进行自动对账，之后在“对账”对话框 2019 年 12 月所在行显示对账日期为“2019.12.31”，对账结果显示为“正确”，如图 7-14 所示。

图 7-13　期末对账

图 7-14　期末对账结果

(4) 单击“试算”按钮，打开“2019.12 试算平衡表”对话框，显示试算结果平衡。

(5) 单击“确认”按钮后退出。

注意事项

一般在电算化系统中，只要记账凭证填制正确，记账后各种账簿都应该是正确、平衡的，但由于非法操作或计算机病毒等原因，有时可能会造成某些数据被破坏，引起账账不符。为了保证账证相符、账账相符，应至少一个月对一次账，一般在月末结账前进行。

若对账结果为账账不符，则当月对账结果处显示“错误”，单击“错误”按钮，可查看账账不符的原因。

（六）期末结账

（1）以“001 张丽”登录 T3 窗口，执行“总账”—“期末”—“结账”命令，打开“结账”对话框。

（2）单击要结账的月份“2019.12”，如图 7-15 所示。

图 7-15　结账

（3）依次单击“下一步”“对账”按钮，系统进行自动对账，单击“下一步”按钮，结账对话框页面进入第 3 步“月度工作报告”，如图 7-16 所示。

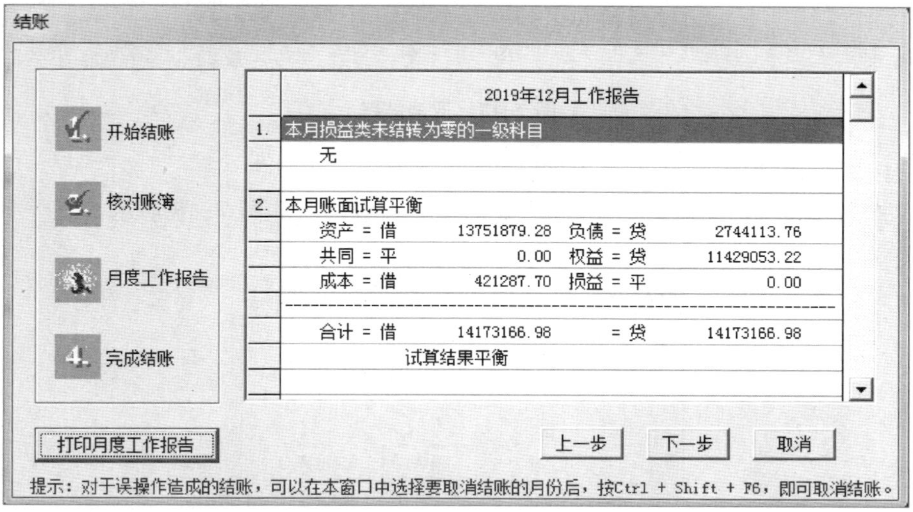

图 7-16　结账工作报告

（4）单击“下一步”按钮，结账对话框页面进入第 4 步“完成结账”，页面右侧显示

“2019 年 12 月工作检查完成，可以结账”，单击“结账”按钮，系统完成结账并退出。

注意事项

结账操作只能由有结账权限的操作员进行。

本月还有未记账凭证时，则本月不能结账。本月损益类科目有余额时，不能结账。

结账必须按月连续进行，上月未结账，则本月不能结账。

若总账与明细账对账不符，则不能结账。

（七）取消结账

（1）执行“总账”—“期末”—“结账”命令，打开“结账”对话框，单击要取消结账的月份“2019.12”，如图 7-17 所示。

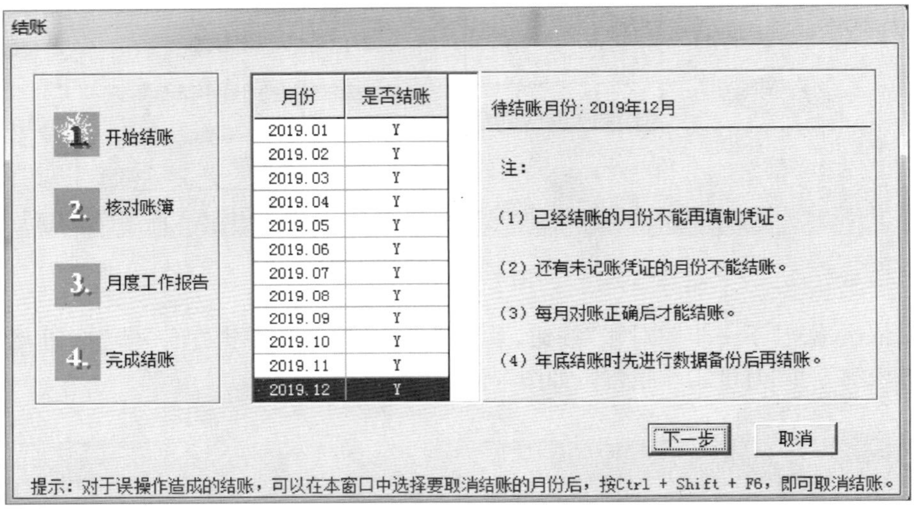

图 7-17　取消结账

（2）按下激活“取消结账功能”的组合健“Ctrl+Shift+F6”。

（3）弹出“确认口令”的对话框，输入账套主管口令“1”，如图 7-18 所示。

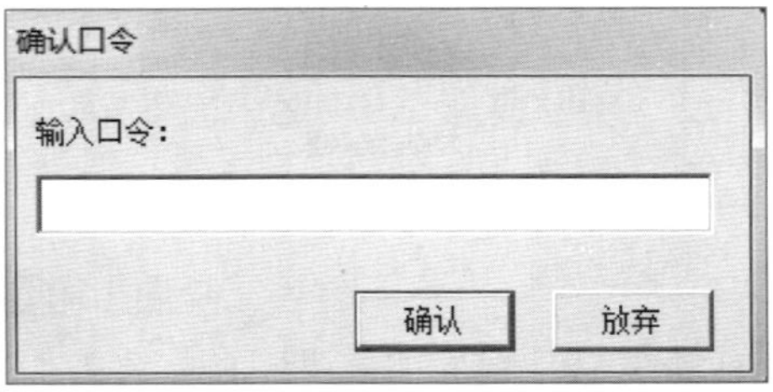

图 7-18　取消结账口令

（4）单击“确认”按钮，“是否结账”栏的标志“Y”取消，取消结账成功。

项目八　错 账 更 正

一、实验目的

（1）熟悉错账更正的内容与操作步骤。

（2）能够完成未记账凭证的修改。

（3）能够实现完成记账操作后，对错误记账凭证和账簿的更正。

（4）能够实现完成结账操作后，对错误记账凭证和账簿的更正。

二、实验内容

（1）修改记账凭证。将未审核记账存在错误的记账凭证进行修改。

（2）删除记账凭证。将未记账的凭证先进行"作废"操作，再完成删除操作。

（3）冲销记账凭证。将已记账的凭证进行红字冲销操作，再填制正确蓝字记账凭证。

（4）补充记账凭证。将已记账但金额少记的凭证进行补充填制蓝字记账凭证。

三、实验准备

（1）正确引入项目七账套数据。

（2）电脑系统时间调整为"2019-12-31"。

四、实验资料

（1）2019 年 12 月 5 日，用现金 200 元购买办公用品。该笔经济业务的凭证在保存后即发现将日期错输为 2019 年 12 月 7 日，金额错输为 2 000 元，凭证未审核。

（2）2019 年 12 月 10 日，企业提现金 1 000 元备用。凭证类别应该是银行付款凭证，错误输成现金收款凭证，凭证未审核。

（3）2019 年 12 月 15 日，用现金 300 元支付业务招待费。该笔经济业务的凭证金额错输为 3 000 元，凭证已签字审核。

（4）2019 年 12 月 25 日，使用银行存款 2 000 元预付下月厂房租金。在输入凭证时，把借方科目误用为"管理费用"，并已审核未记账。

（5）2019 年 12 月 27 日，使用现金 96 元购买办公用品。在输入凭证时，将借贷方金额误记为 69 元，并已审核记账。

五、实验操作指导

会计电算化环境下，操作人员由于各种原因出现凭证、账薄差错，在发现错误后应及时采用合适的方法予以更正。会计电算化环境下的凭证错误分以下三种情况采用不同的方法进行更正。

(一) 凭证未审核

1. 直接修改

【例 1】 2019 年 12 月 5 日，用现金 200 元购买办公用品。该笔经济业务的凭证在保存后即发现将日期输成了 2019 年 12 月 7 日，金额错输为 2 000 元，凭证未审核。

(1) 会计(002 孙娜)登录 T3 窗口，填制凭证并保存，如图 8-1 所示。

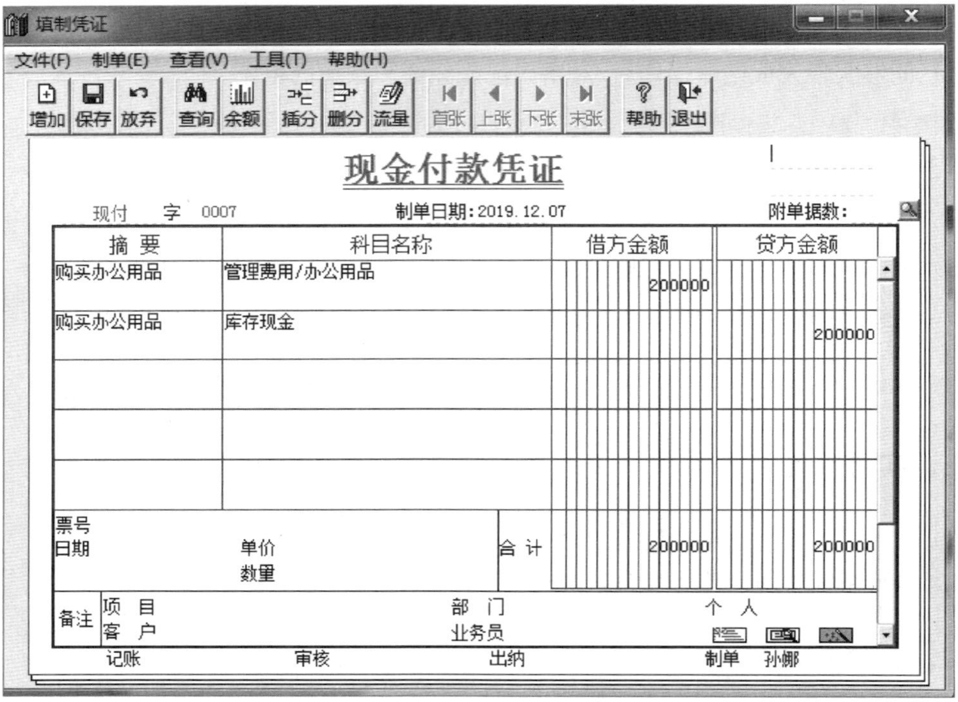

图 8-1 填制凭证——日期、金额错误

(2) 修改方法：在填制凭证窗口将日期直接修改为“2019.12.5”，金额修改为“200”元，如图 8-2 所示。

2. 作废和删除

记账凭证在未审核之前，日期、摘要、科目、金额、附件张数以及辅助项等都可以进行直接修改。但凭证一经保存，类别错误无法再修改，此类错误可以通过凭证作废并重新填制正确凭证的方法来进行修改。

【例 2】 2019 年 12 月 10 日，企业提现金 1 000 元备用。凭证类别应该是银行付款凭证，错误输成现金收款凭证，凭证未审核。

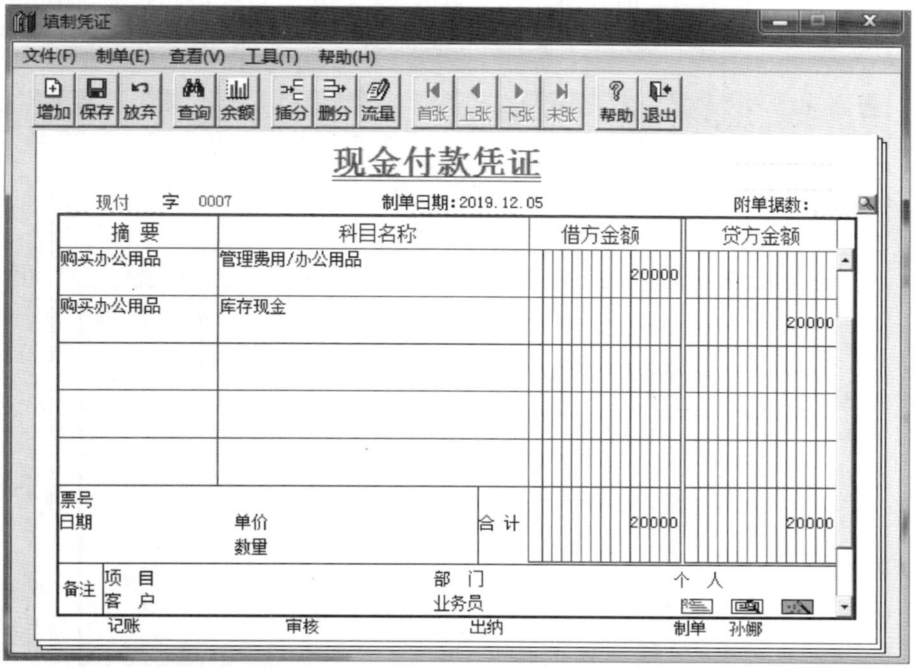

图 8-2 填制凭证——修改成功

(1) 会计(002 孙娜)登录 T3 窗口，填制凭证并保存，如图 8-3 所示。

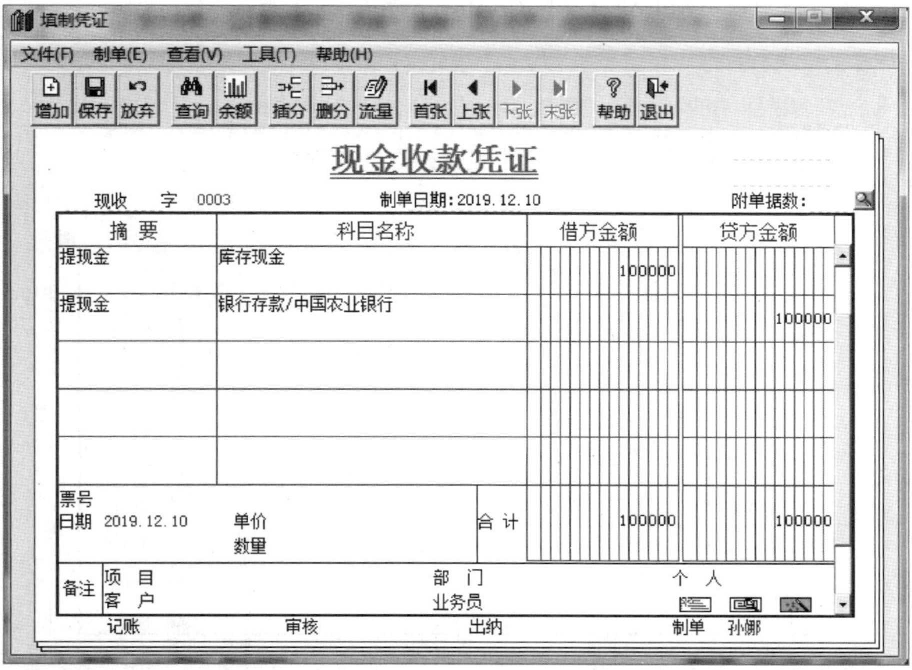

图 8-3 凭证类别错误

(2) 作废凭证。在填制凭证界面,单击“制单”—“作废”,该凭证即打上“作废”标记,如图 8-4 所示。

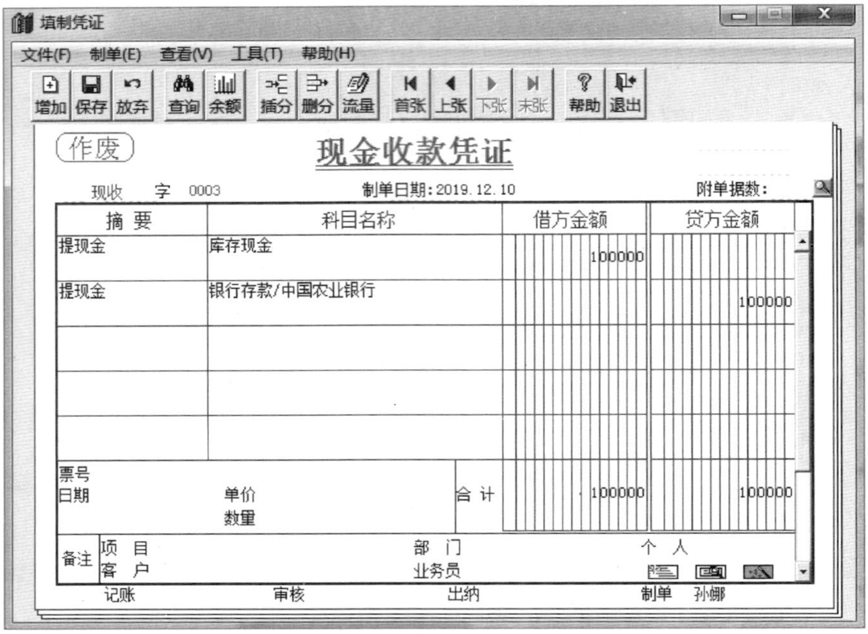

图 8-4　作废凭证

(3) 重新填制一张正确的凭证并保存,如图 8-5 所示。

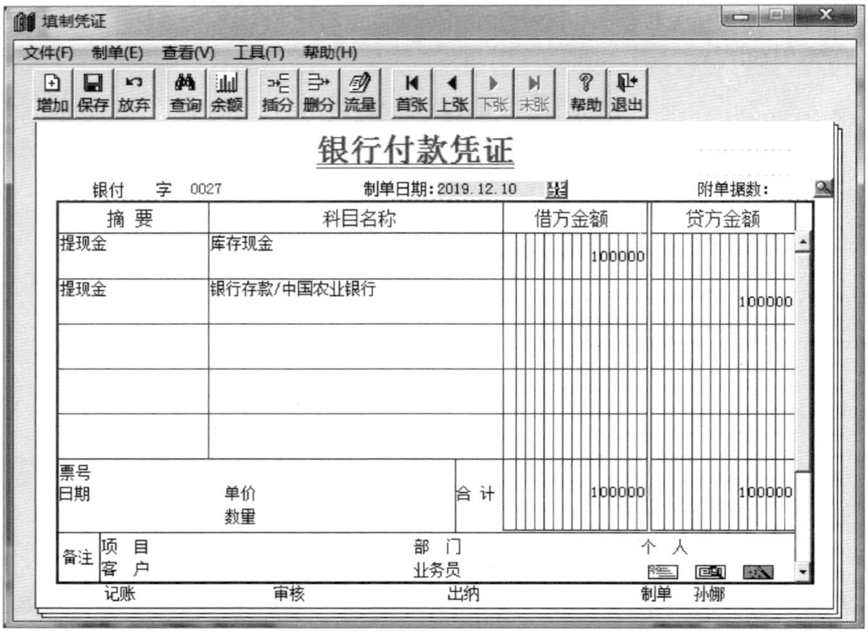

图 8-5　凭证类别修改成功

（4）删除凭证。作废的凭证不想保留时，可以通过整理凭证将其彻底删除。

在填制凭证界面，执行“制单”—“整理”命令，系统弹出“凭证期间选择”对话框，选择“2019.12”，单击“确定”，系统弹出“作废凭证表”对话框，如图 8-6 所示。

单击“全选”按钮，再单击“确定”按钮，系统提醒“是否还需整理凭证断号?”用户根据情况进行选择，选择“是”，凭证将从数据库中彻底删除，如图 8-7 所示。

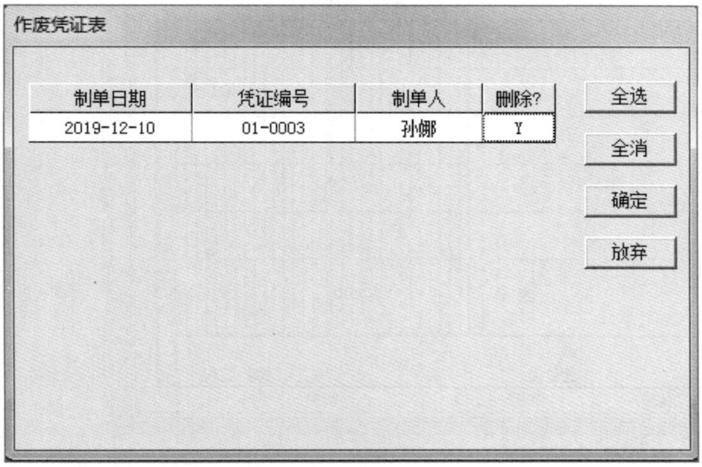

图 8-6　作废凭证表

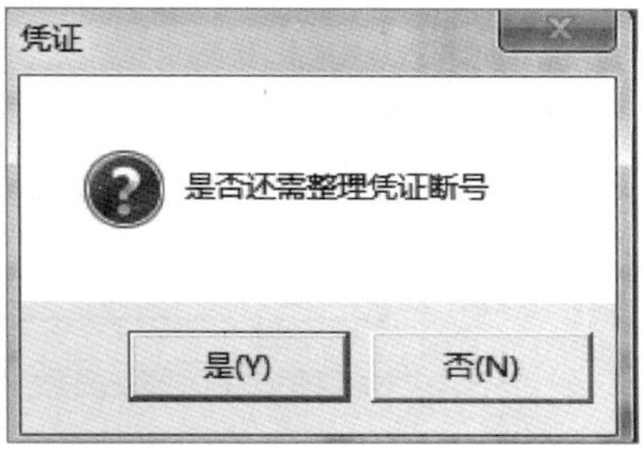

图 8-7　整理凭证断号

注意事项

作废凭证由制单员进行操作，其他人员无此权限。

作废操作只适用于未审核的凭证。对于已经审核或签字的凭证要想作废，应当先取消审核或签字，再进行作废处理。

作废凭证仍保留凭证内容及凭证编号，显示“作废”字样。

作废的凭证，可以通过单击“作废/恢复”命令，取消作废标记，恢复为一张正常有效的凭证。

（二）凭证已审核未记账

已审核的凭证不能进行修改，取消审核之后方可进行修改。外部系统传递到总账系统中的凭证不能在总账系统中修改，只能在生成该凭证的系统中进行修改，然后再传递到总账系统中。

【例 3】 2019 年 12 月 15 日，用现金 300 元支付业务招待费。该笔经济业务的凭证金额错输为 3 000 元，凭证已签字审核。

（1）会计（002 孙娜）登录 T3 窗口，填制凭证，并由出纳（003 王强）进行出纳签字，账套主管（001 张丽）进行审核，如图 8-8 所示。

（2）由（001 张丽）在凭证审核窗口取消对该凭证的审核，如图 8-9 所示。

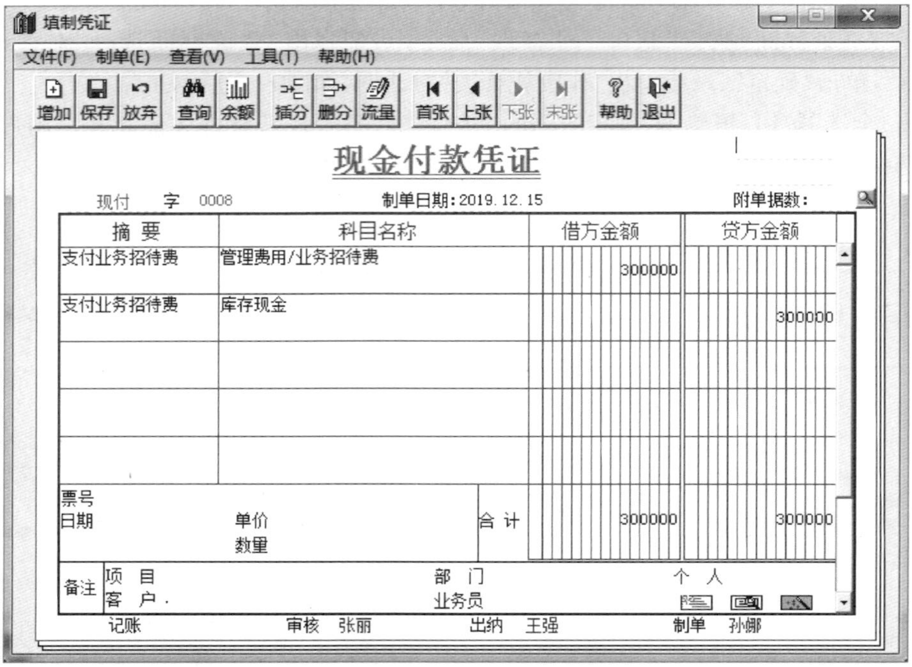

图 8-8 凭证错误——已审核

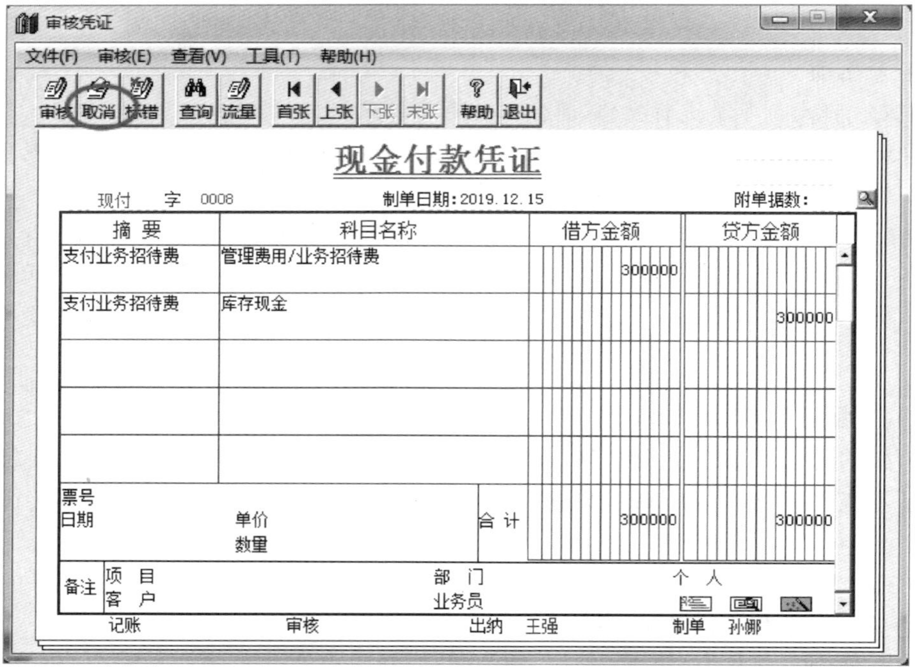

图 8-9 取消审核

（3）由（003 王强）在出纳签字窗口取消对该凭证的出纳签字，如图 8-10 所示。

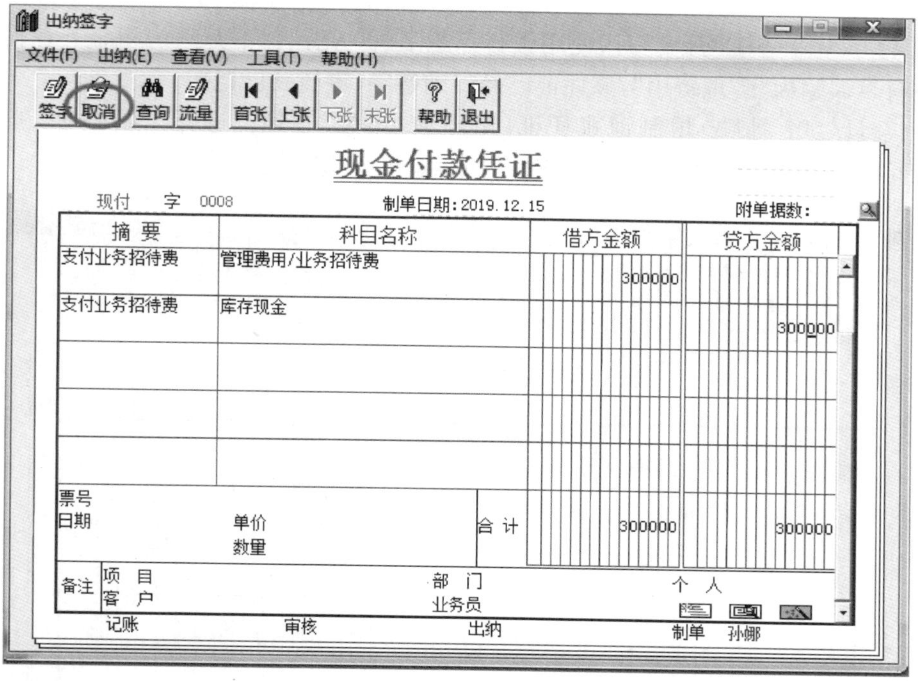

图 8-10 取消出纳签字

（4）由（002 孙娜）进行直接修改凭证或者作废后重新填制正确凭证，如图 8-11 所示。

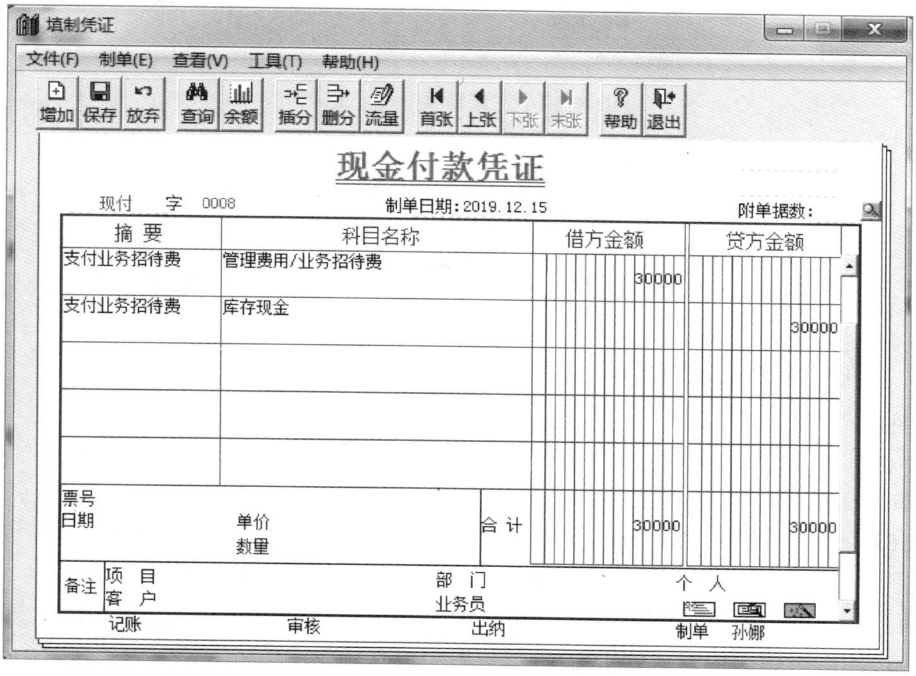

图 8-11 修改凭证——修改成功

(三) 凭证已审核已记账

1. 逆向操作

【例 4】 2019 年 12 月 25 日,使用银行存款 2 000 元预付下月厂房租金。在输入凭证时,借方科目误输为"管理费用",该凭证已经出纳签字、审核并已记账。

(1) 会计(002 孙娜)填制记账凭证,由出纳员(003 王强)进行出纳签字,账套主管(001 张丽)进行审核,会计(002 孙娜)进行记账,如图 8-12 所示。

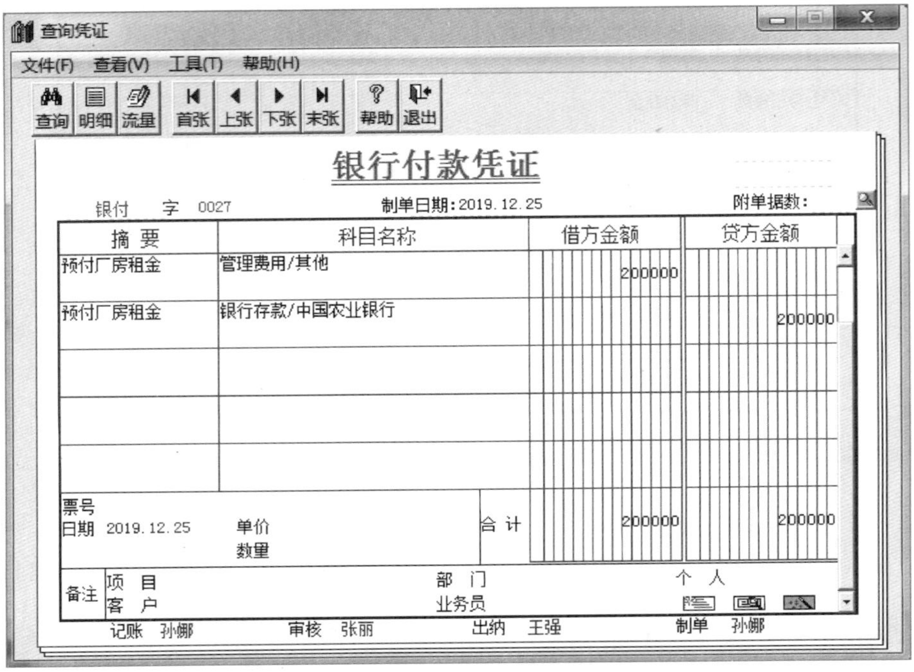

图 8-12 凭证错误——已记账

(2) 由(002 孙娜)取消对该凭证的记账。

(3) 由(001 张丽)取消对该凭证的审核。

(4) 由(003 王强)取消对该凭证的出纳签字。

(5) 由(002 孙娜)在"填制凭证"窗口对该凭证进行直接修改。修改后的正确凭证如图 8-13 所示。

(6) 重新对修改后的正确凭证进行出纳签字、审核、记账。

2. 红字冲销

在实际工作中按照相关会计政策的规定,记账凭证记账后不允许取消记账,所以已记账的凭证如果有错误,最好通过红字冲销进行更正。

【例 5】 2019 年 12 月 25 日,使用银行存款 2 000 元预付下月厂房租金。在输入凭证时,借方科目误输为"管理费用"。该凭证已经出纳签字、审核并已记账。

(1) 会计(002 孙娜)登录,填制凭证,并由出纳(003 王强)进行出纳签字,账套主管(001 张丽)进行审核,会计(002 孙娜)进行记账,如图 8-14 所示。

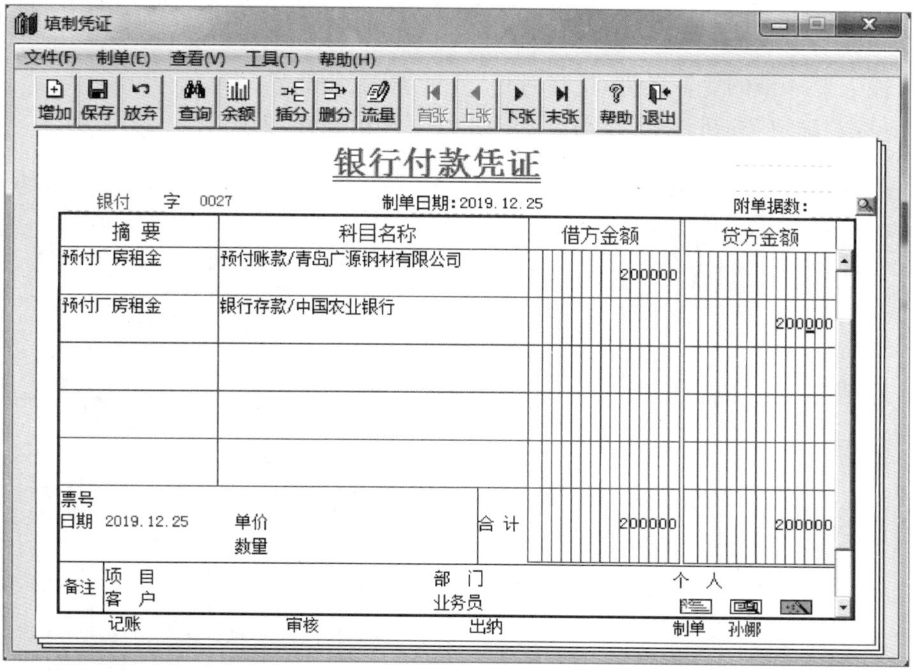

图 8-13 修改凭证

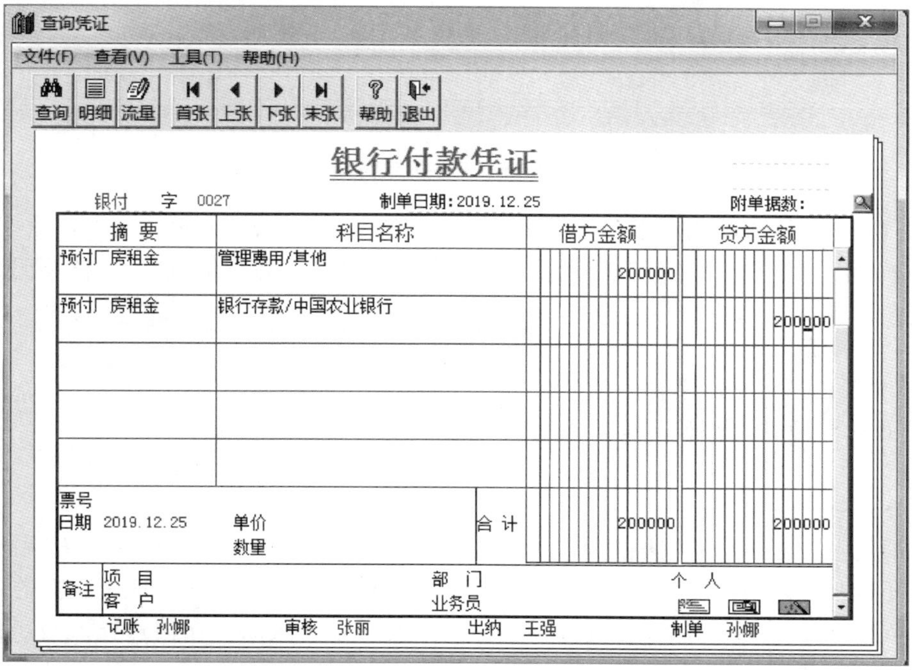

图 8-14 凭证错误——已记账

(2) 由(002 孙娜)在“填制凭证”窗口,执行“制单”—“冲销凭证”命令,打开“冲销凭证”对话框。

(3) 输入要冲销的凭证条件,选择月份、凭证类别、凭证号。

(4) 单击“确定”按钮,系统自动生成一张红字冲销凭证,如图所 8-15 所示。

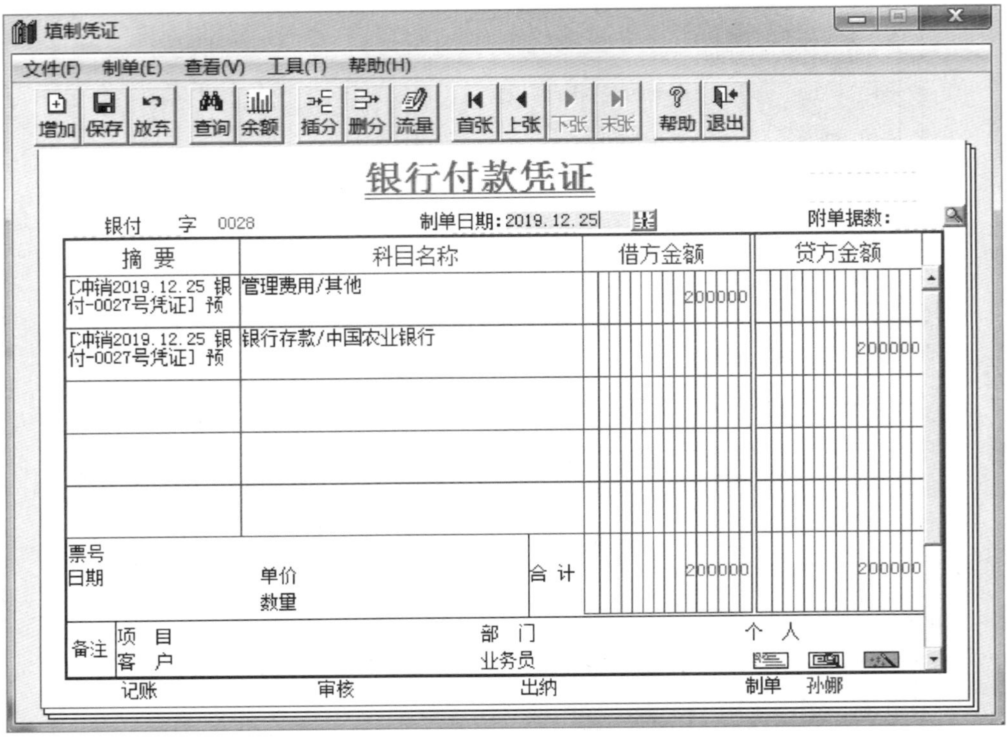

图 8-15 红字冲销凭证

(5) 由(002 孙娜)填制蓝字正确记账凭证,如图 8-16 所示。

(6) 对生成的红字冲销凭证以及重新填制的蓝字凭证进行出纳签字、审核及记账。

注意事项

只有已记账的凭证才需要填制红字冲销凭证。

通过红字冲销法增加的凭证,视同正常凭证进行保存和管理。

3. 补充登记法

补充登记法与红字冲销法相同点在于只能更正当前会计期间在记账后所发现的凭证错误数据;不同的是,它适用于记账凭证的会计科目正确,但所记金额小于应记金额的情况。

【例 6】 2019 年 12 月 27 日,使用现金 96 元购买办公用品。在输入凭证时,将借贷方金额误记为 69 元,并已审核记账。

(1) 会计(002 孙娜)登录,填制凭证,并由出纳(003 王强)进行出纳签字,账套主管(001 张丽)进行审核,会计(002 孙娜)记账,如图 8-17 所示。

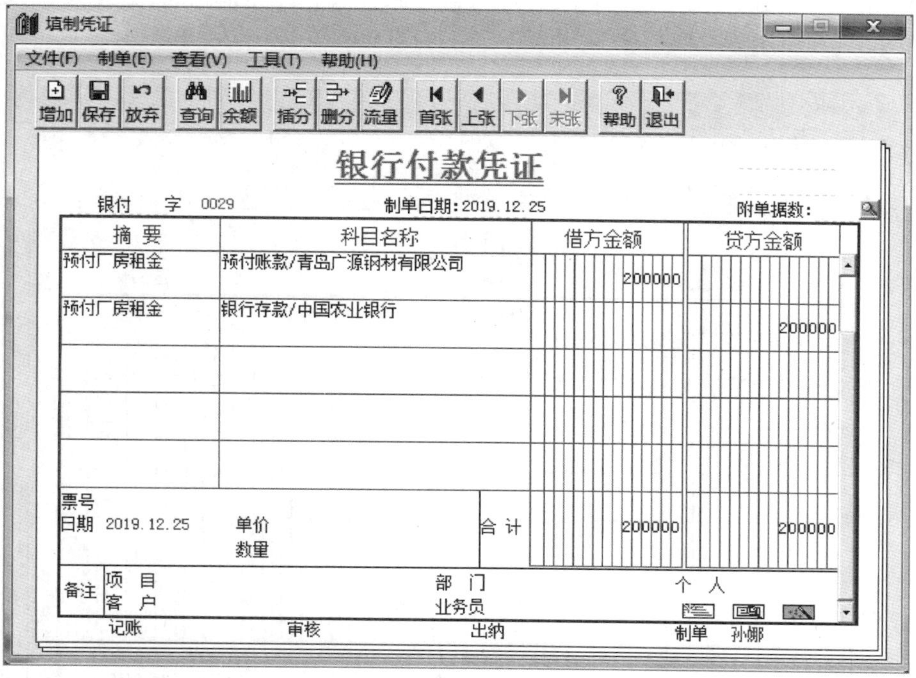

图 8-16 蓝字凭证

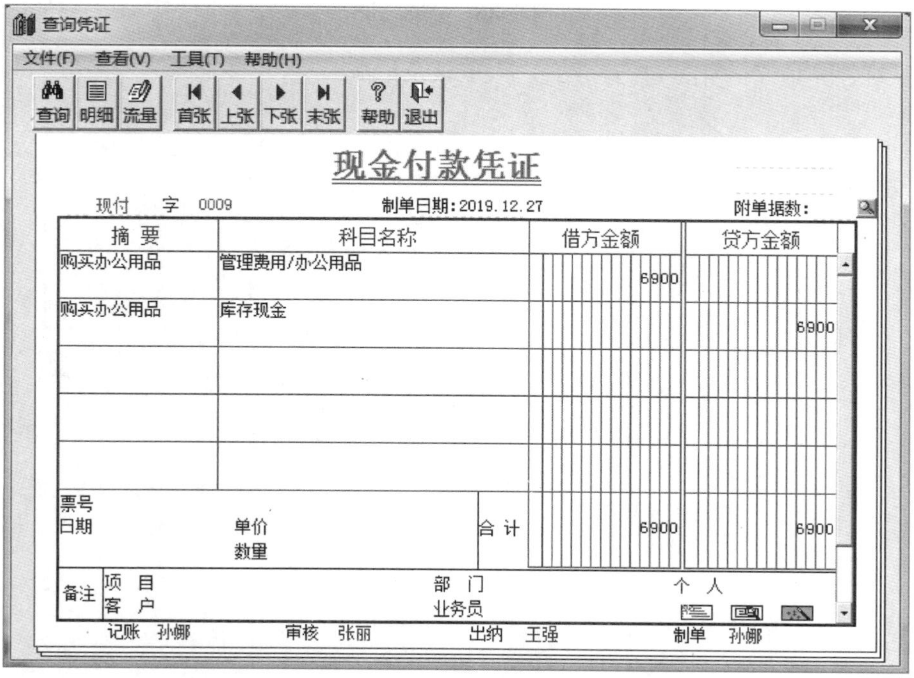

图 8-17 凭证错误——少记金额

(2) 由(002 孙娜)填制一张摘要、会计科目与原记账凭证完全相同,金额为 27 元的记账凭证,如图 8-18 所示。

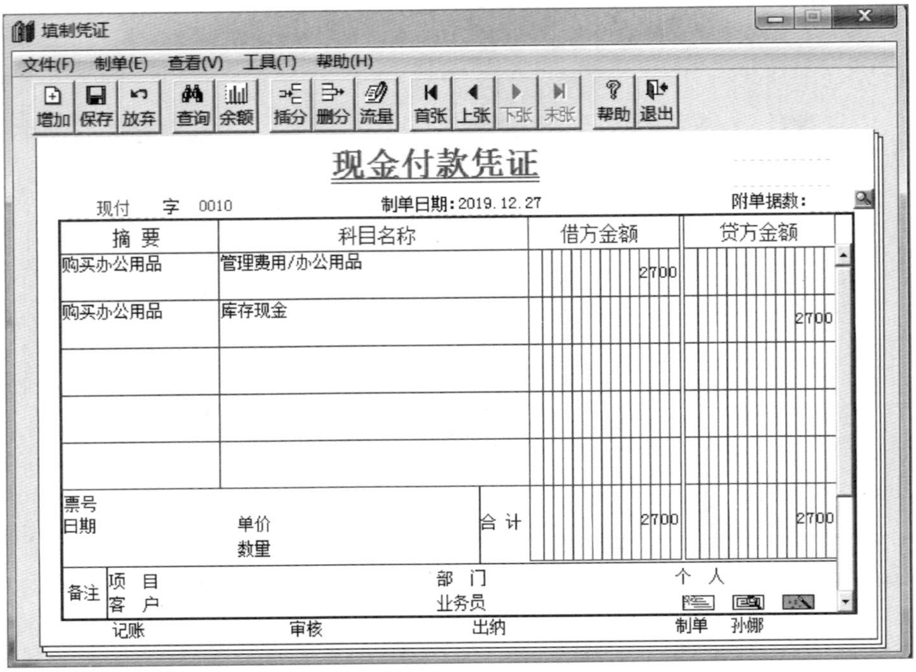

图 8-18 补充凭证

(3) 对补充填制的凭证进行出纳签字、审核及记账。

项目九　财务报表编制

一、实验目的

(1) 熟悉 T3 软件系统中报表模块基本原理及工作流程。

(2) 能够利用报表模板生成报表及输出报表。

(3) 能够掌握基本科目公式的编辑方法。

(4) 能够掌握基本的数据处理和表页的基本操作。

二、实验内容

(1) 利用 T3 软件报表系统，套用系统自带报表模版生成资产负债表并进行修改(原因是财务软件开发在先，会计准则变化在后并且经常变动，这就使得我们要在原有开发者设计的模板中，加以修改，以符合目前的财务报表的规范)，修改内容包括录入关键字、编辑修改科目的取数公式，计算该表的数据，正确地保存和输出报表。

(2) 利润表的要求参照资产负债表，但是在修改编制费用收入类科目公式的时候，应注意公式的借贷方向，理解凭证将费用类科目调至借方，收入类科目调至贷方的原因。

三、实验准备

(1) 正确引入项目七账套数据。

(2) 电脑系统时间调整为“2019-12-31”。

四、实验资料

(1) 资产负债表中流动资产项目的计算公式，如表 9-1 所示。

表 9-1　　**流动资产计算公式**

科目	行次	期末余额	年初余额
货币资金	1	QM("1001",月,,年,,)+ QM("1002",月,,,年,,)	QC("1001",全年,,,年,,)+ QC("1002",全年,,,年,,)+ QC("1012",全年,,,年,,)
交易性金融资产	2	QM("1101",月,,,年,,)	QC("1101",全年,,,年,,)
衍生金融资产	3		
应收票据	4	QM("1121",月,,,年,,)	QC("1121",全年,,,年,,)
应收账款	5	QM("1122",月,"借",,,,)+ QM("2203",月,",,,,,,,,)- QM("1231",月,,,,,,,,,)	QC("1122",全年,"借",,,,,,,,)+ QC("2203",全年,"借",,,,,,,,)- QC("1231",全年,,,,,,,,,)

（续表）

科目	行次	期末余额	年初余额
应收款项融资	6		
预付款项	7	QM("1123",月,"借",,,,)+ QM("2202",月,"借",,,,,,,,)	QC("1123",全年,"借",,,,)+ QC("2202",全年,"借",,,,,,,,)
其他应收款	8	QM("1221",月,"借",,,,,,,,)+ QM("1131",月,,,,,,,,,)+ QM("1132",月,,,,,,,,,)	QC("1221",全年,,,年,,)+ QC("1131",全年,,,年,,)+ QC("1132”,全年,,,年,,)
存货	9	QM("1401",月,,,年,,)+ QM("1402",月,,,年,,)+ QM("1403",月,,,年,,)+ QM("1404",月,,,年,,)+ QM("1405",月,,,年,,)+ QM("1406",月,,,年,,)− QM("1407",月,,,年,,)+ QM("1408",月,,,年,,)+ QM("1411",月,,,年,,)+ QM("1421",月,,,年,,)+ QM("5001",月,,,年,,)+ QM("5201",月,,,年,,)− QM("1471",月,,,年,,)	QC("1401",全年,,,,,,,,,)+ QC("1402",全年,,,,,,,,,)+ QC("1403",全年,,,,,,,,,)+ QC("1404",全年,,,,,,,,,)+ QC("1405",全年,,,,,,,,,)+ QC("1406",全年,,,,,,,,,)− QC("1407",全年,,,,,,,,,)+ QC("1408",全年,,,,,,,,,)+ QC("1411",全年,,,,,,,,,)+ QC("1421",全年,,,,,,,,,)+ QC("5101",全年,,,,,,,,,)+ QC("5001",全年,,,,,,,,,)− QC("1471",全年,,,,,,,,,)
一年内到期的非流动资产	10		
其他流动资产	11		
流动资产合计	12	ptotal(C6:C16)	ptotal(D6:D16)

（2）资产负债表中非流动资产项目的计算公式，如表 9-2 所示。

表 9-2　非流动资产计算公式

科目	行次	期末余额	年初余额
债权投资	13	QM("1501",月,,,年,,)− QM("1502",月,,,年,,)	QC("1501",全年,,,年,,)− QC("1502",全年,,,年,,)
其他动权投资	14	QM("1503",月,,,年,,)	QC("1503",全年,,,年,,)
长期应收款	15	QM("1531",月,,,年,,)− QM("1532",月,,,年,,)	QC("1531",全年,,,年,,)− QC("1532",全年,,,年,,)
长期股权投资	16	QM("1511",月,,,年,,)− QM("1512",月,,,年,,)	QC("1511",全年,,,年,,)− QC("1512",全年,,,年,,)
其他权益工具资产	17		
其他非流动金融资产	18		

（续表）

科目	行次	期末余额	年初余额
投资性房地产	19	QM("1521",月,,,年,,)	QC("1521",全年,,,年,,)
固定资产	20	QM("1601",月,,,年,,)－ QM("1602",月,,,年,,)－ QM("1603",月,,,年,,)－ QM("1606",月,,,年,,)	QC("1601",全年,,,年,,)－ QC("1602",全年,,,年,,)－ QC("1603",全年,,,年,,)－ QC("1606",全年,,,年,,)
在建工程	21	QM("1604",月,,,年,,)	QC("1604",全年,,,年,,)
无形资产	22	QM("1701",月,,,年,,)－ QM("1702",月,,,年,,)－ QM("1703",月,,,年,,)	QC("1701",全年,,,年,,)－ QC("1702",全年,,,年,,)－ QC("1703",全年,,,年,,)
研发支出	23	QM("5301",月,,,年,,)	QC("5301",全年,,,年,,)
商誉	24	QM("1711",月,,,年,,)	QC("1711",全年,,,年,,)
长期待摊费用	25	QM("1801",月,,,年,,)	QC("1801",全年,,,年,,)
递延所得税资产	26	QM("1811",月,,,年,,)	QC("1811",全年,,,年,,)
其他非流动资产	27		
非流动资产合计	28	ptotal(C19:C33)	ptotal(D19:D33)
资产总计	29	C17＋C34	D17＋D34

（3）资产负债表中流动负债项目的计算公式，如表 9-3 所示。

表 9-3　　流动负债计算公式

科目	行次	期末余额	期初余额
短期借款	30	QM("2001",月,,,年,,)	QC("2001",全年,,,年,,)
交易性金融负债	31	QM("2101",月,,,年,,)	QC("2101",全年,,,年,,)
衍生金融负债	32		
应付票据	33	QM("2201",月,,,年,,)	QC("2201",全年,,,年,,)
应付账款	34	QM("2202",月,"贷",,,,)＋ QM("1123",月,"贷",,,,,,,,)	QC("2202",全年,"贷",,,)＋ QC("1123",全年,"贷",,,,,,,,)
预收款项	35	QM("2203",月,"贷",,,,)＋ QM("1122",月,"贷",,,,,,,,)	QC("2203",全年,"贷",,,)＋ QC("1122",全年,"贷",,,,,,,,)
合同负债	36		
应付职工薪酬	37	QM("2211",月,,,年,,)	QC("2211",全年,,,年,,)
应交税费	38	QM("2221",月,,,年,,)	QC("2221",全年,,,年,,)
其他应付款	39	QM("2241",月,,,年,,)＋ QM("2231",月,,,,)＋ QM("2232",月,,,,,,,,,)	QC("2241",全年,,,年,,)＋ QC("2231",全年,,,年,,)＋ QC("2232",全年,,,年,,)

（续表）

科目	行次	期末余额	期初余额
一年内到期的非流动负债	40		
其他流动负债	41		
流动负债合计	42	ptotal(G6:G17)	ptotal(H6:H17)

(4) 资产负债表中非流动负债项目的计算公式,如表 9-4 所示。

表 9-4　　非流动负债计算公式

科目	行次	期末余额	年初余额
长期借款	43	QM("2501",月,,,年,,)	QC("2501",全年,,,年,,)
应付债券	44	QM("2502",月,,,年,,)	QC("2502",全年,,,年,,)
其中:优先股	45		
永续债	46		
长期应付款	47	QM("2701",月,,,年,,)－QM("2702",月,,,年,,)	QC("2701",全年,,,年,,)－QC("2702",全年,,,年,,)
预计负债	48	QM("2801",月,,,年,,)	QC("2801",全年,,,年,,)
递延收益	49		
递延所得税负债	50	QM("2901",月,,,年,,)	QC("2901",全年,,,年,,)
其他非流动负债	51		
非流动负债合计	52	ptotal(G20:G28)	ptotal(H20:H28)
负债合计	53	G18＋G29	H18＋H29

(5) 资产负债表中所有者权益项目的计算公式,如表 9-5 所示。

表 9-5　　所有者权益计算公式

科目	行次	期末余额	年初余额
实收资本(或股本)	54	QM("4001",月,,,年,,)	QC("4001",全年,,,年,,)
其他权益工具	55		
其中:优先股	56		
永续债	57		
资本公积	58	QM("4002",月,,,年,,)	QC("4002",全年,,,年,,)
减:库存股	59	QM("4201",月,,,年,,)	QC("4201",全年,,,年,,)
其他综合收益	60		

（续表）

科目	行次	期末余额	年初余额
专项储备	61		
盈余公积	62	QM("4101",月,,,年,,)	QC("4101",全年,,,年,,)
未分配利润	63	QM("4104",月,,,,,,,)+ QM("4103",月,,,,,,,)	QC("4104",全年,,,年,,)+ QC("4103",全年,,,年,,)
所有者权益(或股东权益)合计	64	G32+G36-G37+G40+G42	G32+G36-G37+G40+G42
负债和所有者权益(或股东权益)总计	65	G30+G43	G30+G43

（6）利润表的计算公式，如表 9-6 所示。

表 9-6　　利润表的计算公式

项目	行数	本期金额
一、营业收入	1	FS("6001","月","贷",,"年",,,"否")+ FS("6051","月","贷",,"年",,,"否")
减:营业成本	2	FS("6401","月","借",,"年",,,"否")+ FS("6402","月","借",,"年",,,"否")
税金及附加	3	FS("6403","月","借",,"年",,,"否")
销售费用	4	FS("6601","月","借",,"年",,,"否")
管理费用	5	FS("6602","月","借",,"年",,,"否")
研发费用	6	
财务费用	7	FS("6603","月","借",,"年",,,"否")
其中:利息费用	8	
利息收入	9	
加:其他收益	10	
投资收益(损失以"－"号填列)	11	FS("6111","月","贷",,"年",,,"否")
其中:对联营企业和合营企业的投资收益	12	
公允价值变动收益(损失以"－"号填列)	13	FS("6101","月","贷",,"年",,,"否")
信用减值损失(损失以"－"号填列)	14	－FS("6702","月","借",,"年",,,"否")
资产减值损失(损失以"－"号填列)	15	－FS("6701","月","借",,"年",,,"否")
资产处置损益(损失以"－"号填列)	16	FS("6115","月","借",,"年",,,"否")
二、营业利润(亏损以"－"号填列)	17	C4-C5-C6-C7-C8-C9-C10+C14+C15+ C16+C17+C18+C19
加:营业外收入	18	FS("6301","月","贷",,"年",,,"否")
减:营业外支出	19	FS("6711","月","借",,"年",,,"否")

(续表)

项目	行数	本期金额
三、利润总额(亏损总额以"－"号填列)	20	C20＋C21－C22
减:所得税费用	21	FS("6801","月","借",,"年",,,"否")
四、净利润(净亏损以"－"号填列)	22	C23-C24
(一) 持续经营净利润(净亏损以"－"号填列)	23	C25
(二) 终止经营净利润(净亏损以"－"号填列)	24	
五、其他综合收益的税后净额	25	
六、综合收益总额	26	C25
七、每股收益:	27	
(一) 基本每股收益	28	0.09
(二) 稀释每股收益	29	

五、实验操作指导

(一) 资产负债表

1. 资产负债表模板

(1) 以"001 张丽"登录 T3 窗口,在左边的导航菜单栏选择"财务报表"项目,打开"财务报表"窗口,单击"文件"—"新建",打开"新建"对话框,如图 9-1 所示。

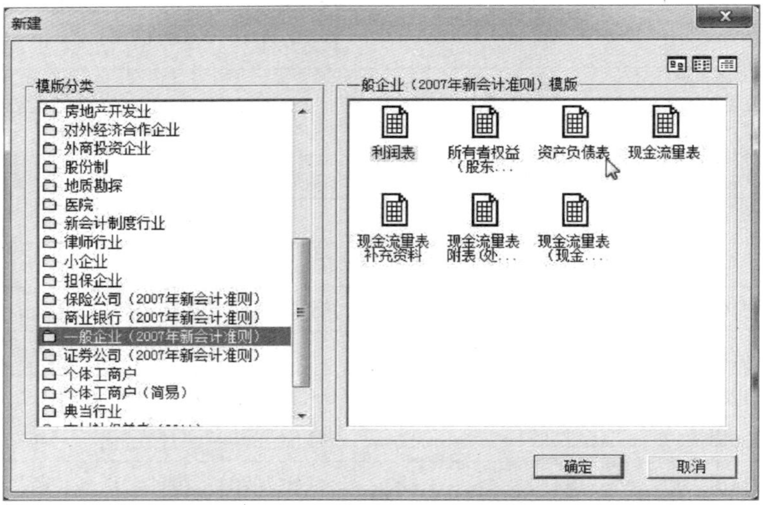

图 9-1　新建报表窗口

(2) 在"模板分类"栏中,选择"一般企业(2007 新会计准则)"。在右边"一般企业(2007 新会计准则)模板"中,选择"资产负债表",单击"确定",即可建立一张新的报表,系统自动将模板内容复制到新建的报表中,如图 9-2 所示。如果需要建立一个空表,则选择"常用"中的"空报表",然后单击"确定"按钮即可。

	A	B	C	D	E	F
1	资产负债表					
2						会企01表
3	单位名称：xxxxxxxxxxxxxxxxxxxxxxxxxxxxxxxx年		xx 月	xx 日		单位：元
4	资　　产	期末余额	年初余额	负债及所有者权益（或股东权益）	期末余额	年初余额
5	流动资产：			流动负债：		
6	货币资金	公式单元	公式单元	短期借款	公式单元	公式单元
7	交易性金融资产	公式单元	公式单元	交易性金融负债	公式单元	公式单元
8	应收票据	公式单元	公式单元	应付票据	公式单元	公式单元
9	应收账款	公式单元	公式单元	应付账款	公式单元	公式单元
10	预付款项	公式单元	公式单元	预收款项	公式单元	公式单元
11	应收利息	公式单元	公式单元	应付职工薪酬	公式单元	公式单元
12	应收股利	公式单元	公式单元	应交税费	公式单元	公式单元
13	其他应收款	公式单元	公式单元	应付利息	公式单元	公式单元
14	存货	公式单元	公式单元	应付股利	公式单元	公式单元
15	一年内到期的非流动资产	公式单元	公式单元	其他应付款	公式单元	公式单元
16	其他流动资产			一年内到期的非流动负债		
17	流动资产合计	公式单元	公式单元	其他流动负债	公式单元	公式单元
18	非流动资产：			流动负债合计	公式单元	公式单元
19	可供出售金融资产	公式单元	公式单元	非流动负债：		
20	持有至到期投资	公式单元	公式单元	长期借款	公式单元	公式单元
21	长期应收款	公式单元	公式单元	应付债券	公式单元	公式单元
22	长期股权投资	公式单元	公式单元	长期应付款	公式单元	公式单元
23	投资性房地产	公式单元	公式单元	专项应付款	公式单元	公式单元
24	固定资产	公式单元	公式单元	预计负债	公式单元	公式单元
25	在建工程	公式单元	公式单元	递延所得税负债	公式单元	公式单元
26	工程物资	公式单元	公式单元	其他非流动负债		
27	固定资产清理	公式单元	公式单元	非流动负债合计	公式单元	公式单元
28	生产性生物资产	公式单元	公式单元	负债合计	公式单元	公式单元
29	油气资产	公式单元	公式单元	所有者权益（或股东权益）：		
30	无形资产	公式单元	公式单元	实收资本（或股本）	公式单元	公式单元
31	开发支出			资本公积	公式单元	公式单元
32	商誉	公式单元	公式单元	减：库存股	公式单元	公式单元
33	长期待摊费用	公式单元	公式单元	盈余公积	公式单元	公式单元
34	递延所得税资产	公式单元	公式单元	未分配利润	公式单元	公式单元
35	其他非流动资产			所有者权益（或股东权益）合计	公式单元	公式单元
36	非流动资产合计	公式单元	公式单元			
37	资产总计	公式单元	公式单元	负债和所有者权益（或股东权益）总计	公式单元	公式单元
38						
39						

图 9-2　新建资产负债表

2. 资产负债表的基础设置

(1) 编辑设置。软件开发者在编制报表模板时使用的《企业会计准则》与企业使用模板时的会计准则不可能完全一致,通过“编辑”功能可以将模板内容调整为企业适用的会计准则。

模板编辑方式与 Excel 表格类似,最左边一列是阿拉伯数字编码,第一行是英文字母编码,所以我们可以运用此方法将单元格根据行和列数字和字母的交点命名单元格,如第一行第一列称为“A1”。

(2) 格式设置。T3 软件的 UFO 报表页面,分为“格式”状态和“数据”状态,点击左下角红色“格式/数据”按钮可以切换两种状态。在“格式”状态下的各种操作都可以执行,如图 9-3 所示。

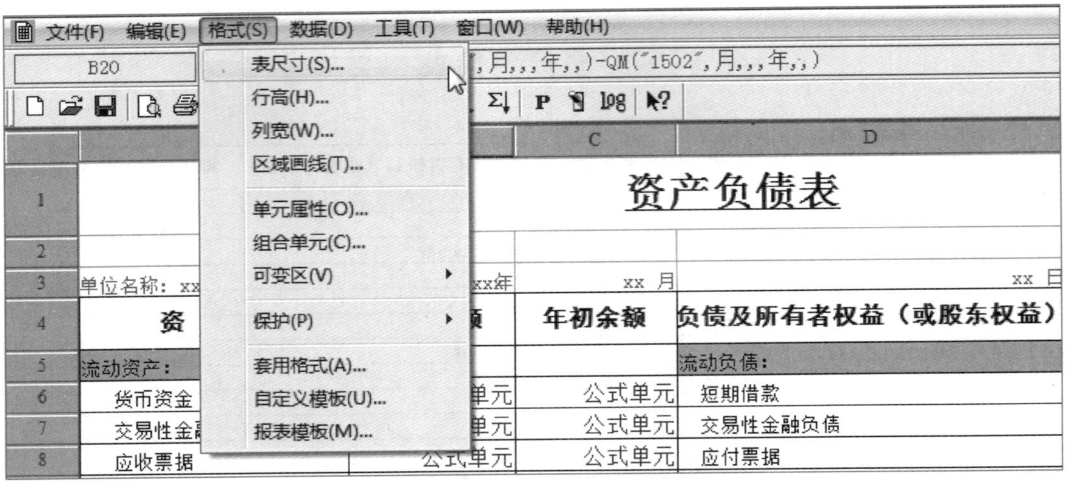

图 9-3　格式菜单

当需要设置单元格的行高和列宽时，一种方法是通过“格式”—“行高(列宽)”设置，如图 9-4、图 9-5 所示。

图 9-4　行高设置

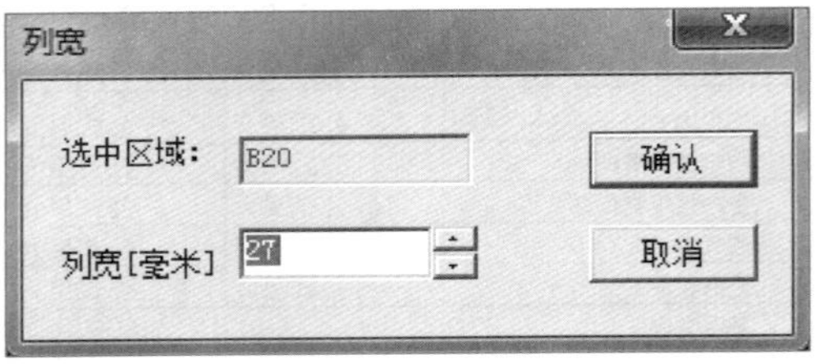

图 9-5　列宽设置

另一种方法是将鼠标放在相应的位置变成或，直接上下或者左右拉动行标或列标实现手动调整，如图 9-6 所示。

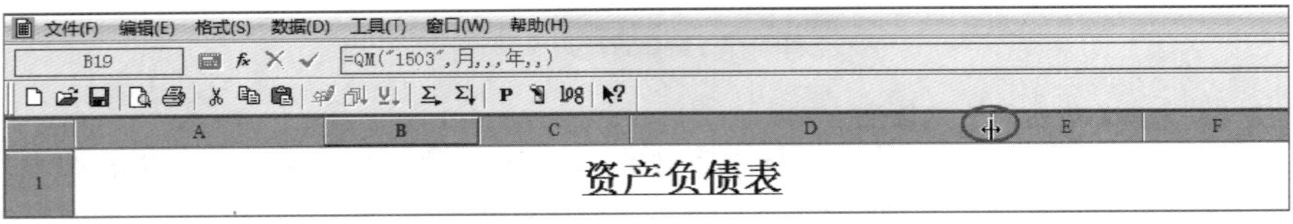

图 9-6　手动调整

当需要合并单元格时，可通过“格式”—“组合单元”设置，如模板中的表头“资产负债表”，则是把 A1:F1 单元格组合，如图 9-7 所示。

企业要求出具的报表数据保留两位小数或者加百分比符号等属性时，可以通过“格式”—“单元格属性”设置，如图 9-8 所示。

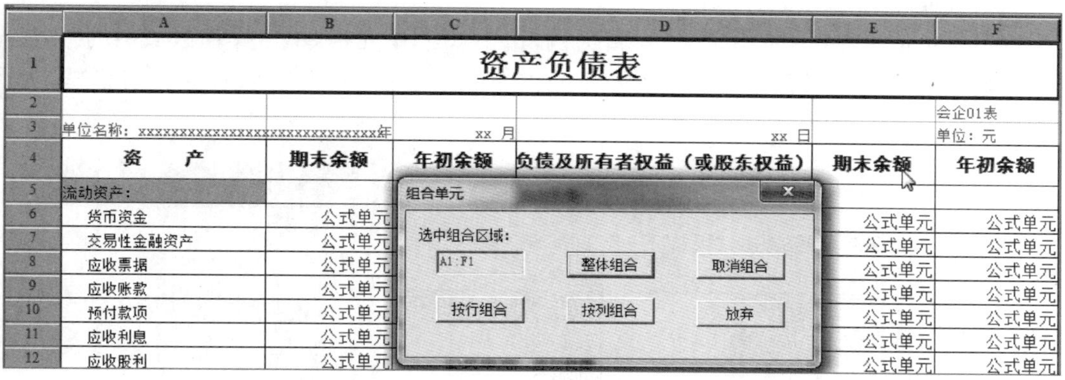

图 9-7 组合单元设置

(3) 公式设置。T3 软件报表页面，在“格式”状态下可以看到报表中填写数据的单元格是蓝色字体的“公式单元”，此时可以编辑每个科目的公式。

单元公式按照输入方式分为两类，一类是直接输入，另一类是通过函数公式引导输入。

例如，模板中的“C37”单元格，是“资产总额”的数据，是用“流动资产合计”的数据加“非流动资产合计”的数据，也就是“C17＋C36”。在“格式”状态下，单击“C37”单元格，单击“fx”按钮，或者按“＝”键，打开“定义公式”对话框，输入“C17＋C36”，如图 9-9 所示。

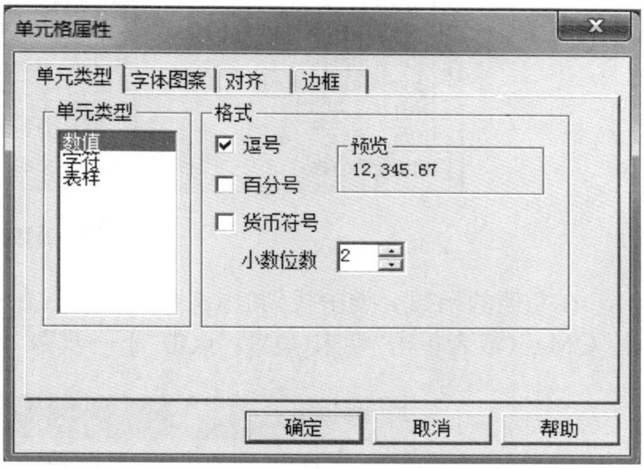

图 9-8 单元格属性设置

图 9-9 定义公式

另一种常用的方法是通过函数公式引导输入，需要操作者熟练掌握常用函数的用法及用途。

例如，资产负债表最常用的“QM”函数是取指定会计科目的期末余额，可以是借方余额，也可以是贷方余额。“QC”函数是取指定会计科目的期初余额。“FS”函数多用于利润表中用来取借方或者贷方的发生额。

以资产负债表中的“货币资金”科目为例，选中“C5”单元格，单击操作区域中的“fx”，按退格键删除对话框中原有公式。单击左下角的“函数向导”，打开“函数向导”对话框，如图 9-10 所示。

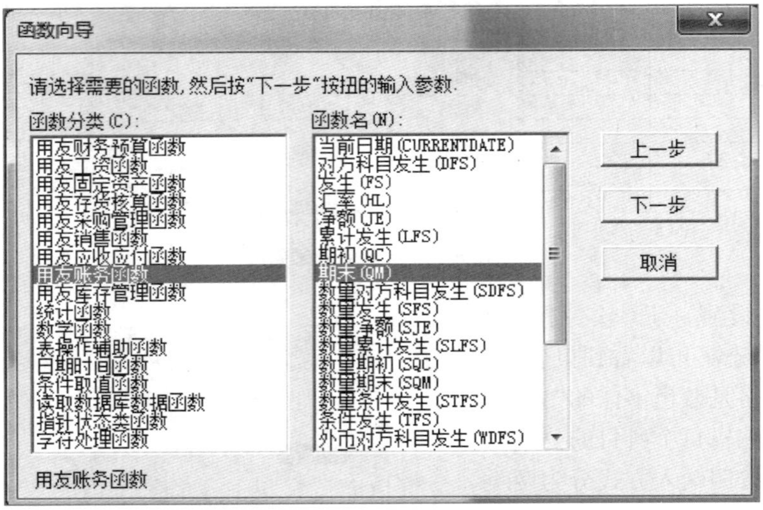

图 9-10　函数向导

在左侧的函数分类中找到“用友账务函数”，在右侧显示出的函数名列表中双击选择“期末（QM）”（或者单击“期末（QM）”点击“下一步”），如图 9-11 所示。

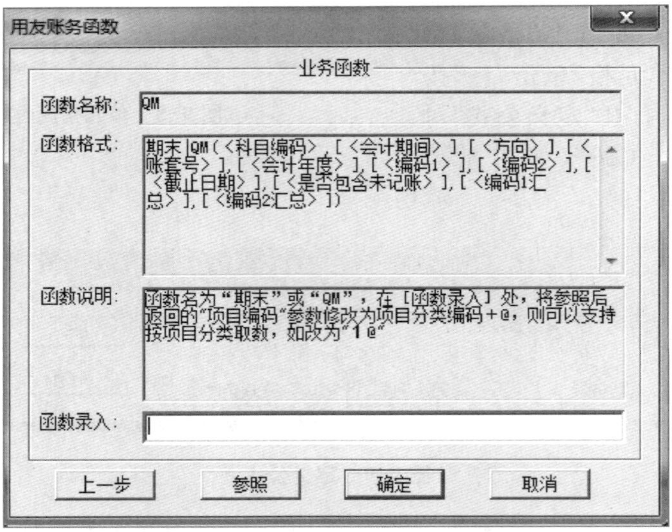

图 9-11　账务函数

单击“参照”按钮弹出“账务函数”对话框。会计中“货币资金”公式为“库存现金＋银行存款＋其他货币资金”，在弹出的账务函数窗口中，“账套号”默认，“科目”选择“1001 库存现金”,“期间”选择“月”,“会计年度”选择默认,“截止日期”不需要填写,“方向”选择默认(根据情况有些科目需要更改借贷方),如图 9-12 所示。

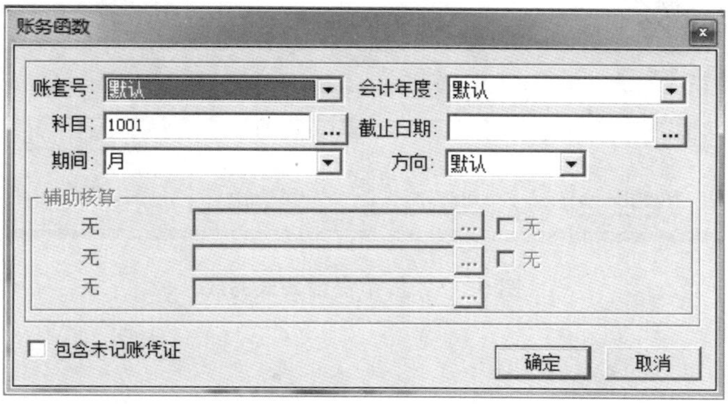

图 9-12　账务函数条件设置

单击“确定”,如图 9-13 所示。

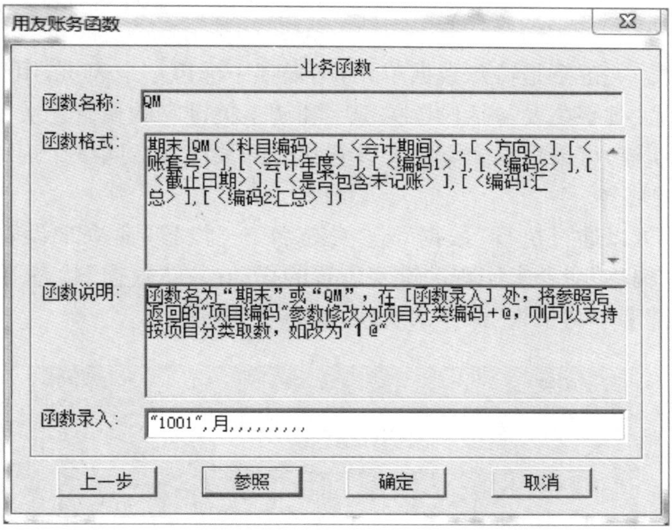

图 9-13　账务函数条件设置完成

再次单击“确定”,如图 9-14 所示。

图 9-14　定义公式

在 QM("1001",月,,,,,,,,,)公式后按加号键"+",再重复上述步骤,依次输入 QM("1002",月,,,,,,,,,)和 QM("1012",月,,,,,,,,,),如图 9-15 所示。最后单击"确定",货币资金的公式输入完成。

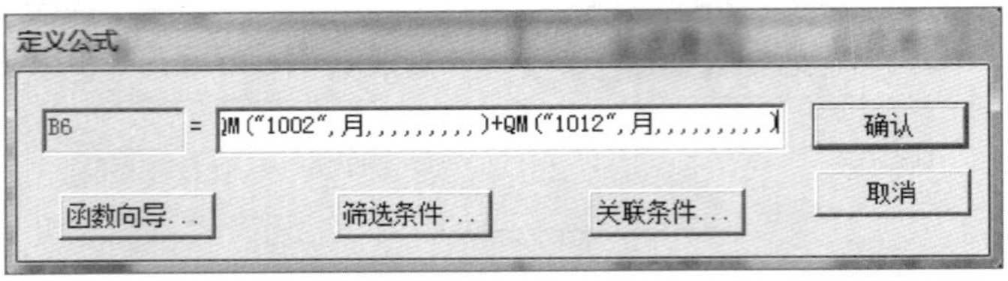

图 9-15　货币资金公式完成

注意事项

报表的单元公式,是在编辑报表时确定单元格数据来源的函数,其主要作用是在报表生成的过程中,从公式描述的账套中提取指定的数据并运算,将运算结果放入单元格中。因此,单元公式在报表中必须设置。

在输入单元公式时,函数中涉及的符号均须输入英文半角字符。

(4) 数据设置。关键字是特殊数据单元,用来唯一标识一个表页,用于在大量表页中快速选择表页。定义关键字主要包括设置关键字和调整关键字的位置。关键字主要有单位名称、单位编号和日期等,可以根据实际需要设置相应的关键字。同一个表中不能有重复的关键字。

在格式状态下可以通过执行"数据"—"关键字"—"设置"命令来设置关键字,通过"数据"—"关键字"—"偏移"命令来实现关键字位置的移动。在"数据"状态下可以录入关键字,通过"数据"—"关键字"—"录入"命令来实现,如图 9-16 所示。

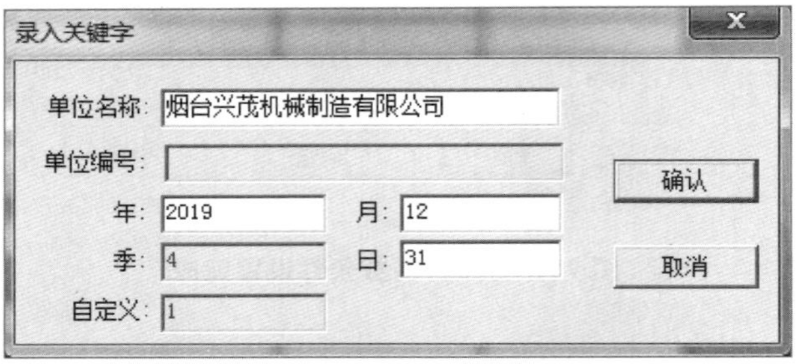

图 9-16　录入关键字

注意事项

关键字偏移,负数值表示向左移动,正数代表向右移动。

切换左下角的"格式"和"数据"状态,系统将弹出"是否重算第 1 页?"的提示框,如图 9-17 所示。单击"是",系统将进行数据重算。

数据全部重新计算，也可以在数据状态下通过执行“数据”—“整表重算”命令来实现，如图 9-18 所示。

图 9-17　提示是否重算

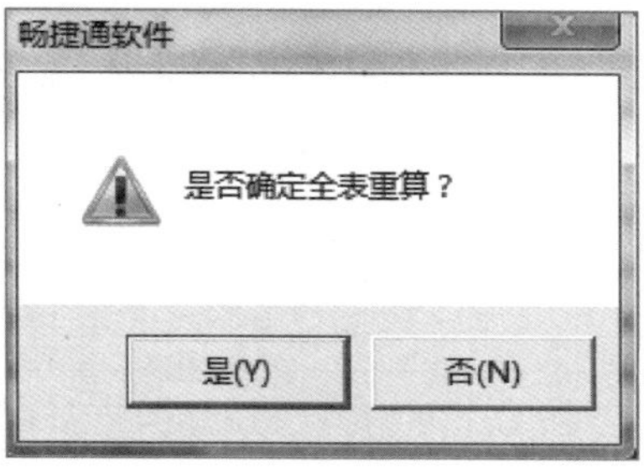

图 9-18　整表重算

3. 修改资产负债表模板(只设置企业常用科目公式)

(1) 修改流动资产项目，如表 9-1 所示。先将行次序号全部修改成表 9-1 的序号，再进行公式的修改。

注意事项

在输入期末“QM”公式的时候，“年”可以省略，如应收票据公式“QM("1121",月,,,年,,)”和“QM("1121",月,,,)”都是正确的。

公式的所有符号都是英文半角状态符号。

(2) 修改非流动资产项目，如表 9-2 所示。先将行次序号全部修改成表 9-2 的序号，再进行公式的修改。

注意事项

输入“ptotal”公式时，输入法在英文半角状态下输入。

(3) 修改流动负债项目，如表 9-3 所示。将行次序号全部修改成表 9-3 的序号，再进行公式的修改。

注意事项

会计准则中要求“其他应付款”公式为“其他应付款期末余额＋应付股利期末余额＋应付利息期末余额”。

(4) 修改非流动负债项目，如表 9-4 所示。先将行次序号全部修改成表 9-4 的序号，再进行公式的修改。

(5) 修改所有者权益项目，如表 9-5 所示。先将行次序号全部修改成表 9-5 的序号，删除原有的公式，重新按照表 9-5 的格式进行输入。

(6) 通过以上操作完成了对系统中报表模板的公式和科目修改。为便于报表美观，应适当调整科目名称在单元格中的位置，并进行字体、字号的合理设置，如图 9-19 所示。

	A	B	C	D	E	F	G	H
1					资产负债表			
2								会企01表
3	单位名称：xxxxxxxxxxxxxxxxxxxxxxxxxxxxxxxx			xxxx 年	xx 月 xx 日			单位：元
4	资　　产	行次	期末余额	年初余额	负债及所有者权益（或股东权益）	行次	期末余额	年初余额
5	流动资产：				流动负债：			
6	货币资金	1	公式单元	公式单元	短期借款	30	公式单元	公式单元
7	交易性金融资产	2	公式单元	公式单元	交易性金融负债	31	公式单元	公式单元
8	衍生金融资产	3			衍生金融负债	32		
9	应收票据	4	公式单元	公式单元	应付票据	33	公式单元	公式单元
10	应收账款	5	公式单元	公式单元	应付账款	34	公式单元	公式单元
11	应收款项融资	6			预收款项	35	公式单元	公式单元
12	预付款项	7	公式单元	公式单元	合同负债	36		
13	其他应收款	8	公式单元	公式单元	应付职工薪酬	37	公式单元	公式单元
14	存货	9	公式单元	公式单元	应交税费	38	公式单元	公式单元
15	一年内到期的非流动资产	10			其他应付款	39	公式单元	公式单元
16	其他流动资产	11			一年内到期的非流动负债	40		
17	流动资产合计	12	公式单元	公式单元	其他流动负债	41		
18	非流动资产：				流动负债合计	42	公式单元	公式单元
19	债权投资	13	公式单元	公式单元	非流动负债：			
20	其他债权投资	14	公式单元	公式单元	长期借款	43	公式单元	公式单元
21	长期应收款	15	公式单元	公式单元	应付债券	44	公式单元	公式单元
22	长期股权投资	16	公式单元	公式单元	其中：优先股	45		
23	其他权益工具投资	17			永续债	46		
24	其他非流动金融资产	18			长期应付款	47	公式单元	公式单元
25	投资性房地产	19	公式单元	公式单元	预计负债	48	公式单元	公式单元
26	固定资产	20	公式单元	公式单元	递延收益	49		
27	在建工程	21	公式单元	公式单元	递延所得税负债	50	公式单元	公式单元
28	无形资产	22	公式单元	公式单元	其他非流动负债	51		
29	开发支出	23	公式单元	公式单元	非流动负债合计	52	公式单元	公式单元
30	商誉	24	公式单元	公式单元	负债合计	53	公式单元	公式单元
31	长期待摊费用	25	公式单元	公式单元	所有者权益（或股东权益）：			
32	递延所得税资产	26	公式单元	公式单元	实收资本（或股本）	54	公式单元	公式单元
33	其他非流动资产	27			其他权益工具	55		
34	非流动资产合计	28	公式单元	公式单元	其中：优先股	56		
35					永续债	57		
36					资本公积	58	公式单元	公式单元
37					减：库存股	59	公式单元	公式单元
38					其他综合收益	60		
39					专项储备	61		
40					盈余公积	62	公式单元	公式单元
41					本年利润	63		
42					未分配利润	64	公式单元	公式单元
43					所有者权益（或股东权益）合计	65	公式单元	公式单元
44	资产总计		公式单元	公式单元	负债及所有者权益总计	66	公式单元	公式单元

图 9-19　修改资产负债表

最后，在数据状态下执行“数据”—“整表重算”，即可生成最终资产负债表数据，如图 9-20 所示。

注意事项

本月损益类账户结转的结果形成了本月的利润。本月利润反映在“本年利润”账户中，“本年利润”在年终利润分配之前构成企业的留存收益，具体反映在资产负债表的“未分配利润”项目中。如来自本月损益类账户存在余额，意味着资产负债表中的“未分配利润”项目数据有误，将造成资产负债表的不平衡。

资产负债表

单位名称：烟台兴茂机械有限公司　　2019 年　12 月　31 日　　会企01表　单位：元

资　产	行次	期末余额	年初余额	负债及所有者权益（或股东权益）	行次	期末余额	年初余额
流动资产：				流动负债：			
货币资金	1	1,811,736.69	2,126,437.72	短期借款	30	780,000.00	980,000.00
交易性金融资产	2	678,000.00	994,500.00	交易性金融负债	31		
衍生金融资产	3			衍生金融负债	32		
应收票据	4	1,185,665.71	75,000.00	应付票据	33	260,000.00	140,000.00
应收账款	5	1,004,136.80	1,472,264.71	应付账款	34	307,765.00	665,875.00
应收款项融资	6			预收款项	35	33,619.47	10,683.67
预付款项	7	5,095.20	30,424.60	合同负债	36		
其他应收款	8	36,519.92	20,177.68	应付职工薪酬	37	95800.00	91522.00
存货	9	1,825,745.63	2,141,253.86	应交税费	38	86599.29	77072.33
一年内到期的非流动资产	10			其他应付款	39	350,550.00	84,375.00
其他流动资产	11			一年内到期的非流动负债	40		
流动资产合计	12	6,546,899.95	6,860,058.57	其他流动负债	41		
非流动资产：				流动负债合计	42	1,914,333.76	2,049,528.00
债权投资	13	204094.00	206000.00	非流动负债：			
其他债权投资	14			长期借款	43	820,000.00	820,000.00
长期应收款	15			应付债券	44		
长期股权投资	16	619,800.00	600,000.00	其中：优先股	45		
其他权益工具投资	17			永续债	46		
其他非流动金融资产	18			长期应付款	47		
投资性房地产	19			预计负债	48		
固定资产	20	6380798.01	6120653.67	递延收益	49		
在建工程	21			递延所得税负债	50	9,780.00	9,450.00
无形资产	22	416,200.00	420,000.00	其他非流动负债	51		
开发支出	23			非流动负债合计	52	829780.00	829450.00
商誉	24			负债合计	53	2744113.76	2878978.00
长期待摊费用	25			所有者权益（或股东权益）：			
递延所得税资产	26	5375.02	5000.00	实收资本（或股本）	54	8,050,000.00	7,850,000.00
其他非流动资产	27			其他权益工具	55		
非流动资产合计	28	7626267.03	7351653.67	其中：优先股	56		
				永续债	57		
				资本公积	58	300,000.00	280,000.00
				减：库存股	59		
				其他综合收益	60		
				专项储备	61		
				盈余公积	62	867,368.50	470,104.70
				本年利润	63		
				未分配利润	64	2211684.72	2732629.54
				所有者权益（或股东权益）合计	65	11,429,053.22	11,332,734.24
资产总计		14173166.98	14211712.24	负债及所有者权益总计	66	14173166.98	14211712.24

图 9-20　计算资产负债表数据

3. 输出和打开报表

在报表窗口执行“文件”—“另存为”命令，选择报表保存的位置，输入文件名“12 月资产负债表”，单击“保存”按钮，如图 9-21 所示。

保存的报表文件只能在 UFO 报表系统才能打开，再次打开时，进入报表窗口后，执行“文件”—“打开”命令，选择需要打开的报表文件，单击“打开”按钮，如图 9-22 所示。

4. 常见问题及解决方法

(1) 只有在“数据”状态下才能进行数据计算等操作，“格式”状态是编辑公式，当发现操作按钮是灰色的时候，可以调节左下角的“数据”和“格式”解决问题。

(2) 当数据显示不全时，可以用鼠标拖拽单元格调节宽度，全部数据将显示出来。

(3) “F6”是保存快捷键，在编辑过程中应及时保存。

(4) “整表重算”后无数据，原因是账套中的凭证未进行记账。

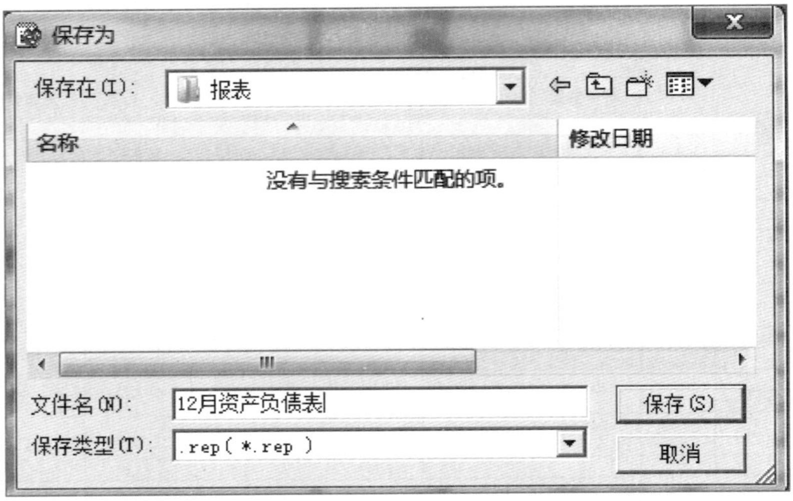

图 9-21　报表保存

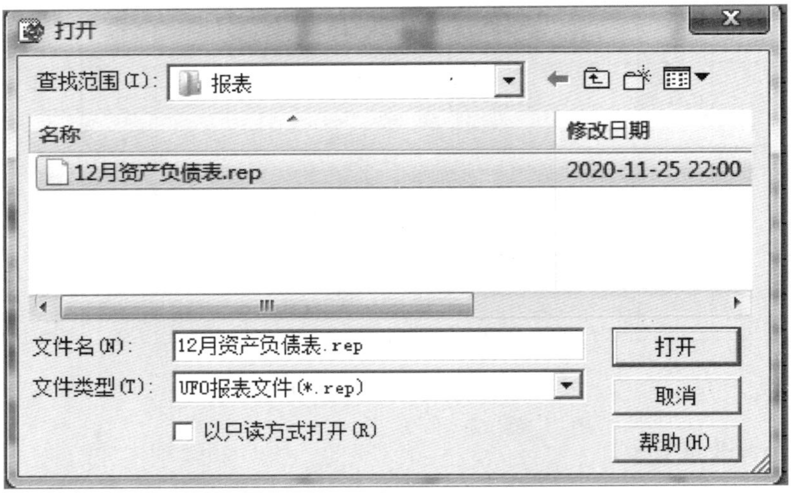

图 9-22　打开报表

(5)“制造费用”在月末应分配结转到成本对象中,增加存货的价值。如果月末“制造费用”账户存在余额又没有结转,就意味着资产负债表中的存货缺少数据,资产负债表就不会平衡。

(6)“本年利润”账户在年终结转前,也属于未分配利润的范畴。因此,资产负债表中的“未分配利润”数应是“利润分配”和“本年利润”两个账户余额之和。但是,系统内置模板只取“利润分配”账户的余额,没有设置“本年利润”账户的取数公式,应予以添加。在实际工作中,该栏目数据出现的问题最多,是导致资产负债表不平衡的主要原因。

(二) 利润表

1. 利润表模板

(1) 执行“文件”—“新建”命令,在“模板分类”栏中,选择“一般企业(2007 新会计准则)”。在右边“一般企业(2007 新会计准则)模板”中,选择“利润表”,单击“确定”,即可建立一张新的报表,如图 9-23 所示。

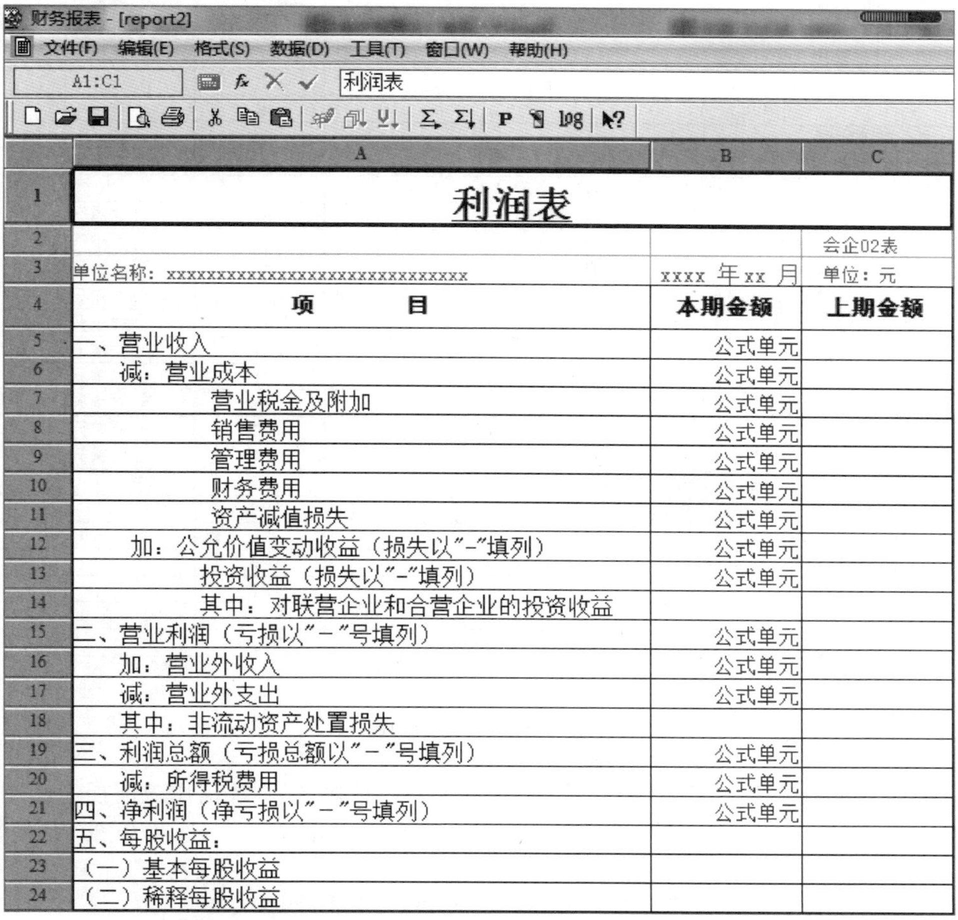

	A	B	C
1	利润表		
2			会企02表
3	单位名称:xxxxxxxxxxxxxxxxxxxxxxxxxxxxxxxxxx	xxxx 年 xx 月	单位:元
4	项　　目	本期金额	上期金额
5	一、营业收入	公式单元	
6	减:营业成本	公式单元	
7	营业税金及附加	公式单元	
8	销售费用	公式单元	
9	管理费用	公式单元	
10	财务费用	公式单元	
11	资产减值损失	公式单元	
12	加:公允价值变动收益(损失以“-”填列)	公式单元	
13	投资收益(损失以“-”填列)	公式单元	
14	其中:对联营企业和合营企业的投资收益		
15	二、营业利润(亏损以“-”号填列)	公式单元	
16	加:营业外收入	公式单元	
17	减:营业外支出	公式单元	
18	其中:非流动资产处置损失		
19	三、利润总额(亏损总额以“-”号填列)	公式单元	
20	减:所得税费用	公式单元	
21	四、净利润(净亏损以“-”号填列)	公式单元	
22	五、每股收益:		
23	(一)基本每股收益		
24	(二)稀释每股收益		

图 9-23　新建利润表

2. 修改利润表模板

(1) 对照表 9-6,对报表模板的格式和公式进行修改,如图 9-24 所示。

(2) 以“信用减值损失”为例,在格式状态下,单击“C17”单元格,单击“fx”按钮,或者按“=”键,单击“函数向导”按钮,打开函数向导对话框。

(3) 在左侧函数分类中选择“用友账务函数”,在右侧函数名列表中双击“发生(FS)”函数,单击“参照”按钮,进入“账务函数”对话框。“科目”输入“6702”、方向为“借”、单击“确

	A	B	C	D
1	利 润 表			
2	单位名称：xxxxxxxxxxxxxxxxxxxxxxxxxxxxxxxxxx 年 xx 月			单位：元
3	项 目	行次	本月金额	本年累计金额
4	一、营业收入	1	公式单元	
5	减：营业成本	2	公式单元	
6	税金及附加	3	公式单元	
7	销售费用	4	公式单元	
8	管理费用	5	公式单元	
9	研发费用	6		
10	财务费用	7	公式单元	
11	其中：利息费用	8		
12	利息收入	9		
13	加：其他收益	10		
14	投资收益（损失以“－”号填列）	11	公式单元	
15	其中：对联营企业和合营企业的投资收益	12		
16	公允价值变动收益（损失以“－”号填列）	13	公式单元	
17	信用减值损失（损失以“－”号填列）	14	公式单元	
18	资产减值损失（损失以“－”号填列）	15	公式单元	
19	资产处置收益（损失以“-”号填列）	16	公式单元	
20	二、营业利润（亏损以“－”号填列）	17	公式单元	
21	加：营业外收入	18	公式单元	
22	减：营业外支出	19	公式单元	
23	三、利润总额（亏损以“－”号填列）	20	公式单元	
24	减：所得税费用	21	公式单元	
25	四、净利润（净亏损以“－”号填列）	22	公式单元	
26	（一）持续经营净利润（净亏损以“-”号填列）	23		
27	（二）终止经营净利润（净亏损以“-”号填列）	24		
28	五、其他综合收益的税后净额	25		
29	六、综合收益总额	26		
30	七、每股收益：	27		
31	（一）基本每股收益	28	0.09	
32	（二）稀释每股收益	29		

格式

图 9-24 修改利润表

定”，公式为“FS("6702","月","借",,"年",,,"否")”，其含义为取“信用减值损失(6702)”的借方发生额，因为(损失以“－”号填列)，所以在生成的公式前加“－”，如图 9-25 所示。

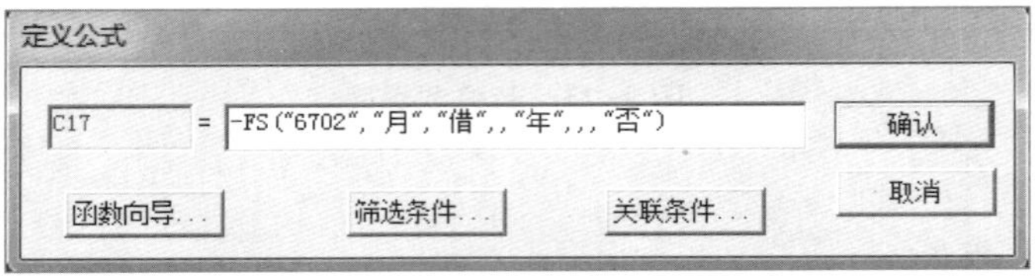

图 9-25 信用减值损失公式

(4) 对照表 9-6，适当调整单元格的宽度、高度和字体，形成最后的利润表，单击左下角“格式”按钮，使之变为“数据”状态，此时提示是否“整表重算”，选择“是”，完成表页数据的计算，输入利润表的关键字，生成利润表，如图 9-26 所示。

	A	B	C
1	利 润 表		
2	单位名称：烟台兴茂机械有限公司 2019 年 12 月		
3	项 目	行次	本月金额
4	一、营业收入	1	1081917.23
5	减：营业成本	2	821530.65
6	税金及附加	3	15688.74
7	销售费用	4	31714.56
8	管理费用	5	39767.26
9	研发费用	6	
10	财务费用	7	12090.31
11	其中：利息费用	8	
12	利息收入	9	
13	加：其他收益	10	
14	投资收益（损失以“－”号填列）	11	74470.50
15	其中：对联营企业和合营企业的投资收益	12	
16	公允价值变动收益（损失以“－”号填列）	13	-16500.00
17	信用减值损失（损失以“－”号填列）	14	-2361.40
18	资产减值损失（损失以“－”号填列）	15	-5154.00
19	资产处置收益（损失以“－”号填列）	16	
20	二、营业利润（亏损以“－”号填列）	17	211580.81
21	加：营业外收入	18	
22	减：营业外支出	19	14744.48
23	三、利润总额（亏损以“－”号填列）	20	196836.33
24	减：所得税费用	21	20517.35
25	四、净利润（净亏损以“－”号填列）	22	176318.98
26	（一）持续经营净利润（净亏损以“－”号填列）	23	
27	（二）终止经营净利润（净亏损以“－”号填列）	24	
28	五、其他综合收益的税后净额	25	
29	六、综合收益总额	26	
30	七、每股收益：	27	
31	（一）基本每股收益	28	0.09
32	（二）稀释每股收益	29	

图 9-26 计算利润表数据

（5）将利润表输出保存，如图 9-27 所示。

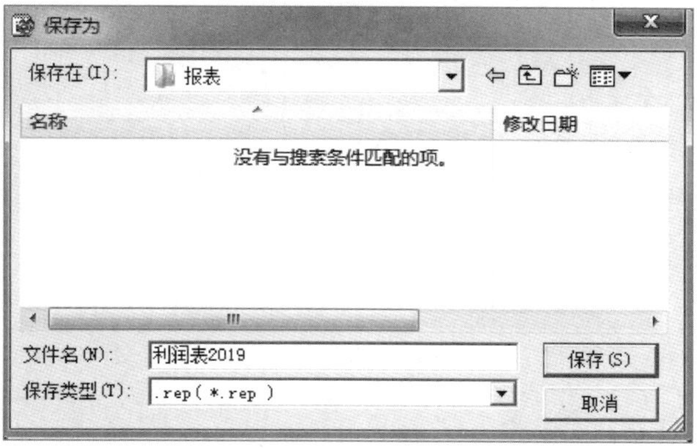

图 9-27 利润表保存

注意事项

损益类科目金额发生错误。应先检查“发生(FS)”函数中借贷方是否输入，如果公式没有问题，则应检查结转损益之前的凭证，是否存在调节借贷方红字的情况。

第三篇　电算化综合实验

本篇为电算化综合操作实验。学生应以 2019 年 12 月烟台兴茂机械制造有限公司经济业务为背景，按照最新的《企业会计准则》和烟台兴茂机械制造有限公司相关财务制度的要求，完成 2019 年 12 月烟台兴茂机械制造有限公司财务核算、登记账簿和编制财务报表等综合工作。

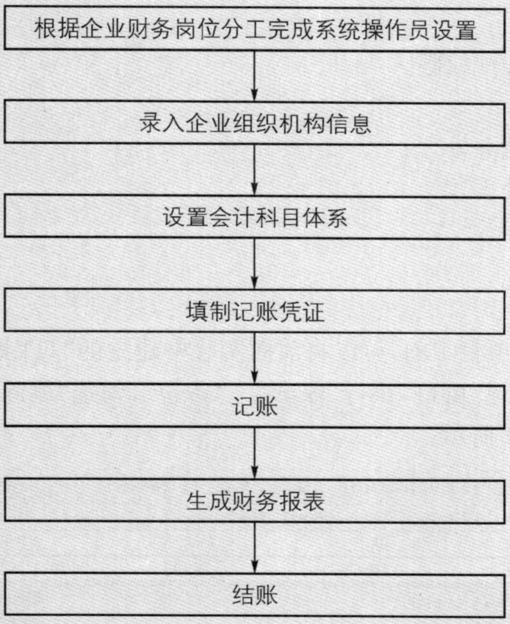

项目十　综 合 实 验

一、实验目的

（1）能够完成操作员增加和权限分配。

（2）能够掌握企业账套的建立与期初数据录入。

（3）能够熟练运用软件进行企业日常经济业务处理。

（4）能够熟练运用软件进行企业期末业务处理。

（5）能够熟练运用软件进行财务报表编制。

二、实验内容

（1）增加操作员并分配权限。

（2）建立企业账套。

（3）企业日常经济业务处理。

（4）企业期末业务处理。

（5）财务报表编制。

三、实验准备

为了方便操作，在做项目十前，可以将前面实验中建立的“111 账套”和操作员删除。以系统管理员登录“系统管理”窗口，执行“账套”—“备份”，勾选“删除当前输出账套”选项，单击“确认”按钮，如图 10-1 所示。

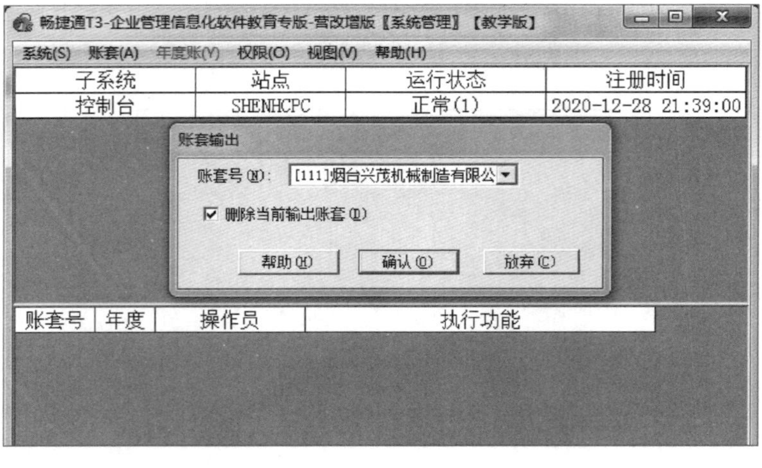

图 10-1　删除 111 账套

四、实验资料

2019 年 12 月 31 日，烟台兴茂机械制造有限公司实行会计电算化。公司账套的基本信息如下所示。

（一）操作人员及其权限

操作人员及其权限如表 10-1 所示。

表 10-1 操作人员及其权限

部门	编号	姓名	口令	权限
财务部	001	张丽	1	账套的主管，负责系统日常运行管理，拥有账套全部权限
财务部	002	孙娜	2	拥有“公用目录设置”“总账”（审核凭证、出纳签字除外）子系统的相关权限
财务部	003	王强	3	拥有“总账一出纳签字”和“现金管理”子系统的相关权限

（二）账套信息

账套号：111

账套名称：烟台兴茂机械制造有限公司

账套路径：系统默认路径

启用账簿期：2019 年 12 月

会计期间设置：12 月 1 日至 12 月 31 日

（三）企业信息

单位名称：烟台兴茂机械制造有限公司

单位简称：烟台兴茂制造

单位地址：山东省烟台市莱山区港城东大街 100 号

法人代表：孔祥瑞

税号：913706129662088957

联系电话及传真：0531-6900119

电子邮箱：yantaixingmao@126.com

（四）核算类型

本币名称：人民币（RMB）

企业类型：工业

行业性质：2007 年新会计制度科目

账套主管：张丽

按行业性质预置会计科目

（五）基础信息

无外币核算，不对存货、客户和供应商进行分类。

（六）分类编码方案

科目编码级次 4222，其他编码级次采用系统默认值。

(七) 数据精度

采用系统默认值。

(八) 系统启用

启用"总账"子系统,启用日期为 2019 年 12 月 1 日。

(九) 企业组织架构

企业组织架构如表 10-2 所示。

表 10-2　企业组织架构表

部门编级	部门或职务	人员编码	部门负责人
1	总经理	001	孔祥瑞
2	办公室	002	宋成亮
3	财务部	003	张　丽
4	生产部	—	—
401	生产部—生产车间	004	孙思泽
402	生产部—仓库	005	于传强
403	生产部—生产管理部门	006	王加成
5	销售部	007	徐瑞诚
6	采购部	008	刘　伟

(十) 账户期初数据

(1) 永久性账户明细分类账期初余额,如表 10-3 所示。

表 10-3　永久性账户明细分类账期初余额表

总账科目	明细科目	方向	余额	账页格式
库存现金		借	7 130.00	金额式(日记账)
银行存款	农业银行	借	1 979 307.72	金额式(日记账、银行账)
其他货币资金	银行本票存款	借	140 000.00	金额式
交易性金融资产	股票投资—浪潮软件/成本	借	900 000.00	金额式
	股票投资—浪潮软件/公允价值变动	借	94 500.00	金额式
应收票据	银行承兑汇票—烟台凯马汽车制造公司	借	75 000.00	金额式
	银行承兑汇票—青岛通达汽车配件公司	平	0	金额式
	银行承兑汇票—烟台三立有限公司	平	0	金额式
	银行承兑汇票—泰安银光电子公司	平	0	金额式
应收账款	威海东恒公司	借	331 233.00	金额式

（续表）

总账科目	明细科目	方向	余额	账页格式
	青岛通达汽车配件公司	借	430 000.00	金额式
	青岛山海机械有限公司	借	5 366.00	金额式
	济南西城机械有限公司	平	0	金额式
	烟台三立有限公司	借	755 665.71	金额式
预付账款	预付报刊订阅费	借	275.23	金额式
	预付车辆保险费	借	149.37	金额式
	青岛广源钢材有限公司	借	30 000.00	金额式
应收股利		平	0	金额式
应收利息		平	0	金额式
其他应收款	刘星	借	5 000.00	金额式
	李强	平	0	金额式
	重庆华宇机械有限公司	平	0	金额式
	基本养老保险费	借	6 101.76	金额式
	住房公积金	借	7 321.76	金额式
	赵小英	平	0	金额式
	济南曼华包装有限公司	平	0	金额式
	失业保险费	借	228.72	金额式
	基本医疗保险费	借	1 525.44	金额式
坏账准备	应收账款	贷	50 000.00	金额式
材料采购	钢板	平	0	数量金额式
	铝合金	平	0	数量金额式
	包装盒	平	0	数量金额式
原材料	钢板	借	245 000.00	数量金额式
	铝合金	借	166 250.00	数量金额式
材料成本差异	钢板	贷	1 050.00	金额式
	铝合金	借	2 500.00	金额式
	包装盒	平	0	金额式
库存商品	抗性消音器	借	843 094.00	数量金额式
	铝合金油箱	借	445 945.80	数量金额式
	有源消音器	平	0	数量金额式

(续表)

总账科目	明细科目	方向	余额	账页格式
委托加工物资	有源消音器	平	0	金额式
周转材料	包装盒	借	11 380.00	数量金额式
债权投资	债券投资—成本	借	200 000.00	金额式
	债券投资—利息调整	借	6 000.00	金额式
长期股权投资	烟台天明机械装备有限公司—成本	借	600 000.00	金额式
	烟台天明机械装备有限公司—损益调整	平	0	金额式
固定资产	建筑物	借	2 660 000.00	金额式
	机器设备	借	4 858 272.00	金额式
	办公设备	借	287 550.00	金额式
累计折旧	建筑物	贷	665 000.00	金额式
	机器设备	贷	931 168.33	金额式
	办公设备	贷	89 000.00	金额式
固定资产减值准备		平	0	金额式
固定资产清理		平	0	金额式
无形资产	专利	借	480 000.00	金额式
累计摊销	专利	贷	60 000.00	金额式
递延所得税资产		借	5 000.00	金额式
待处理财产损溢	待处理流动资产损溢	平	0	金额式
短期借款	中国农业银行	贷	980 000.00	金额式
应付票据	烟台伟业有限公司	贷	90 000.00	金额式
	青岛广源钢材有限公司	贷	50 000.00	金额式
应付账款	烟台伟业有限公司	贷	210 000.00	金额式
	济南星光公司	贷	262 000.00	金额式
	中通工业集团	贷	193 875.00	金额式
	烟台市自来水公司	平	0	金额式
	烟台市供电局	平	0	金额式
预收账款	山东恒通汽车制造有限公司	贷	6 096.53	金额式
	烟台神通电气有限公司	贷	4 587.14	金额式
	济南信达汽车配件有限公司	平	0	金额式
应付职工薪酬	工资	贷	91 522.00	金额式

（续表）

总账科目	明细科目	方向	余额	账页格式
	社会保险金	平	0	金额式
	工会会费	平	0	金额式
	住房公积金	平	0	金额式
应交税费	未交增值税	贷	62 565.00	金额式
	应交个人所得税	平	0	金额式
	应交城建税	贷	4 379.55	金额式
	应交印花税	贷	376.48	金额式
	应交企业所得税	贷	8 500.00	金额式
	应交房产税	平	0	金额式
	应交土地使用税	平	0	金额式
	应交教育费附加	贷	1 251.30	金额式
应付利息	长期借款利息	贷	33 825.00	金额式
应付股利		平	0	金额式
其他应付款	保证金	贷	50 550.00	金额式
长期借款	中国工商银行	贷	820 000.00	金额式
递延所得税负债		贷	9 450.00	金额式
实收资本	烟台兴鲁机械制造有限公司	贷	7 000 000.00	金额式
	烟台飞达机械设备有限公司	贷	850 000.00	金额式
	烟台海德专用车有限公司	平	0	金额式
资本公积	其他资本公积	贷	280 000.00	金额式
盈余公积	法定盈余公积	贷	235 052.35	金额式
	任意盈余公积	贷	235 052.35	金额式
本年利润	本年利润	贷	1 810 000.00	金额式
利润分配	提取法定盈余公积	平	0	金额式
	提取任意盈余公积	平	0	金额式
	应付股利	平	0	金额式
	未分配利润	贷	922 629.54	金额式
生产成本	抗性消音器	借	256 777.27	金额式
	铝合金油箱	借	171 356.79	金额式

(2) 临时性账户明细分类账期初余额,如表 10-4 所示。

表 10-4　　临时性账户明细分类账期初余额表

总账科目	明细科目	方向	余额	账页格式
主营业务收入	抗性消音器	平	0	金额式
	铝合金油箱	平	0	金额式
	有源消音器	平	0	金额式
其他业务收入	固定资产出租	平	0	金额式
公允价值变动损益		平	0	金额式
投资收益		平	0	金额式
资产减值损失		平	0	金额式
主营业务成本	抗性消音器	平	0	金额式
	铝合金油箱	平	0	金额式
	有源消音器	平	0	金额式
税金及附加		平	0	金额式
销售费用	广告费	平	0	金额式
	展览会费用	平	0	金额式
	职工薪酬	平	0	金额式
	水电费	平	0	金额式
	包装盒	平	0	金额式
管理费用	差旅费	平	0	金额式
	报刊订阅费	平	0	金额式
	办公用品	平	0	金额式
	业务招待费	平	0	金额式
	维修费	平	0	金额式
	培训费	平	0	金额式
	职工薪酬	平	0	金额式
	水电费	平	0	金额式
	折旧	平	0	金额式
	其他	平	0	金额式
财务费用	利息支出	平	0	金额式

（续表）

总账科目	明细科目	方向	余额	账页格式
	现金折扣	平	0	金额式
	存款利息收入	平	0	金额式
	其他	平	0	金额式
营业外支出	捐赠支出	平	0	金额式
	处置固定资产净损失	平	0	金额式
所得税费用		平	0	金额式

（3）数量金额式账户期初余额，如表 10-5 所示。

表 10-5　　数量金额式账户期初余额

总账	明细	数量	计量单位	单价	方向	金额
材料采购	钢板	0	吨		平	0
	铝合金	0	吨		平	0
	包装盒	0	个		平	0
原材料	钢板	70	吨	3 500.00	借	245 000.00
	铝合金	12.5	吨	13 300.00	借	166 250.00
库存商品	抗性消音器	3 430	件	245.80	借	843 094.00
	铝合金油箱	1 158	件	385.10	借	445 945.80
	有源消音器	0	件		平	0
周转材料	包装盒	5 690	个	2.00	借	11 380.00

（4）生产成本多栏式账户期初余额，如表 10-6 所示。

表 10-6　　生产成本多栏式账户期初余额

明细	原材料	燃料和动力	工资	制造费用	合计
抗性消音器	184 326.86	1 719.66	40 487.26	30 243.49	256 777.27
铝合金油箱	108 989.13	1 480.34	34 852.74	26 034.58	171 356.79

（十一）企业会计政策与核算规则

1. 账务处理程序

企业采用科目汇总表账务处理程序，如图 10-2 所示。

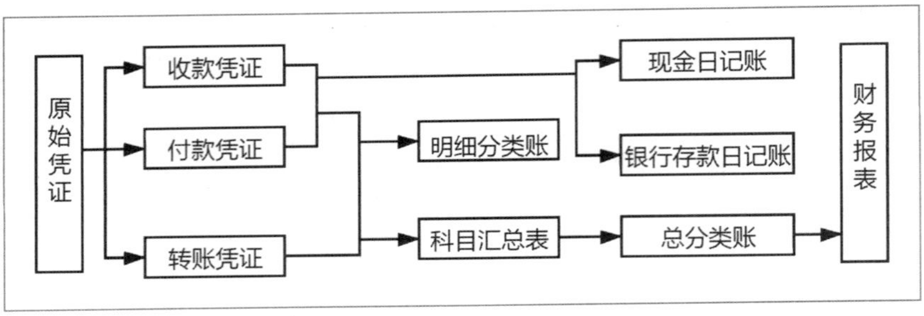

图 10-2　公司账务处理流程

2. 交易性金融资产的确认与计量

以赚取差价为目的而持有活跃在市场上有报价的金融资产，确认为交易性金融资产。在初始确认时按照公允价值计量，相关交易费用直接计入当期损益。持有交易性金融资产的会计期间，其公允价值变动形成的利得与损失，应当计入当期损益。

3. 债权投资的确认与计量

到期日固定、回收金额固定或可确定，且企业有明确意图和能力持有至到期的在活跃市场上有报价的债券，确认为以摊余成本计量的金融资产，核算时计入债权投资。在初始确认时按照实际支付价格计量，相关交易费用计入初始确认金额，构成实际利息组成部分。取得债权投资以后的会计期间，采用实际利率法，按摊余成本计量。

4. 备用金核算

采购员及其他职工出差预支差旅费，回企业后一次结清。

5. 材料核算方法

(1) 原材料、周转材料按计划成本进行日常核算，“材料采购”“材料成本差异”明细分类与原材料、周转材料明细分类相同，其分类项目为钢板、铝合金和包装盒。

(2) 将钢板材料发出委托加工单位加工成库存商品有源消音器。企业一般当月接到合同订单，当月向委托加工单位发出材料，当月加工完成。发出材料时，根据“委托加工材料出库单”，核算钢板材料成本差异。

(3) 生产车间领用材料时不核算材料成本差异，在月末根据本月“领料单”，编制“材料收发存汇总表”，计算材料成本差异率，核算材料成本差异，计入各产品生产成本。

(4) 每年 12 月份对原材料、库存商品等存货进行盘点清查，根据盘点结果编制“盘盈盘亏报告单”，报相关领导审批后，在年末结账前处理完毕。

6. 基于薪酬的社会保险费、住房公积金和有关经费的计提

(1) 为企业员工缴纳的基本养老保险费、失业保险费、基本医疗保险费、工商保险费、生育保险费依据烟台市企业职工社会保险 2019 年度月最低缴费基数 3 465 元。企业每月 13 日收到山东省社会保险基金当月的专用票据，按实际金额核算相关社会保险费。

(2) 住房公积金计提基数为当月工资总额，计提比例为 8%。

(3) 工会经费由企业承担，计提基数为当月工资总额，计提比例为 2%。

7. 水费、电费分配方法

(1) 水费、电费分摊比例，如表 10-7 所示。

表 10-7　　水费、电费分摊比例表

部　门	分配比例
生产车间	60%
生产管理部门	20%
行政管理部门	10%
销售部门	10%
合计	100%

（2）水费、电费分配到生产车间的费用，根据生产各产品实际耗用的工时数按比例分配到各产品的生产成本。

8. 制造费用分配方法

制造费用根据生产各产品实际耗用的工时数按比例进行分配。

9. 产品生产成本核算方法

（1）产品生产成本采用品种法进行核算，包含“燃料与动力”“直接材料”“直接人工”“制造费用”。生产耗费在完工产品和在产品之间的分配按照约当产量比例法进行，原材料在生产开始时一次投入。

（2）在产品约当产量计算公式：在产品约当产量＝在产品数量×在产品完工度。

（3）产品各道工序完工度，如表 10-8 所示。

表 10-8　　产品各道工序完工度表

产品	第 1 道工序	第 2 道工序	第 3 道工序	第 4 道工序	第 5 道工序
抗性消音器	20%	30%	15%	25%	10%
铝合金油箱	30%	40%	10%	20%	—

10. 长期股权投资的核算

企业对其他单位的投资属于对被投资单位具有重大影响，采用权益法核算。

11. 固定资产核算

（1）固定资产是指同时具有下列特征的有形资产：①为生产商品、提供劳务、出租或经营管理而持有的；②使用寿命超过一个会计年度。

（2）对固定资产采用直线法计提折旧。企业固定资产按建筑物、机器设备、办公设备分类。各类固定资产的使用年限、净残值率，如表 10-9 所示。

表 10-9　　固定资产折旧表

固定资产种类	使用年限(年)	净残值率
建筑物	20	5%
机器设备	10	5%
办公设备	5	4%

(3) 固定资产清理应由生产车间提出报告,经技术人员鉴定,报相关领导审批后处理。

(4) 固定资产减值应由生产管理部门提出报告,经财务部门审核,报相关领导审批后处理。

12. 无形资产核算

(1) 企业拥有专利无形资产,按照实际成本进行初始计量。采用直线法计提摊销。

(2) 专利使用年限及净残值率,如表 10-10 所示。

表 10-10　　无形资产摊销表

无形资产	使用年限(年)	净残值率
专利	10	5%

13. 坏账准备核算

(1) 坏账准备采用备抵法核算。

(2) 不同账龄下,应收账款坏账准备计提比例,如表 10-11 所示。

表 10-11　　坏账准备计提比例表

账龄	坏账准备计提率	账龄	坏账准备计提率
1 年以下(含 1 年)	3%	2～3 年(3 年)	10%
1～2 年(含 2 年)	5%	3 年以上	20%

14. 所得税费用处理

所得税会计采用资产负债表债务法。企业比较有关资产和负债的账面价值与计税基础,确定应纳税暂时性差异和可抵扣暂时性差异;除会计准则规定的特殊情况外,确认递延所得税负债和递延所得税资产;根据递延所得税负债和递延所得税资产的本期增减变化,确定递延所得税;根据适用的税法规定计算当期应纳税所得额和应交所得税,确定当期所得税;根据当期所得税和递延所得税,确定利润表中的所得税费用。

(十二) 2019 年 12 月份发生的经济业务(共计 90 项)

(1) 12 月 1 日,签发一张支票,从中国农业银行提取现金 2 500 元备用。

(2) 12 月 1 日,购买 35 吨钢板材料,收到重庆华宇机械有限公司开的增值税专用发票(号码:07660077),发票列明价款 121 975 元,增值税额 15 856.75 元。材料已验收入库,通过银行本票存款支付 140 000 元,多出的金额 2 168.25 元暂作"其他应收款——重庆华宇机械有限公司"处理。公司钢板材料计划成本为 3 500 元/吨。

(3) 12 月 2 日,采购员刘星重庆出差回来报销差旅费 6 900 元,出纳以现金补付预支款不足的差额 1 900 元。

(提示:采购差旅费记入"管理费用——差旅费"账户)

(4) 12 月 2 日,重庆华宇机械有限公司通过企业网上银行转来金额 2 168.25 元,系结清用银行本票存款采购钢板的余款。

(5) 12 月 3 日,中国农业银行收取企业的网上银行年费 1 200 元,并收取本月的短信业务费 10 元。

(6) 12月3日，销售给济南西城机械有限公司抗性消音器，并开出增值税专用发票(号码:03349233)，列明价款297 964.60元，增值税额38 735.40元，货已发出，货款尚未收到。

(提示:成本结转月末一次进行)

(7) 12月4日，用银行存款支付11月份各项税费77 072.33元。其中，未交增值税62 565元，应交城市维护建设税4 379.55元，应交教育费附加1 251.30元，应交印花税376.48元，应交所得税8 500元。

(8) 12月4日，济南西城机械有限公司发来函电，其12月3日购买的部分抗性消音器出现产品质量与合同要求质量不符情况，提出给予价款1%折让(原合同价款297 964.6元，增值税额38 735.4元)，公司同意给予折让并开出红字专用发票(号码:03349234)。

(9) 12月5日，签发中国农业银行支票一张，预付上海东方汽车杂志社3 600元，系公司明年为各科室预定的汽车杂志费，并收到上海东方汽车杂志社开出的增值税专用发票(号码:07650043)，列示价款3 302.75元，增值税额297.25元。

(10) 12月5日，摊销本年从上海东方汽车杂志社订阅的报刊费275.23元，记入“管理费用”账户。

(11) 12月5日，由中国农业银行转来中通企业集团委托收款凭证，要求承付中通企业集团发出的5吨铝合金的货款76 275元，承付期为10天，材料尚未验收入库。

(提示:该笔业务在5日不需要做会计核算)

(12) 12月6日，收到青岛通达汽车配件公司电子银行承兑汇票一张，付讫上月发出的货款，金额为430 000元，到期日为2020年3月6日，电子汇票已在网银中签收。

(13) 12月8日，向中国农业银行申请签发银行本票一张，金额为15 000元，交给采购员李强，拟向济南曼华包装有限公司购入包装盒。

(14) 12月8日，采购员李强到济南出差，预借差旅费2 000元，出纳以现金付讫。

(15) 12月10日，采购员李强用面额为15 000元的银行本票，向济南曼华包装有限公司购入6 000个包装盒，收到增值税专用发票(号码:07660548)，列明价款12 600元，增值税额1 638元。货已验收入库。收到转账支票一张，济南曼华包装有限公司已将多余款项762元签发转账支票付讫，转账支票当天存入中国农业银行。这批包装盒的计划成本为2元/个。

(16) 12月10日，采购员李强出差回来，报销差旅费1 550元，差旅费余款退回现金450元。

(提示:采购差旅费记入“管理费用——差旅费”账户)

(17) 12月11日，核算本月长期借款利息3 075元，并支付本年长期借款利息36 900元。长期借款的名义利率与实际利率相同。

(18) 12月11日，用银行存款支付本月短期借款利息2 250元。

(19) 12月12日，一笔200 000元的中国农业银行短期借款到期，用企业网上银行偿还该项借款。

(20) 12月12日，收到济南西城机械有限公司签发的转账支票一张，用来偿还本月3日购货所欠货款，销售合同约定的信用条件为(2/10, N/30)，享受2%的折扣，支票已存入中国农业银行。(提示:现金折扣=333 333×2%=6 666.66元，记入“财务费用——现金折扣”账户)

(21) 12月12日,收到济南信达汽车配件有限公司签发的转账支票20 000元,系订购铝合金油箱的预付款。

(22) 12月13日,公司2019年9月18日签发并承兑的一张商业承兑汇票到期,收到中国农业银行转来收款方(烟台伟业有限公司)托收货票款的委托收款凭证付款通知联,公司支付票款90 000元。

(23) 12月13日,收到烟台市社会保险服务中心发来的职工社会保险基金结算表,公司已办理银行托管业务,银行账户扣款完成社会保险金缴纳。其中:社会保险金21 188.40元、基本养老保险6 101.76元、失业保险228.72元、基本养老保险1 525.44元,合计支付29 044.32元。

(提示:2019年度,烟台市企业职工社会保险月最低缴费基数为3 465元,公司按烟台市最低缴费基数为职工缴纳社会保险金)

(24) 12月13日,通过企业网上银行缴纳住房公积金,金额为15 328元。

(提示:12月份住房公积金缴存比例为职工当月工资总额的16%)

(25) 12月13日,在中国农业银行提取现金缴纳工会经费,金额为1 916元。

(26) 12月14日,向中通工业集团购入5吨铝合金的货款承付期满,通过网上银行付讫。收到增值税专用发票(号码:07660312),金额67 500元,增值税额8 775元,材料已验收入库。该批铝合金的计划成本为13 300元/吨。

(27) 12月14日,购买办公用品A4打印纸,收到上海晨光文具有限公司开出的增值税专用发票(号码:0760907),价款929.20元,增值税额120.80元,通过网上银行支付。A4打印纸直接交付各部门使用。

(提示:办公用品生产车间领用记入"制造费用——办公用品"账户,行政管理部门与财务部门领用记入"管理费用——办公用品"账户)

(28) 12月14日,委托烟台勤通机床有限公司加工有源消音器160件,发出委托加工钢板10吨,我公司钢板的计划成本为3 500元。

(提示:对于委托加工的出库材料,直接核算记入"材料成本差异——钢板"账户)

(29) 12月14日,公司行政管理部门发生业务招待费490元,收到增值税电子普通发票一张,以现金付讫。

(30) 12月15日.收到烟台海源广告策划有限公司开来的增值税专用发票(号码:07660339),列明价款3 773.59元,增值税额226.41元。公司开出转账支票支付广告费。

(31) 12月15日,烟台神通电气有限公司与公司续签厂房租赁协议,继续租用公司部分厂房,并开出转账支票一张,预付明年1～6月份的租金,送存中国农业银行。公司开给烟台神通电气有限公司一张增值税专用发票(号码:0349235),金额27 522.94元,增值税额2 477.06元。

(32) 12月15日,销售给济南信达汽车配件有限公司铝合金油箱,并开出增值税专用发票(号码:0349236),列明价款90 044.25元,增值税额11 705.75元。货已发出,收到对方交来金额为81 750元的转账支票。

(提示:成本结转月末一次进行)

(33) 12月16日,向上海机床有限公司购进机床一台,收到增值税专用发票(号码:

07660651)，列示设备价款 176 991.15 元，增值税额 23 008.85 元，用银行存款全额支付。设备已达到预定可使用状态，直接交生产车间使用(增值税税额全部一次抵扣)。

(34) 12 月 16 日，因青岛山海机械有限公司破产，应收该公司 5 366 元不能收回，经批准确认为坏账并予以核销。

(提示：公司采用备抵法核算坏账准备)

(35) 12 月 16 日，开出转账支票向烟台市儿童福利院捐赠 10 000 元。

(36) 12 月 17 日，销售作为交易性金融资产核算的股票(浪潮软件)15 000 股，收到交割凭证一张，列式成交金额 336 000 元，交易费用 423.50 元，实际收到出售价款 335 576.50 元。出售日，本批出售股票的账面价值为 331 500 元，其中成本 300 000 元，公允价值变动(借方)31 500 元。

(37) 12 月 17 日，根据 11 月份的“工资结算汇总表”，通过企业网上银行支付 11 月份工资，并结转社会保险与住房公积金中个人的代扣代缴部分。其中工资总额 91 522 元，代扣代缴社保 7 855.92 元，代扣代缴公积金 7 321.76 元，实发工资 76 344.32 元。

(提示：公司通过企业网上银行支付员工工资，原始凭证附工资结算汇总表与一名员工的工资回单，其他员工工资回单略)

(38) 12 月 18 日，签发中国农业银行转账支票一张，支付烟台兴业机电设备有限公司机器设备修理费 3 350 元。收到烟台兴业机电设备有限公司开出的增值税专用发票(号码 07660441)，列明价款 2 964.60 元，增值税额 385.40 元。

(39) 12 月 18 日，收到中国农业银行转来的烟台市自来水公司专用托收凭证，付讫款项共计 2 048 元。已从烟台市自来水公司取得增值税专用发票(号码：07660562)，列明金额 1 812.39 元，增值税额 235.61 元。

(提示：公司在月底结转水费，交纳水费时记入“应付账款”账户)

(40) 12 月 18 日，收到中国农业银行转来的烟台市供电局专用托收凭证，付讫款项共计 3 012 元。从烟台市供电局取得增值税专用发票(号码：07660680)，列明价款 2 665.49 元，增值税额 346.51 元。

(提示：公司在月底结转电费，交纳水费时记入“应付账款”账户)

(41) 12 月 18 日，生产车间的一台数控机床，因重要部件磨损严重，降低产品合格率，经批准报废转入清理。该设备原值 35 600 元，净残值率 5%，已使用 8 年，累计折旧 27 056 元。

(提示：当月报废的固定资产当月继续计提折旧，该数控机床累计折旧 27 056 元已包含其本月折旧费)

(42) 12 月 19 日，收到烟台三立有限公司签发的银行承兑汇票一张，支付前欠货款，金额为 755 665.71 元，到期日为 2020 年 3 月 19 日。

(43) 12 月 19 日，出售给烟台三立有限公司抗性消音器，并开出增值税专用发票(号码：0349237)，列明价款 638 495.58 元，增值税额 83 004.42 元，货已发出，货款尚未收到。

(提示：成本结转月末一次进行)

(44) 12 月 20 日，将已报废的数控机床出售给烟台市废品回收公司，开出增值税专用发票(号码：0349238)，列明价款 3 849.56 元，增值税额 500.44 元，收到烟台市废品回收公司开具的转账支票一张，金额 4 350 元，公司填制进账单，将支票存入中国农业银行。此项设备清理完毕,结转清理净损益。

(提示:出售报废数控机床开出增值税专用发票后,需根据增值税销项税额按7%、3%分别核算城市维护建设税与教育费附加)

(45) 12月20日,支付烟台财经大学培训我公司财务部门员工的培训费,金额为1 200元,用现金付讫,收到收据一张。

(46) 12月21日,收到中国农业银行结算存款利息通知,我公司第四季度银行存款利息收入为1 736.35元。

(47) 12月21日,签发中国农业银行支票一张,金额为9 500元,向烟台勤通机床有限公司结算160件有源消音器的加工费,收到增值税专用发票(号码:07660129),列明加工费8 407.08元,增值税额1 092.92元。支票已送存银行,货物已验收入库。

(48) 12月22日,年末财产清查,发现盘亏库存商品抗性消音器15件,抗性消音器的成本为245.80元/件,盘亏金额3 687.00元,盘亏责任待查。

(49) 12月23日,向烟台伟业有限公司签发电子银行承兑汇票一张,金额为210 000元,付讫前欠材料货款。

(50) 12月23日,经调查发现,22日财产清查时盘亏的15件抗性消音器是由仓库管理员赵小英失误造成。经领导批准决定,仓库管理员赵小英赔偿20%盘亏损失737.40元,另外80%记入"管理费用"账户。

(51) 12月24日,公司参加在上海举办的全国汽配展览会,通过企业网上银行付讫展览会摊位费,收到汽配展览会开出的增值税专用发票(号码:0765136),金额1 800元,增值税额108元。

(52) 12月24日,向泰安银光电子公司出售160件有源消音器,并开出增值税专用发票(号码:0349239),列明价款53 805.31元,增值税额6 994.69元,货已发出,泰安银光电子公司签发银行承兑汇票一张(号码:424 537),金额60 800元,货款付讫。

(提示:成本结转月末一次进行)

(53) 12月25日,将烟台凯马汽车制造公司2019年10月25日签发的银行承兑汇票向中国农业银行贴现。该汇票面值75 000元,3个月到期,银行年贴现率10%。银行扣除贴现利息625元,将剩余款项74 375元划转公司银行账户。

(54) 12月25日,购买34吨钢板材料,收到青岛广源钢材有限公司开的增值税专用发票(号码:07660515),列明价款118 490元,增值税额15 403.70元。材料已验收入库,公司在上月已预交30 000元的预付账款,并将24日收到的银行承兑汇票(号码:424537)金额60 800元用来支付货款。钢板材料计划成本为3 500元/吨。

(55) 12月26日,通过企业网上银行支付给青岛广源钢材有限公司余款,金额为43 093.70元。

(56) 12月26日,签发中国农业银行转账支票一张,金额为1 900元,预付明年车辆保险费。收到保险公司保单与增值税专用发票(号码:07664221),列示价款1 792.45元,增值税额107.55元。

(57) 12月26日,摊销以前预付本月负担的车辆保险费149.37元,2辆车均挂在行政管理部门,记入"管理费用——其他"账户。

(58) 12 月 26 日,因青岛山海机械有限公司破产,公司于 12 月 16 日已将该公司应收款项金额 5 366 元转销。青岛山海机械有限公司破产清算过程,收回该应收款项的部分金额 1 600.8 元,款项已存入中国农业银行。

(59) 12 月 27 日,现金付讫增值税税控系统技术维护费 280 元,收到增值税电子普通发票一张(号码:65802356)。将该技术维护费抵减增值税应纳税额。

(提示:增值税税控系统技术维护费可在增值税应纳税额中全额减免,记入"应交税费——应交增值税(减免税额)"账户)

(60) 12 月 27 日,确认烟台神通电气有限公司 12 月份的厂房租金收入金额4 587.14元。

(提示:房租收入每半年支付一次,记入"预收账款"账户,每月确认收入)

(61) 12 月 27 日,用企业网上银行支付前欠中通工业集团货款,金额 193 875 元。

(62) 12 月 28 日,向中通工业集团购入 3 吨铝合金,收到增值税专用发票(号码:07660345),金额 40 500 元,增值税额 5 265 元,材料尚未验收入库,货款未付。

(63) 12 月 28 日,委托德邦物流股份有限公司运输铝合金材料,材料已验收入库,收到物流公司开出的增值税专用发票(号码:00001278),金额 300 元,增值税额 27 元,用现金付讫。该批铝合金的计划成本为 13 300 元/吨。

(64) 12 月 29 日,收到现金 737.40 元,系仓库保管员赵小英交来的罚款。

(65) 12 月 30 日,烟台海德专用车有限公司向我公司投入以下资产:货币资金50 000 元,铣床设备一台价值 170 000 元,按规定,烟台海德专用车有限公司因此拥有我公司的资本份额 200 000 元。收到投入固定资产增值税专用发票(号码:07660239),金额 150 442.48 元,增值税额 19 557.52 元,货币资金已存入中国农业银行,铣床设备已交付我公司生产车间。

(提示:资本溢价=50 000+170 000-200 000=20 000(元),记入"资本公积——资本溢价"账户)

(66) 12 月 31 日,对本年 1 月 1 日购买的公司债券进行计息。该债券面值为200 000 元,票面利率为 6%,按年计息,于次年 1 月 6 日付息,3 年后到期一次还本,公司采用的实际利率为 4.9%。该债券发行方不可以提前赎回,公司将其划分为以摊余成本计量的金融资产,年初摊余成本为 206 000 元。

(67) 12 月 31 日,查明生产车间一台锻压机床账面价值为 33 154 元,因其工艺技术较落后,预计可收回金额为 28 000 元。计提固定资产减值准备。

(68) 12 月 31 日,计提坏账准备。用应收账款账龄法计算年末坏账准备,应计提坏账准备金额 2 361.40 元。

(69) 12 月 31 日,持有的交易性金融资产浪潮软件收盘价 22.6 元。本年交易性金融资产公允价值上涨 15 000.00 元。

(70) 12 月 31 日,收到被投资单位烟台天明机械装备有限公司报送的本年度利润表及其董事会关于利润分配的决议,烟台天明机械装备有限公司本年实现净利润 96 000 元,宣告分配现金股利 30 000 元,我公司出资比例为 30%,取得投资时,烟台天明机械装备有限公司各项可辨认资产等的公允价值与其账面价值相等。我公司对该项长期股权投资采用权益法进行后续核算,并按年确认投资收益。

(71) 12 月 31 日,分摊职工薪酬费用。12 月份工资结算汇总表,如表 10-12 所示。工资总额95 800元,公司承担社会保险金21 188.4元,公司承担住房公积金7 664元,公司承担工会会费1 916元,具体分配率如下:生产车间60%,生产管理部门10%,行政管理部门10%,销售部20%。各产品的生产成本共用职工薪酬费用采用实耗生产工时比例进行分配,抗性消音器1 106小时、铝合金消音器921小时。

表10-12　　2019年12月烟台兴茂机械制造有限公司工资结算汇总表　　单位:元

部分	基本工资	岗位工资	工龄工资	应付工资	代扣款项						实发金额
					基本养老保险费	失业保险费	基本医疗保险费	住房公积金	合计	个人所得税	
生产车间	31 000.00	21 500.00	4 980.00	57 480.00	3 661.05	137.23	915.26	4 598.40	9 311.94	0.00	48 168.06
生产管理部门	4 500.00	3 380.00	1 700.00	9 580.00	610.18	22.87	152.55	766.40	1 552.00	0.00	8 028.00
行政管理部门	4 000.00	3 460.00	2120.00	9 580.00	610.18	22.87	152.55	766.40	1 552.00	0.00	8 028.00
销售部	10 200.00	7 760.00	1 200.00	19 160.00	1 220.35	45.75	305.08	1 532.80	3 103.98	0.00	16 056.02
合计	49 700.00	36 100.00	10 000.00	95 800.00	6 101.76	228.72	1 525.44	7 664.00	15 519.92	0.00	80 280.00

(72) 12月31日,分配结转12月份水费。水费按部门分摊,生产车间分摊60%,生产管理部门20%,行政管理部门10%,销售部10%。12月份水费总额1 812.39元。各产品的生产成本共用水费用采用实耗生产工时比例进行分配,抗性消音器1 106小时、铝合金消音器921小时。

(73) 12月31日,分配结转12月份电费。电费按部门分摊,生产车间分摊60%,生产管理部门20%,行政管理部门10%,销售部10%。12月份电费总额2 665.49元。各产品的生产成本共用电费用采用实耗生产工时比例进行分配,抗性消音器1 106小时、铝合金消音器921小时。

(74) 12月31日,固定资产采用直线法计提折旧。建筑物原值2 660 000元,使用年限20年,残值率5%;办公设备原值287 550元,使用年限5年,残值率4%;机器设备原值4 858 272元,使用年限10年,残值率5%。固定资产累计折旧分配,如表10-13所示。

表10-13　　固定资产折旧分配表

固定资产科目	建筑物		机器设备		办公设备		合计
	比例	金额	比例	金额	比例	金额	
制造费用	70%	7 370.42	100%	38 461.32	40%	1 840.32	47 672.06
管理费用	30%	3 158.75	—	0.00	60%	2 760.48	5 919.23
合计	—	10 529.17	—	38 461.32	—	4 600.80	53 591.29

(75) 12月31日,计提无形资产摊销。专利原值480 000元,使用年限10年,残值率5%,采用直线摊销法。

(提示:摊销费用记入"管理费用——摊销"账户)

(76) 12月31日,分配结转制造费用。31日,结转前"制造费用"账户余额61 689.08元,其中"制造费用——办公用品"464.60元,"制造费用——水电费"895.58元,"制造费用——职工薪酬"12 656.84元,"制造费用——折旧"47 672.06元。各产品的生产成本共用制造费用采用实耗生产工时比例进行分配,抗性消音器1 106小时、铝合金消音器921小时。

(77) 12 月 31 日，根据本月材料领用单，分配直接材料，材料收发存情况，如表 10-14 所示。

表 10-14 **材料收发存汇总表** 2019 年 12 月 31 日

材料类别	计量单位	计划单价	期初转情			本期收入			差异率
			数量	计划成本	差异	数量	计划成本	差异	
钢板	吨	3 500.00	70.00	245 000.00	−1 050.00	69.00	241 500.00	−1 035.00	−0.43%
铝合金	吨	13 300.00	12.50	166 250.00	2 500.00	8.00	106 400.00	1 900.00	1.61%

材料类别	计量单位	本期发出				期末结情		
		用途	数量	计划成本	差异	数量	计划成本	差异
钢板	吨	委托加工材料	10.00	35 000.00	−150.00	66.50	232 750.00	−997.50
		抗性消音器	62.50	218 750.00	−937.50			
铝合金	吨	铝合金油箱	9.60	127 680.00	2 060.49	10.90	144 970.00	2 339.51

(78) 12 月 31 日，结转本月完工产品。截至月底，抗性消音器完工产品数量 1 250 件，铝合金油箱完工产品数量 450 件。抗性消音器在产品第四道工序结束，在产品数量 985 件，完成率为 90%；铝合金油箱在产品第三道工序结束，在产品数量 485 件，完成率为 80%。

(79) 12 月 31 日，采用加权平均法结转主营业务成本。

(80) 12 月 31 日，结转周转材料包装盒。出售铝合金油箱时，需要将产品装入包装盒。本月共销售铝合金油箱 185 件，耗用包装盒 185 个，记入"销售费用——包装盒"账户，并结转材料成本差异。

(81) 12 月 31 日，计算并结转本月未交增值税。

(82) 12 月 31 日，计提本月城市维护建设税、教育费附加。城市维护建设税税率 7%，教育费附加税率 3%。

(83) 12 月 31 日，计提本月印花税。

(84) 12 月 31 日，计提本季度土地使用税、房产税。房产原值 2 660 000 元，其中出租房产原值 900 000 元。自用房产税计税比例 70%，税率 1.2%。出租房产第四季度收入13 761.42元，税率 12%。土地等级：城市土地——土地二级，税额标准 8 元，土地总面积 2 600 平方米。

(85) 12 月 31 日，期末将各项收益及各项成本费用结转至"本年利润"账户。

(86) 12 月 31 日，计算所得税费用。对本月利润总额进行纳税调整，计算本月应交所得税额，确认递延所得税资产和负债的增减变动，确认本月的所得税费用。该公司全年职工薪酬，属于按照企业所得税法规定允许税前扣除的职工薪酬支出。1～11 月累计销售收入为 10 905 248.54 元，1～11 月累计业务招待费为 8 440 元。1～11 月无其他应纳税调整事项，该公司的所有纳税调整事项均在 12 月份进行，并估计未来能够取得足够的应纳税所得额供利用可抵扣暂时性差异。

(87) 12 月 31 日，结转所得税费用 20 517.35 元至"本年利润"账户。

(88) 12 月 31 日，根据股东大会决议，分别按全年税后利润 1 986 318.98 元的 10%提取法定盈余公积,按10%提取任意盈余公积。

(89) 并按出资比例向投资方分配股利300 000元。现金股利尚未发放。

(90) 12月31日,结转本年净利润与本年已分配利润。将"本年利润"结转至"利润分配——未分配利润"账户,将"利润分配"其余各明细账户的余额,转入"利润分配——未分配利润"账户。

五、实验操作指导

(一) 增加操作员

(1) 双击系统管理进入"系统管理"窗口,如图10-3所示。

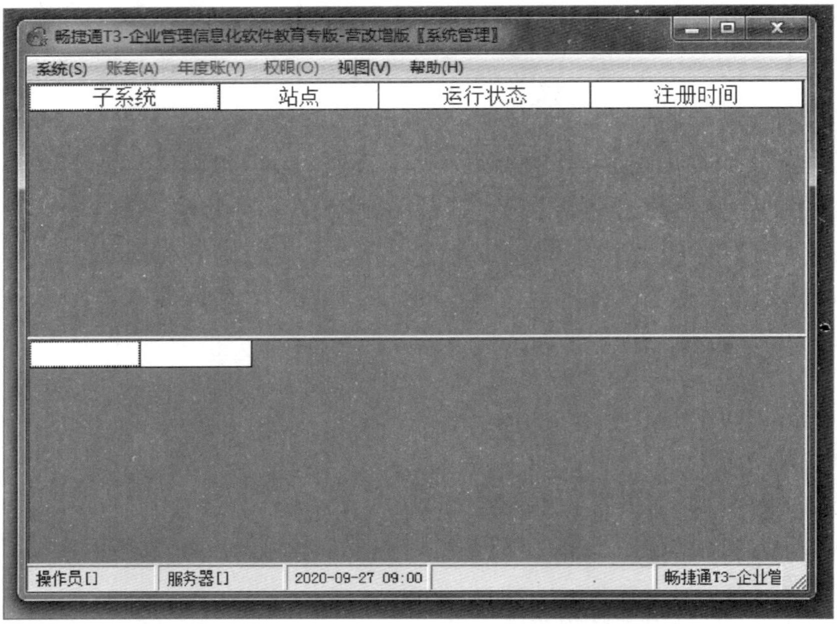

图10-3 系统管理窗口

(2) 执行"系统"—"注册"命令,打开"注册控制台"对话框。以系统管理员"admin"的身份进入,密码为空,单击"登录",如图10-4所示。

注意事项

系统管理员"admin"是系统管理权限最高的操作员。为保证系统数据的安全性,企业应及时更改系统管理员的密码,在登录界面勾选"修改密码"可设置新密码。在教学过程中,因多人共用一台电脑,不建议设置"admin"的密码。

(3) 执行"权限"—"操作员"命令,进入"操作员管理"窗口。

(4) 单击"增加"按钮,打开"增加操作员"对话框。输入编号"001",姓名"张丽",口令和确认口令均为"1"。所属部门为"财务部",如图10-5所示。

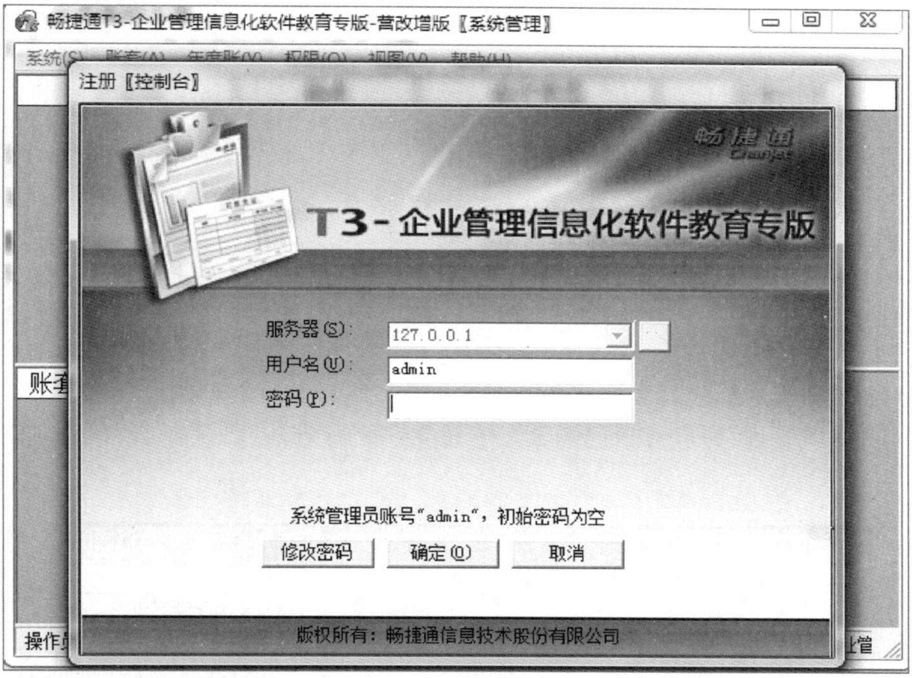

图 10-4 系统登录

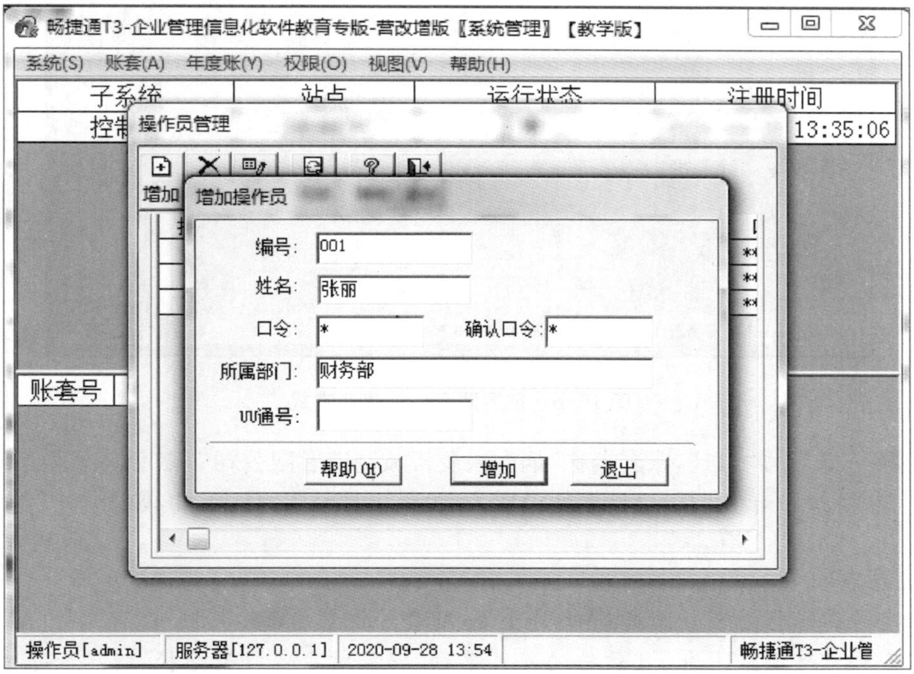

图 10-5 增加操作员

(5) 单击“增加”按钮,根据实验资料依次增加其他操作员,设置完成后单击“退出”按钮退出。

注意事项

只有系统管理员“admin”有权限设置操作员,只有系统管理员才有权限进行账套主管的设定与取消操作。

账套主管拥有账套的全部权限。

T3软件在技术上支持设置多个账套主管,但从企业管理层面上建议一个账号只设置一个账套主管。

(二) 新建账套

(1) 在“系统管理”窗口,执行“账套”—“建立”命令,进入“创建账套”窗口,如图10-6所示。

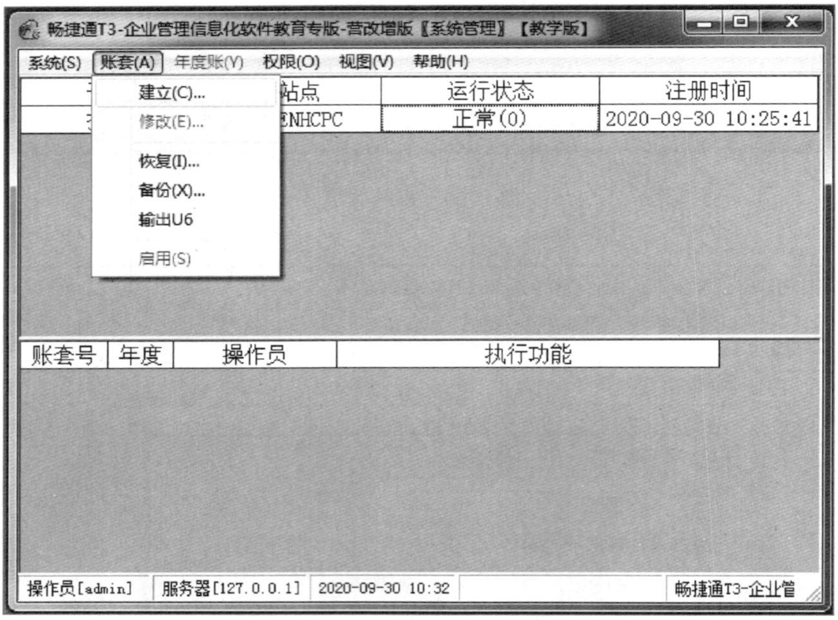

图10-6 创建账套——建账方式

(2) 输入账套号“111”,账套名称“烟台兴茂机械制造有限公司”,账套路径为系统默认,启用会计期为2019年12月,会计期间设置为12月1日至12月31日,如图10-7所示。

注意事项

账套号是账套的唯一标识,不允许重复,账套号设置后不允许修改。

账套存储路径默认为T3软件的安装路径,安装时可以修改路径,但账套路径一经设定完成不允许再进行修改。

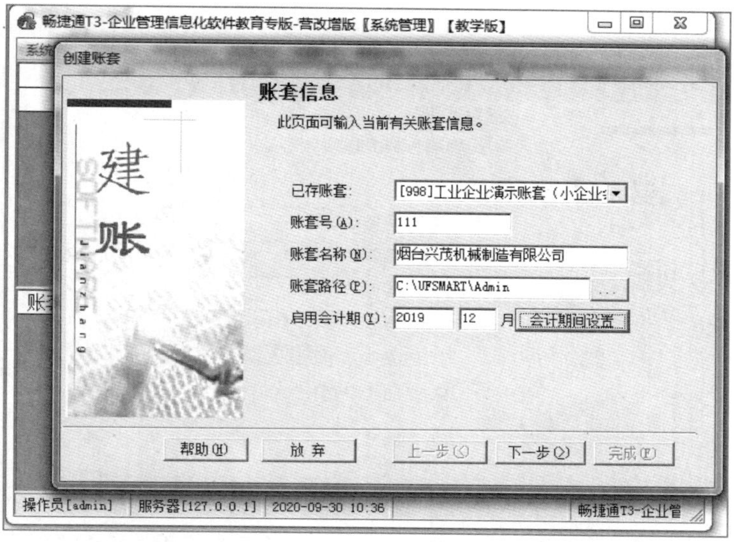

图 10-7　创建账套——账套信息

（3）单击“下一步”，进入“单位信息”设置界面，录入单位信息，如图 10-8 所示。

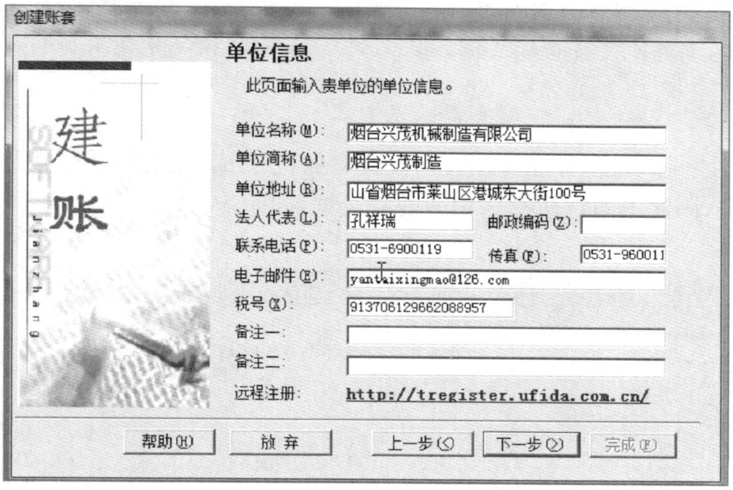

图 10-8　创建账套——单位信息

注意事项

单位信息中只有“单位名称”是必须录入的。

打印发票时要用到单位名称，所以单位名称应录入企业的全称，并确保信息准确。

（4）单击“下一步”，进入“核算类型”设置界面。本币代码采用系统默认“RMB”，本币名称为“人民币”，企业类型选择“工业”，行业性质选择“2007 年新会计准则”，账套主管选择

“[001]张丽”,勾选“按行业性质预置科目”,如图 10-9 所示。

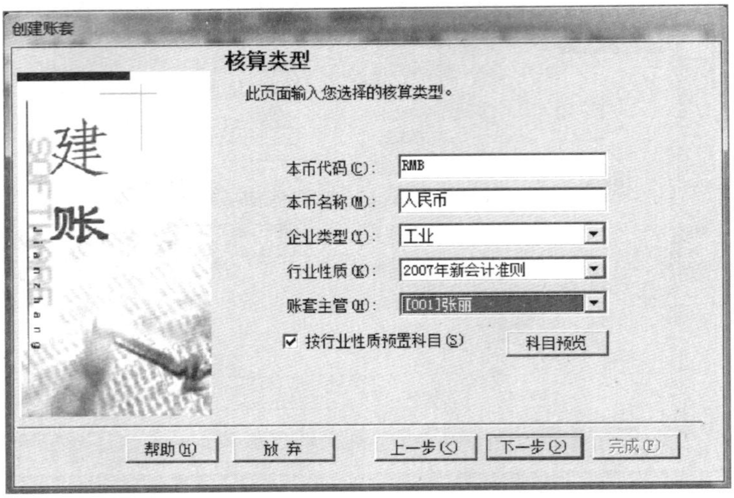

图 10-9　创建账套——核算类型

注意事项

行业性质决定系统预置科目的内容,一定要根据操作要求正确选择。选择了按行业性质预置科目,系统才会自动配置国家规定的一级科目和部分二级科目,否则系统会计科目库为空。

(5) 单击“下一步”,进入“基础信息”设置界面,由于企业无外币核算,供应商、客户、存货也不进行分类,因此不勾选所有选项前的复选框,如图 10-10 所示。

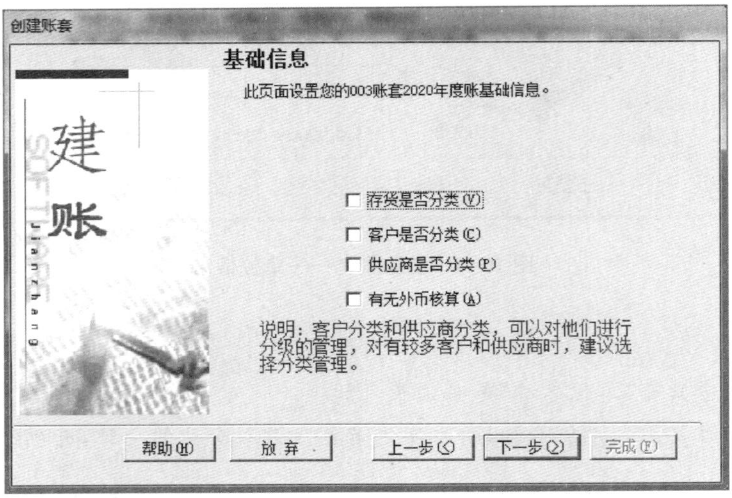

图 10-10　创建账套——基础信息

注意事项

是否对存货、客户及供应商进行分类将会影响档案的设置，有无外币核算将会影响基础信息的设置以及能否处理外币业务。

如果基础信息设置错误，可以由账套主管在修改账套功能中进行修改。

(6) 单击“下一步”，进入“创建账套”设置界面，单击“完成”，系统弹出提示“可以创建账套了么?”，单击“是”，系统开始创建账套，如图 10-11 所示。

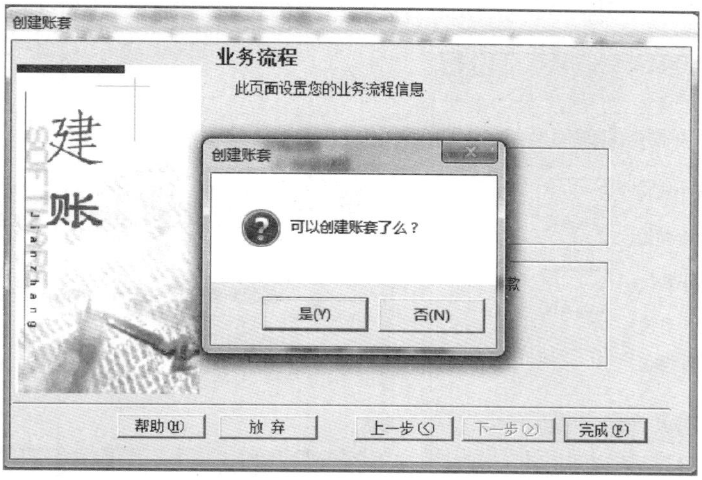

图 10-11 创建账套

(7) 在弹出的“编码方案”对话框中，输入科目编码级次“4222”，其他编码级次设置采用默认值，如图 10-12 所示。

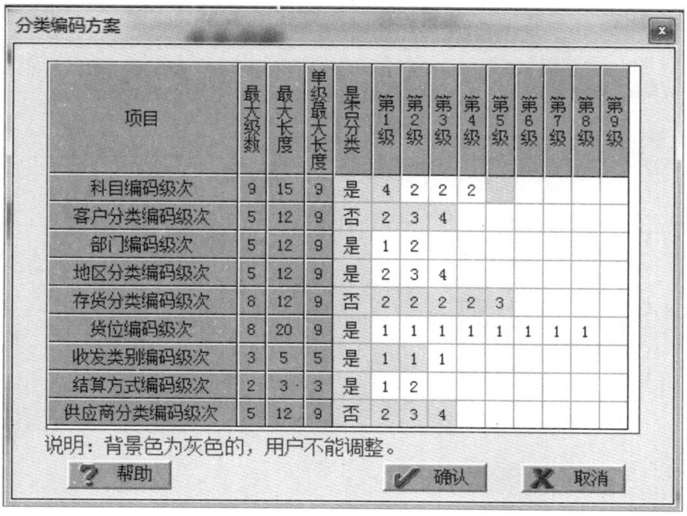

分类编码方案

项目	最大级数	最大长度	单级最大长度	是否分类	第1级	第2级	第3级	第4级	第5级	第6级	第7级	第8级	第9级
科目编码级次	9	15	9	是	4	2	2	2					
客户分类编码级次	5	12	9	否	2	3	4						
部门编码级次	5	12	9	是	1	2							
地区分类编码级次	5	12	9	是	2	3	4						
存货分类编码级次	8	12	9	否	2	2	2	2	3				
货位编码级次	8	20	9	是	1	1	1	1	1	1	1	1	
收发类别编码级次	3	5	5	是	1	1	1						
结算方式编码级次	2	3	3	是	1	2							
供应商分类编码级次	5	12	9	否	2	3	4						

说明：背景色为灰色的，用户不能调整。

帮助　确认　取消

图 10-12 编码方案

注意事项

编码方案的设置,会直接影响基础信息设置中相应内容的编码级次和每级编码的位长。

删除编码级次时,要从最后一级依次往前删。

(8) 单击"确认",系统自动进入"数据精度"设置界面,按实验资料全部采用系统默认值"2",如图 10-13 所示。

(9) 单击"确认"按钮,系统弹出"建账成功"提示框,如图 10-14 所示。

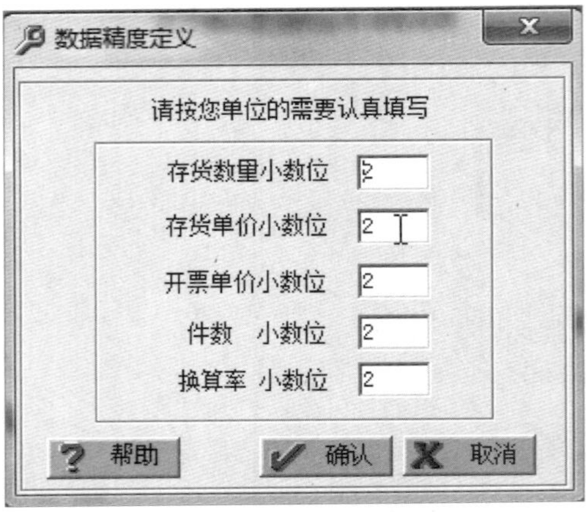

图 10-13 数据精度

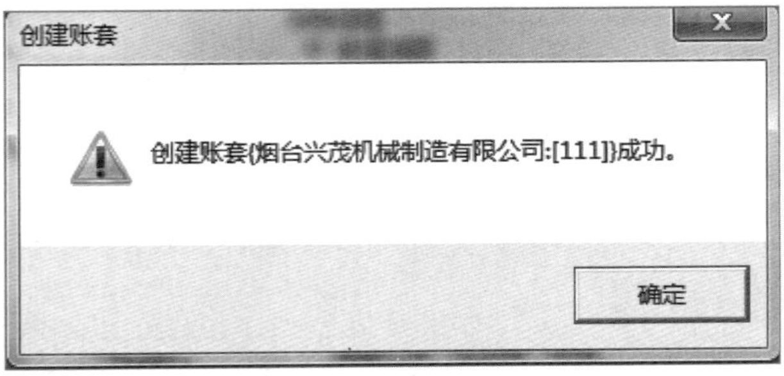

图 10-14 建账成功提示

(10) 单击"确定"按钮,弹出"是否立即启用账套"对话框,单击"是",弹出"系统启用"对话框,如图 10-15 所示。

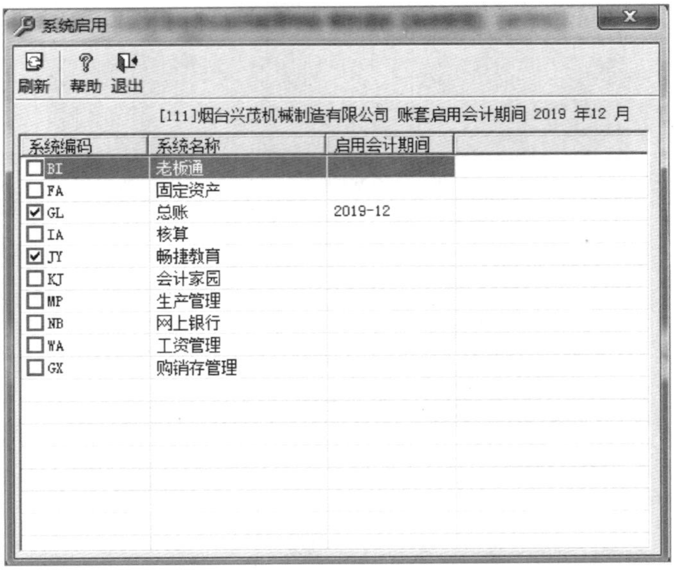

图 10-15 启用总账系统

（11）勾选“总账”，弹出“日历”设置，选择启用日期“2019-12-01”，如图 10-16 所示。

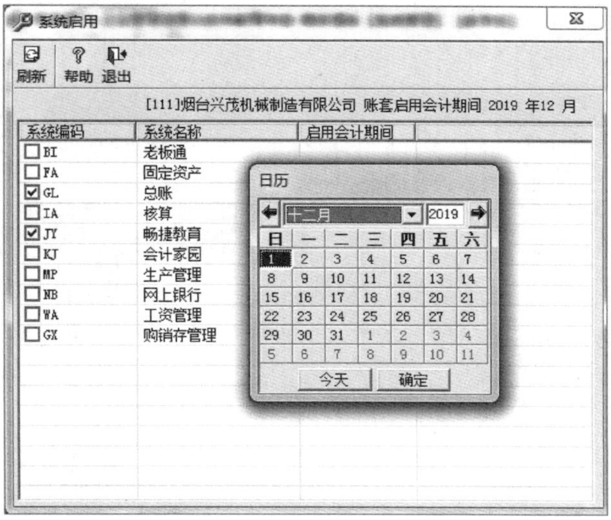

图 10-16 系统启用日期

（12）单击“确定”，系统弹出“确实要启用当前系统吗?”，单击“是”，如图 10-17 所示。

（13）启用本企业所需的模块后，单击“退出”。

（三）操作员权限

（1）打开“系统管理”窗口，以“admin”身份注册，选择“权限”菜单下的“权限”命令，系统弹出“操作员权限”窗口，如图 10-18 所示。

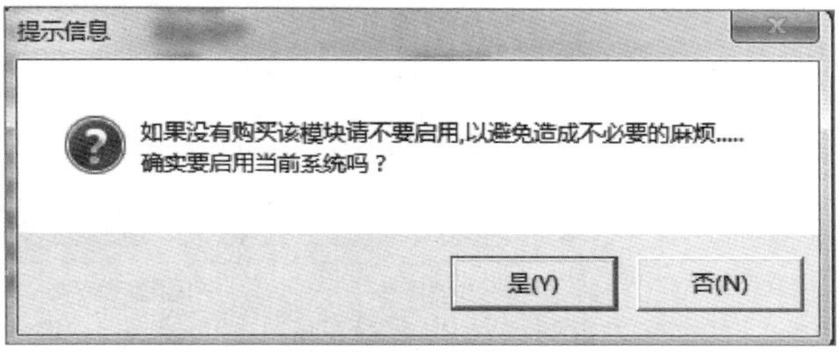

图 10-17 系统启用提示信息

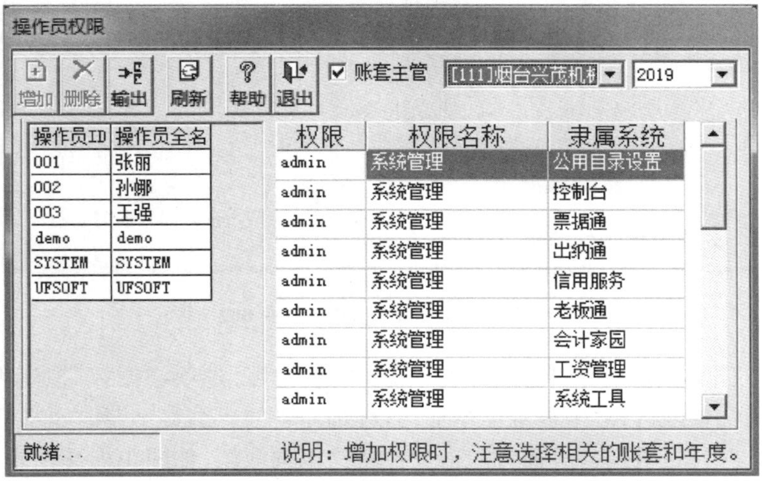

图 10-18 操作员权限

(2) 单击选中操作员“001 张丽”，选择“111”账套，勾选“账套主管”选项。即可设置张丽为“111”账套主管。(由于建账操作中已将张丽设置为 111 账套的账套主管，此步骤可以省略)如图 10-19 所示。

图 10-19　操作员权限——账套主管

(3) 单击选中操作员“002 孙娜”，选择“111”账套，单击“增加”按钮，打开“增加权限—[002]”对话框。双击左侧列表框“产品分类选择”中的“公用目录设置”选项，如图 10-20 所示。

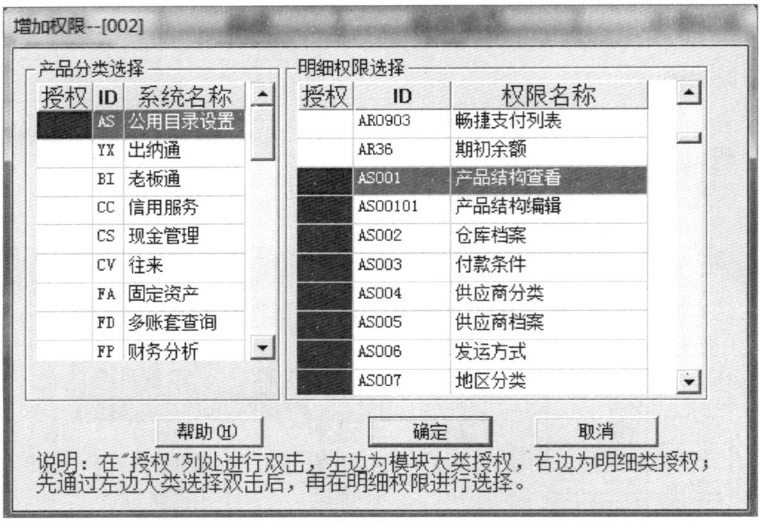

图 10-20　操作员权限——002

(4) 继续双击左侧列表框“产品分类选择”中的“总账”选项，“授权”栏变为蓝色，系统在右侧列表框“明细权限选择”中显示已增加的权限。其中“出纳签字”和“审核凭证”两项明细权限因不能向该操作员授权，故通过双击操作将这两项取消，如图 10-21 所示。

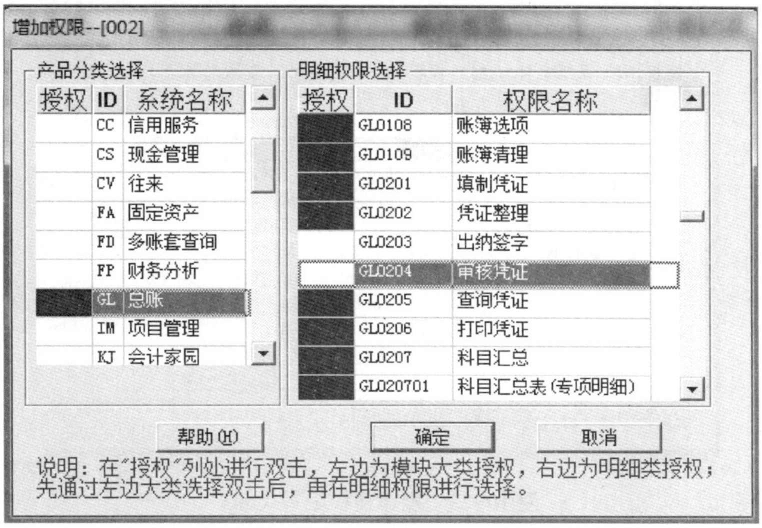

图 10-21　操作员权限——取消出纳签字、审核凭证权限

（5）权限设置完毕，单击“确定”按钮。可以在“操作员权限”窗口中看到该操作员对指定年限的账套拥有的权限，如图 10-22 所示。

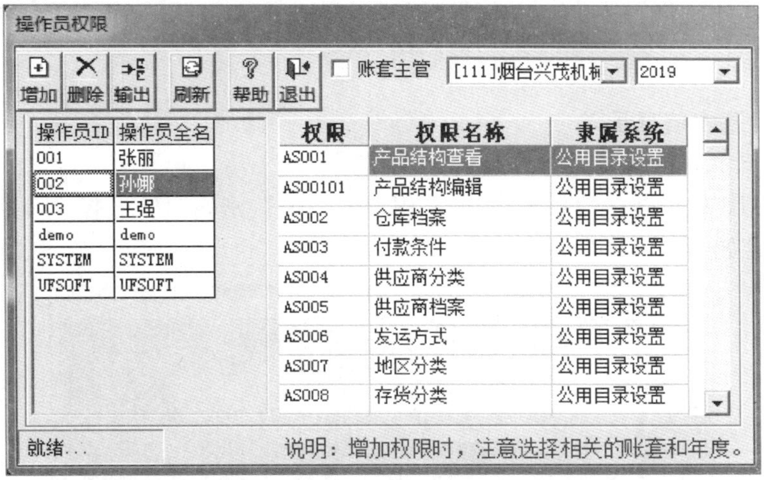

图 10-22　操作员权限——002

（6）单击“确定”按钮。继续选中操作员“003 王强”，单击“增加”按钮，打开“增加权限—003”对话框，进行 003 操作员权限的设置。双击左侧列表框“产品分类选择”中的“现金管理”选项，右侧“明细权限选择”列表框中“授权”栏变为蓝色，表示该系统权限全部赋予该操作员。单击“产品分类选择”中的“总账”选项，在右侧“明细权限选择”列表框中，双击“出纳签字”权限。为该操作员赋予“出纳签字”明细权限，如图 10-23 所示。

（7）全部权限设置完毕，单击“确定”按钮退出。

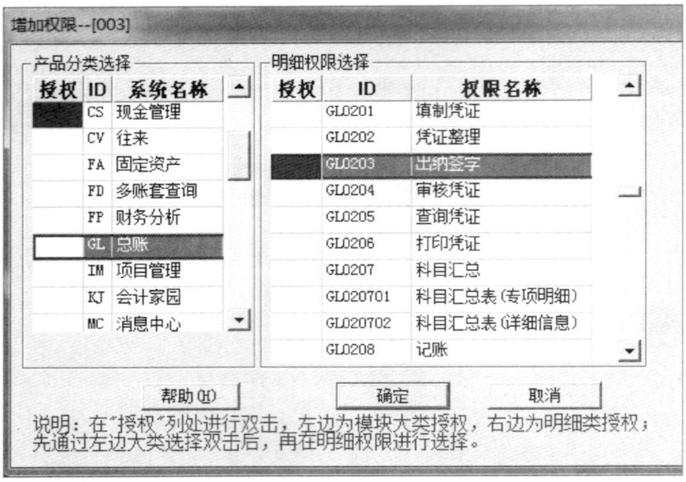

图 10-23　操作员权限——003

注意事项

只有系统管理员(admin)才有权设置或取消账套主管。账套主管拥有该账套的全部权限，无须为账套主管另外赋权。

账套主管以外的操作员权限设置可以由系统管理员完成，也可以由账套主管完成，账套主管只能对所管辖的账套进行操作员的权限设置。

(四) 企业基本信息录入

1. 登录 T3 软件企业信息平台

(1) 打开 T3 软件企业信息平台，输入用户名"001"，密码"1"，选择 111 账套，操作日期为"2019-12-1"如图 10-24 所示。

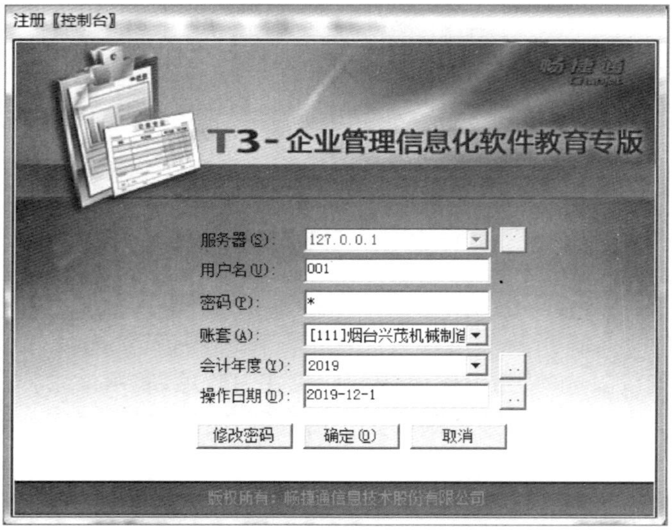

图 10-24　登录企业信息平台

（2）单击“确定”按钮，打开 T3 窗口，如图 10-25 所示。

图 10-25 T3 窗口

2. 部门档案设置

在 T3 窗口执行“基础设置”—“机构设置”—“部门档案”命令，单击“部门分类”—“增加”按钮，依次录入部门档案，如图 10-26 所示。

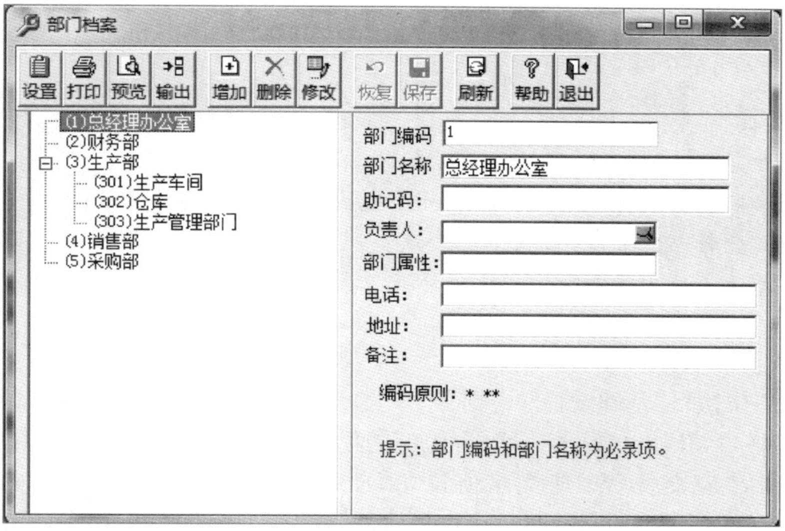

图 10-26 设置部门档案

▶▶▶ 注意事项

部门编码应符合部门编码级次原则。

部门编码和名称必须唯一。

部门档案资料一经使用将不能被修改或者删除。

在未建立职员档案前，不能选择输入负责人信息。待职员档案设置完成后，再回到“部门档案”对话框通过“修改”功能来补充输入负责人信息。

3. 职员档案设置

在 T3 窗口执行“基础设置”—“机构设置”—“职员档案”命令，系统弹出“职员档案”设置界面，并自动新增一空白职员档案记录。双击“职员编号”“职员名称”“职员属性”录入职员档案信息，可单击“所属部门”旁的参照按钮，打开已设置好的部门档案进行部门选择。单击“增加”按钮，系统自动保存本条记录，并自动新增一空白职员档案记录，用于增加其他职员档案信息，如图 10-27 所示。

职员编号	职员名称	职员助记码	所属部门	职员属性	手机	Email	UU通号	生日
1001	孔祥瑞	KXR	总经理办公室	企业管理				
1002	宋成亮	SCL	总经理办公室	企业管理				
2001	张丽	ZL	财务部	企业管理				
2002	孙娜	SN	财务部	企业管理				
2003	王强	WQ	财务部	企业管理				
3001	孙思泽	SSZ	生产车间	生产人员				
3002	徐丽	XL	生产车间	生产人员				
3003	于传强	YCQ	仓库	仓管人员				
3004	赵小英	ZXY	仓库	仓管人员				
3005	王加成	WJC	生产管理部门	生产管理				
4001	徐瑞诚	XRC	销售部	销售人员				
4002	赵坤	ZK	销售部	销售人员				
5001	刘星	LX	采购部	采购人员				
5002	李强	LQ	采购部	采购人员				

图 10-27 设置职员档案

▶▶▶ 注意事项

职员编号、职员名称和所属部门为必须输入项。

最后一名职员输入完毕后还需增加一个空行，该职员信息才能被保存。

职员档案资料一旦被使用，将不能修改或删除。要删除已被使用过的职员时，须先将该职员还原为未使用状态。

4. 增加会计科目

在 T3 窗口中执行“基础设置”—“财务”—“会计科目”命令，单击“增加”按钮进行会计科目设置。设置科目编码时应从第一级开始向后递延，科目编码第一级 4 位，第二级 2 位，第三级 2 位，例如，“应交税费—应交增值税(销项税额)”为三级科目，将科目代码设置为“22210102”。“2221”为一级科目代表应交税费，“01”为二级科目代表应交增值税，“02”为三级科目代表销项税额。需要增加的会计科目如表 10-15 所示，全部需要调整的科目请参考前文的表 10-3 和表 10-4。

表 10-15 需增加会计科目

序号	科目编码	科目名称
1	222101	应交增值税
2	22210101	进项税额
3	22210102	销项税额
4	22210103	转出未交增值税
5	22210104	减免税款
6	6702	信用减值损失

以增加“6702 信用减值损失”为例，输入科目编码“6702”、科目名称“信用减值损失”、科目类型“损益类”、科目性质（余额方向）“支出”，其他的采用默认值，单击“确定”，如图 10-28所示。

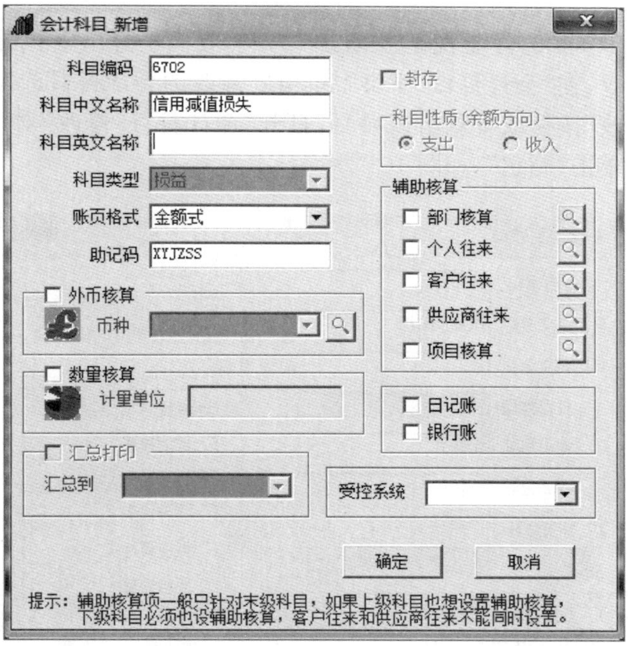

图 10-28 新增会计科目

注意事项

增加会计科目时，科目编码必须唯一，编码长度必须符合建立账套时所设定的规则。

应遵循自上而下的原则，先设上级再设下级会计科目。新增加的下级科目所有科目属性与原上级科目一致。

科目一经使用，只能增加同级科目，不能在该科目下增设下级科目。

增加明细科目时，明细科目的“科目类型”及“科目性质(余额方向)”自动跟随上级科目，并且不可以修改。

在新增外币核算会计科目时，如果建立账套时没有选择外币核算，那么外币核算属性为灰色显示，不可以选择币种。

5. 修改会计科目

随着社会经济的不断发展变化，《企业会计准则》也在不断发生变化，在使用时我们需要对一些会计科目的的属性进行修改。需要修改的会计科目，如表10-16所示。

表10-16　需修改会计科目

序号	科目编码	科目名称	变更内容
1	6403	营业税金及附加	科目名称改为“税金及附加”
2	1501	持有至到期投资	科目名称改为“债权投资”

以修改会计科目“6403 营业税金及附加”为例，在T3窗口中执行“基础设置”—“财务”—“会计科目”命令，在“会计科目”窗口中单击要修改的会计科目选择“6403 营业税金及附加”，然后单击“修改”按钮或者双击该科目，打开“会计科目_修改”对话框，输入新的科目名称“税金及附加”，单击“确定”，如图10-29。

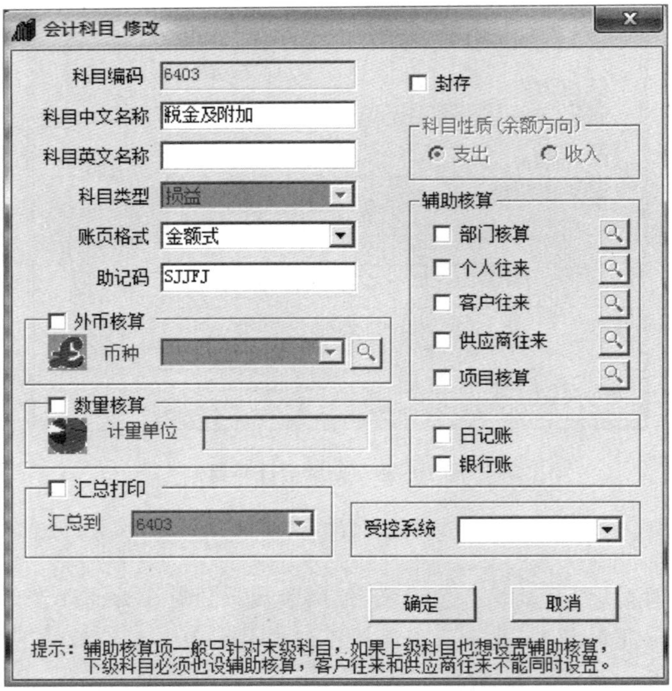

图10-29　修改会计科目

注意事项

已有数据的科目不能修改科目的性质。

没有会计科目设置权的用户，只能在此浏览科目的具体定义，而不能进行修改。非末级科目及已使用的末级科目不能再修改科目编码。

如果会计科目已被制过单或已录入期初余额则不能被删除或修改。如要修改该科目必须先删除有该科目的凭证，并将该科目及其下级科目余额清零后再修改，修改完毕后应将余额及凭证补充完整。

6. 指定会计科目

在“会计科目”窗口，执行“编辑”—“指定科目”命令，进入“指定科目”对话框，单击“现金总账科目”选中待选科目“1001 库存现金”，单击“＞”按钮，系统将“1001 库存现金”由待选科目移入已选科目，如图 10-30 所示。同理，设置指定银行科目。

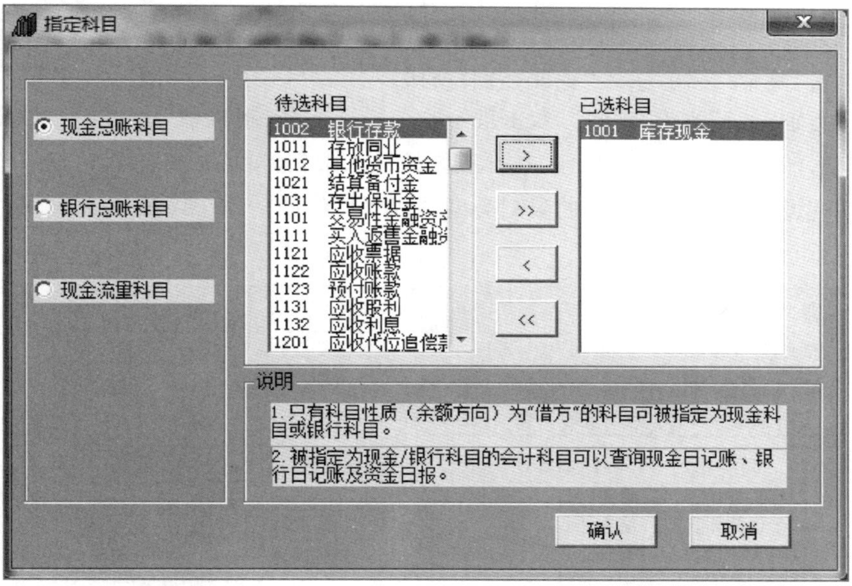

图 10-30 指定会计科目

注意事项

不指定现金科目和银行科目，系统将无法完成收付款凭证的出纳签字。

7. 凭证类别设置

(1) 在 T3 窗口中执行“基础设置”—“财务”—“凭证类别”命令，系统弹出“凭证类别预置”设置窗口。

(2) 勾选“现金收款凭证 现金付款凭证 银行收款凭证 银行付款凭证 转账凭证”，如图 10-31 所示。

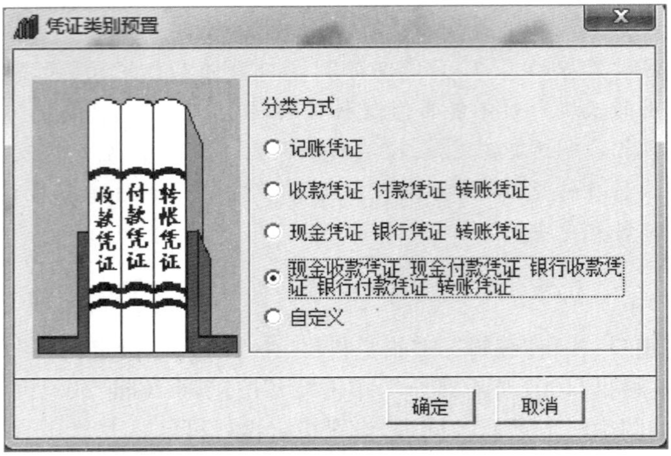

图 10-31　凭证类别预置

（3）单击“确定”按钮，进入“凭证类别”窗口。

（4）将类别字“1”改为“现收”，双击现金收款凭证的“限制类型”出现下拉列表，选择“借方必有”选项，然后通过单击按钮，选择或直接输入限制科目“1001”。

（5）同理设置其他凭证类别的限制类型、限制科目，如图 10-32 所示。

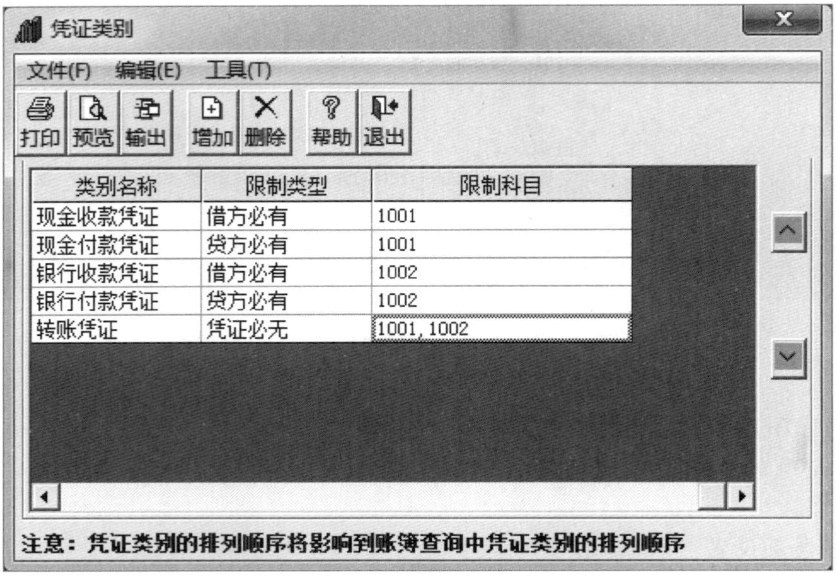

图 10-32　设置凭证类别

（6）单击“退出”按钮。

▶▶▶ 注意事项

限制科目的数量不限，但是科目之间需要用英文状态下的逗号分隔。

填制凭证时，如果凭证不满足这些限制条件，则系统不允许保存凭证。

若限制科目为非末级科目，则在制单时，其所有下级科目都将受到同样的限制。

已使用的凭证类别不能删除，也不能修改类别字。

列表右侧的上下箭头可以调整凭证类别的前后顺序，它将决定明细账中凭证的排列顺序。

8. 期初余额及试算平衡

执行"总账"—"设置"—"期初余额"—"期初余额录入"命令，录入期初余额。所有科目的余额录入完毕后，单击菜单栏"试算"按钮，试算平衡后退出"期初余额"窗口，如图 10-33 所示。

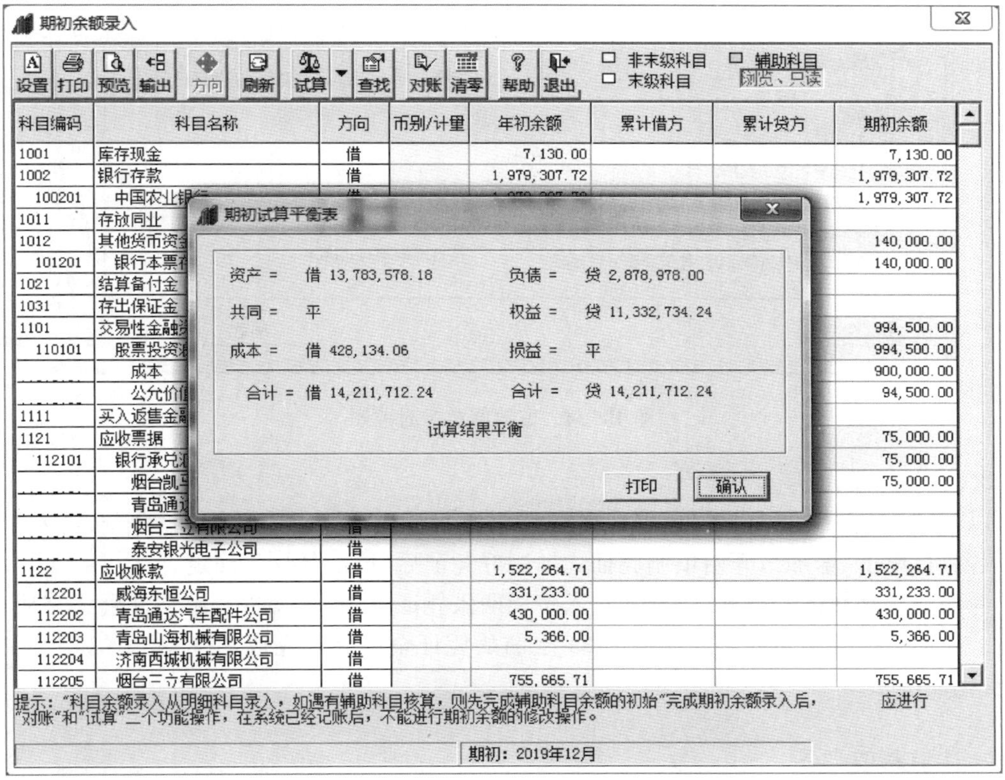

科目编码	科目名称	方向	币别/计量	年初余额	累计借方	累计贷方	期初余额
1001	库存现金	借		7,130.00			7,130.00
1002	银行存款	借		1,979,307.72			1,979,307.72
100201	中国农业银行						1,979,307.72
1011	存放同业						
1012	其他货币资金						140,000.00
101201	银行本票存						140,000.00
1021	结算备付金						
1031	存出保证金						
1101	交易性金融						994,500.00
110101	股票投资						994,500.00
	成本						900,000.00
	公允价值						94,500.00
1111	买入返售金融						
1121	应收票据						75,000.00
112101	银行承兑						75,000.00
	烟台凯马						75,000.00
	青岛通达						
	烟台三立有限公司	借					
	泰安银光电子公司	借					
1122	应收账款	借		1,522,264.71			1,522,264.71
112201	威海东恒公司	借		331,233.00			331,233.00
112202	青岛通达汽车配件公司	借		430,000.00			430,000.00
112203	青岛山海机械有限公司	借		5,366.00			5,366.00
112204	济南西城机械有限公司	借					
112205	烟台三立有限公司	借		755,665.71			755,665.71

图 10-33 期初余额试算平衡

▶▶▶ 注意事项

在录入金额时一定要注意账户余额的方向，通常资产和成本类科目余额在借方，负债及所有者权益科目余额在贷方。但是资产备抵账户方向相反，"材料成本差异"账户余额可能在借方也可能在贷方，需要格外注意。

(五)日常凭证录入与期末账务处理

1. 取消制单序时控制

为方便记账凭证的录入,可取消系统制单序时控制。执行"总账"—"设置"—"选项"命令。在凭证选项卡,去掉"制单序时控制"前的勾选,单击"确定"按钮,如图10-34所示。

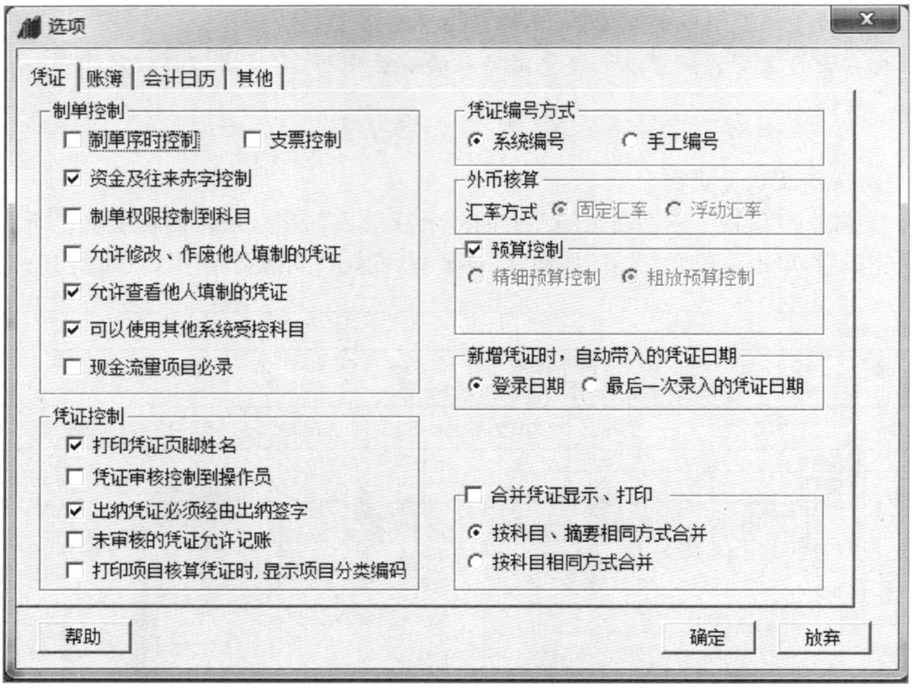

图10-34 取消制单序时控制

2. 填制记账凭证

以"002 孙娜"登录企业信息平台,执行"总账"—"凭证"—"填制凭证"命令,进入"填制凭证"窗口,单击"增加",开始填制凭证。填制好凭证后,单击"保存"确定。

为保证实验凭证的准确性,结转收入费用两张凭证不用手工输入,由软件公式完成自动结转。在期末损益结转前需保证业务84之前的凭证全部录入完成,并完成出纳签字、审核凭证、凭证记账。

注意事项

凭证填制时选择企业账套角色中"会计"人员登录企业信息平台。如果无法进入填制凭证界面,请检查用户是否具有"填制凭证"权限。

(1) 现金收款凭证的录入。

业务16,12月10日,采购员李强出差回来,收取多余差旅费450元,如图10-35所示。

业务64,12月29日,收到现金737.40元,系仓库保管员赵小英交来的赔款,如图10-36所示。

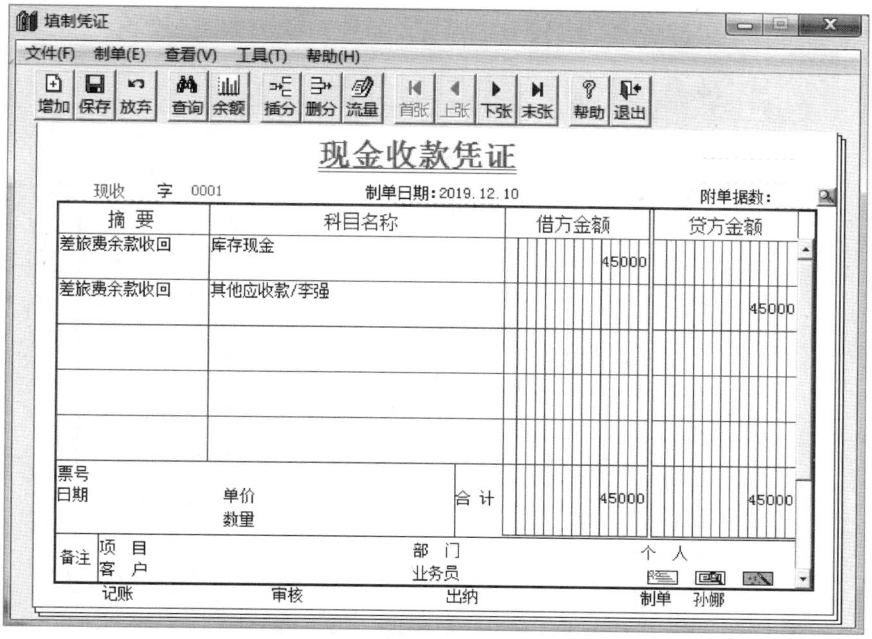

图 10-35　现金收款凭证——收取多余差旅费

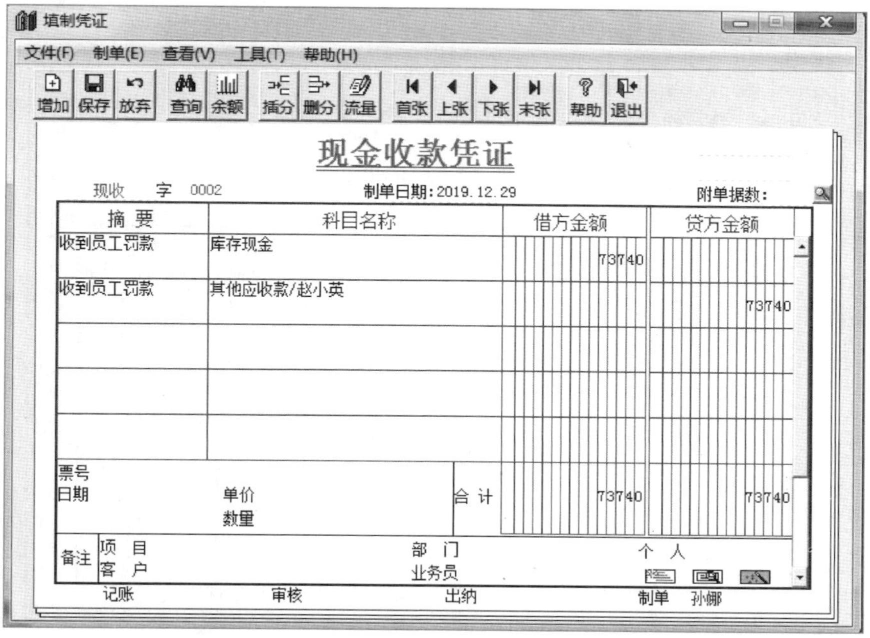

图 10-36　现金收款凭证——收到赔款

（2）现金付款凭证的录入。

业务 3，12 月 2 日，采购员刘星重庆出差回来报销差旅费 6 900 元，出纳以现金补付预支款不足的差额 1 900 元，即补发差旅费，如图 10-37 所示。

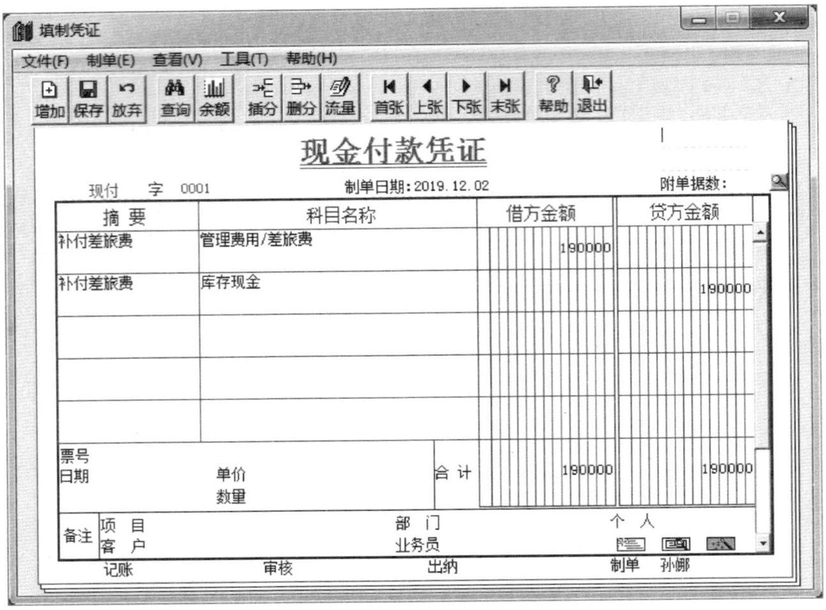

图 10-37 现金付款凭证——补付差旅费

业务 14，12 月 8 日，采购员李强到济南出差，预借差旅费 2 000 元，出纳以现金付讫，如图 10-38 所示。

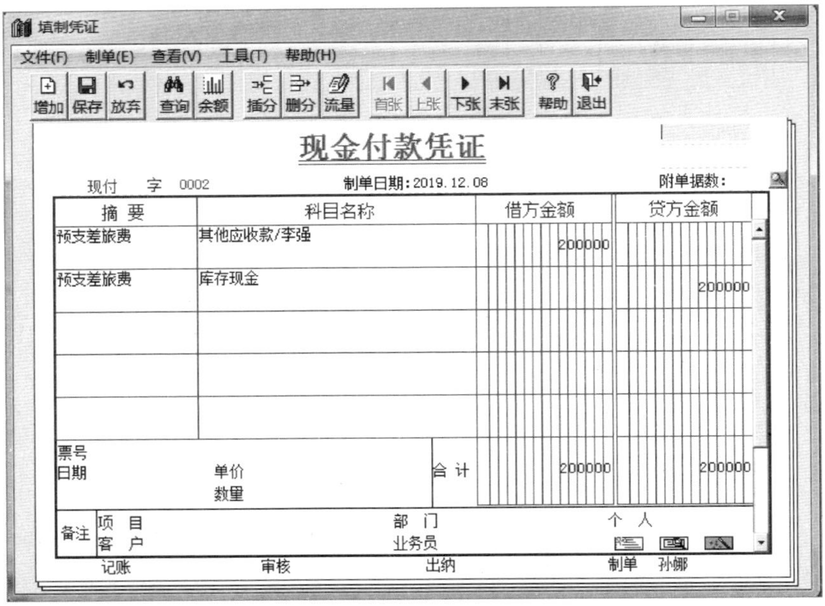

图 10-38 现金付款凭证——预借差旅费

(3) 银行收款凭证录入。

业务 4，12 月 2 日，重庆华宇机械有限公司通过企业网上银行转来金额 2 168.25 元，系结清用银行本票存款采购钢板的余款，即收回重庆华宇多余材料款，如图 10-39 所示。

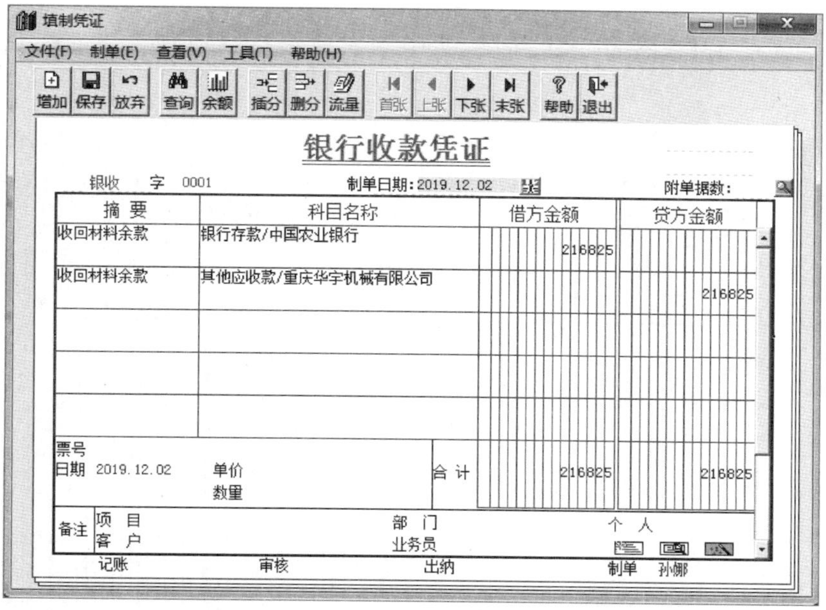

图 10-39　银行收款凭证——收回重庆华宇多余材料款

业务 15，12 月 10 日，采购员李强用面额为 15 000 元的银行本票，向济南曼华包装有限公司购入 6 000 个包装盒，收到增值税专用发票(号码：07660548)，列明价款 12 600 元，增值税额 1 638 元。货已验收入库，收到转账支票一张，济南曼华包装有限公司已将多余款项 762 元签发转账支票付讫，转账支票当天存入中国农业银行。这批包装盒的计划成本为 2 元/个。本题只列示收回济南曼华公司多余款项的记账凭证，如图 10-40 所示。

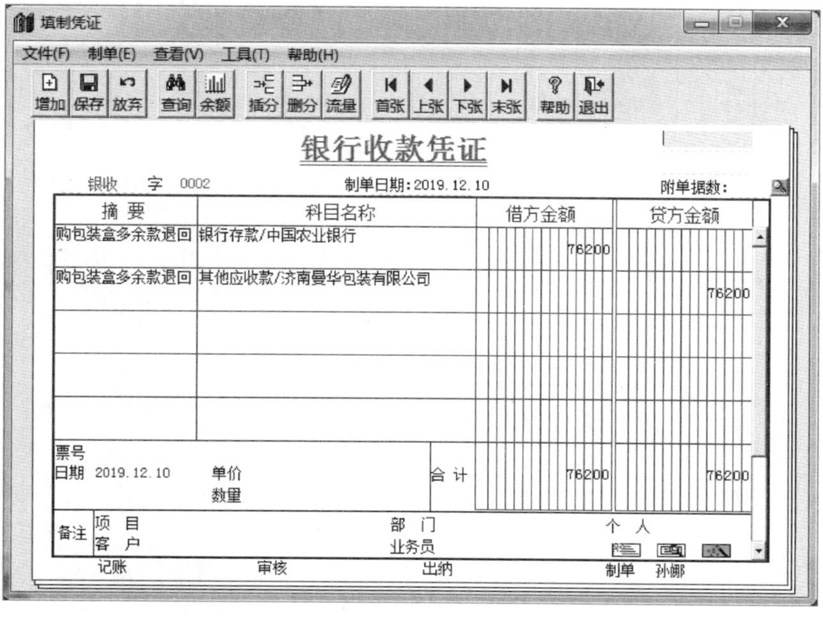

图 10-40　银行收款凭证——收回济南曼华多余款

(4) 银行付款凭证录入。

业务 1，12 月 1 日，签发一张支票，从中国农业银行提取现金 2 500 元备用，如图 10-41 所示。

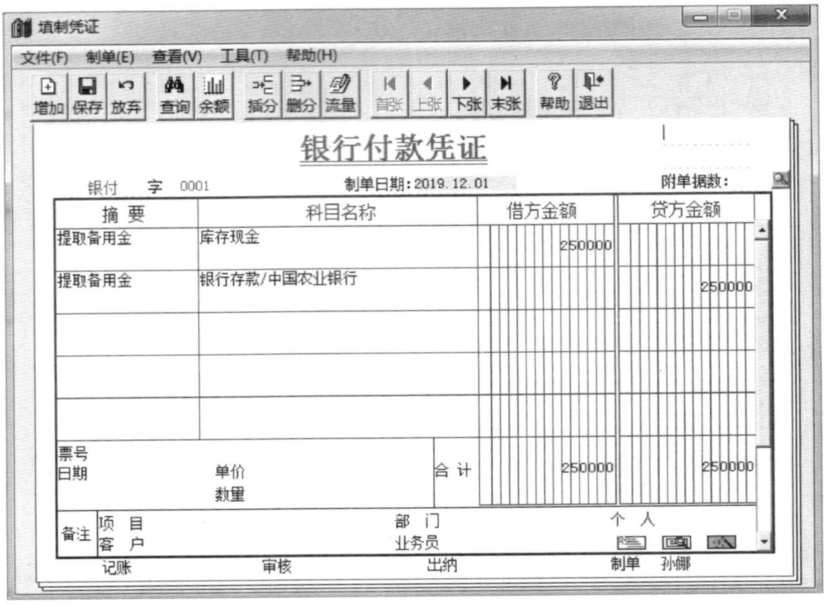

图 10-41 银行付款凭证——提取备用金

业务 5，12 月 3 日，中国农业银行收取企业的网上银行年费 1 200 元，并收取本月的短信业务费 10 元，如图 10-42 所示。

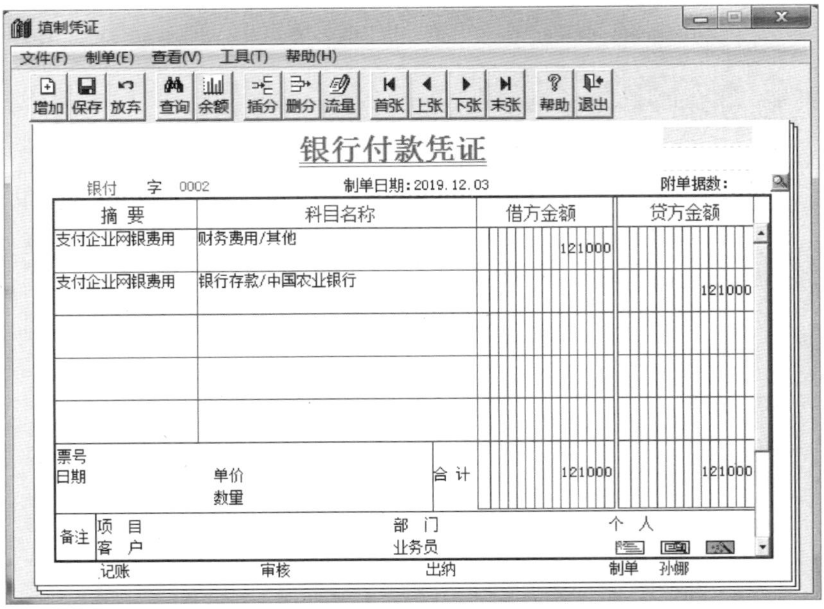

图 10-42 银行付款凭证——支付网银年费

（5）转账凭证录入。

业务 2，12 月 1 日，购买 35 吨钢板材料，收到重庆华宇机械有限公司开的增值税专用发票（号码：07660077），列明价款 121 975 元，增值税额 15 856.75 元。材料已验收入库，通过银行本票存款支付 140 000 元，多出的金额 2 168.25 元暂作“其他应收款—重庆华宇机械有限公司”处理。公司钢板材料计划成本为 3 500 元/吨，即支付华宇公司工程款，如图 10-43 所示，钢板入库，如 10-44 所示。

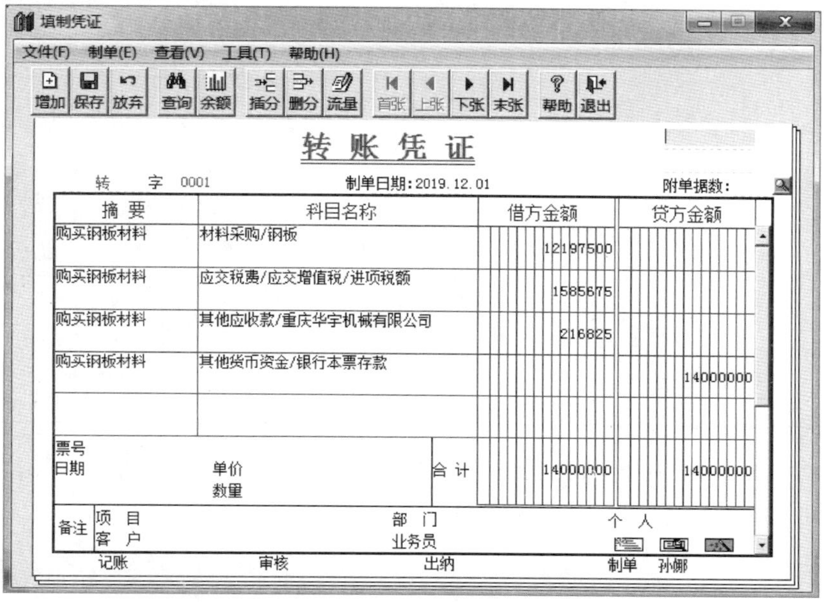

图 10-43　转账凭证——购买钢板材料

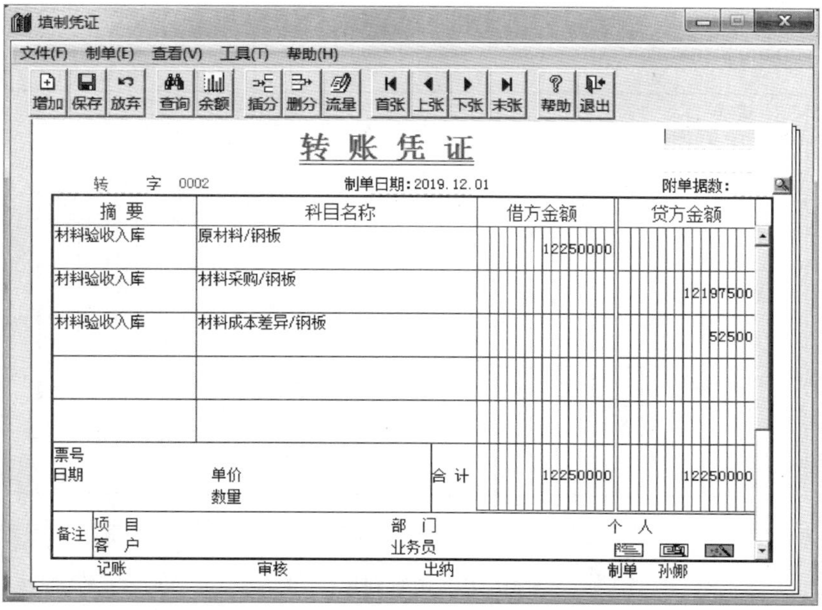

图 10-44　转账凭证——钢板入库

T3 系统在结转损益之前的凭证中,费用类科目默认方向为借方,收入类科目默认方向为贷方,如表 10-17 所示。如果科目方向不符,可以在科目的金额上按空格键,调到相反的方向,再按小键盘右上角的减号键调成红字(或黑色),避免此凭证不平。

表 10-17　　常用损益类科目借贷方向表

科目编码	科目名称	借贷方向
6101	公允价值变动损益	贷
6111	投资收益	贷
6403	税金及附加	借
6601	销售费用	借
6602	管理费用	借
6603	财务费用	借
6701	资产减值损失	借
6702	信用减值损失	借
6801	所得税费用	借

业务 46, 12 月 21 日收到银行利息的分录,手工账务处理为图 10-45,需调整为图 10-46(1 736.35(红字)表示"－1 736.35")。

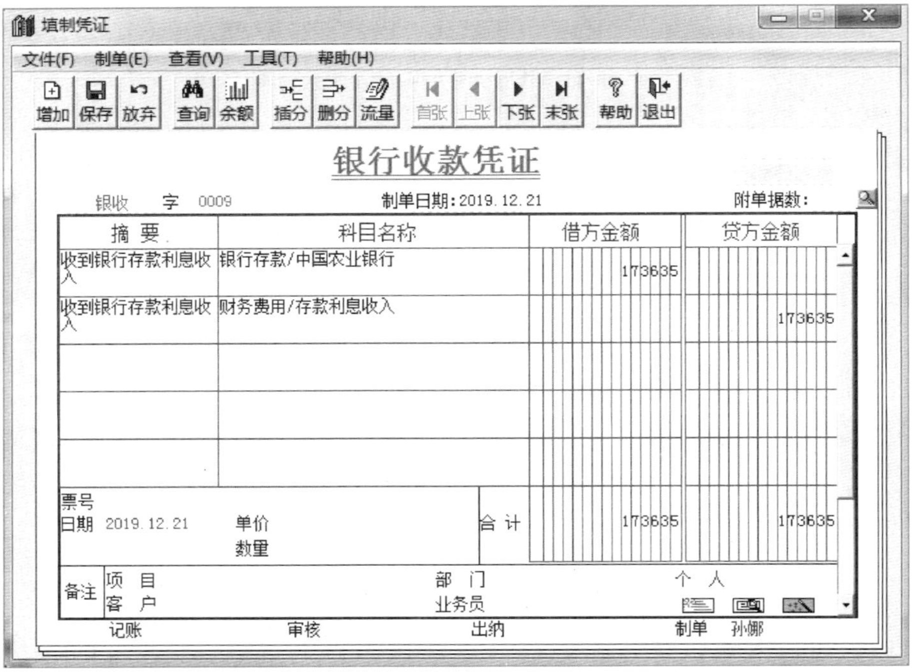

图 10-45　收到利息(手工)

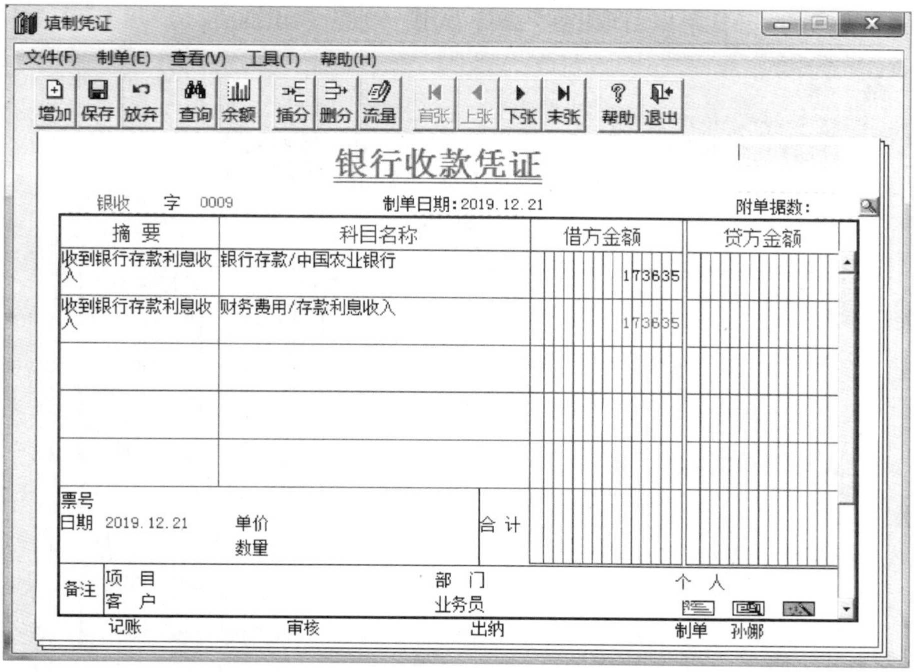

图 10-46 收到利息(电算化)

业务 36,12 月 17 日出售股票结转分录中的“公允价值变动损益”如图 10-47 所示(31 500.00(红字)表示“-31 500.00”)。

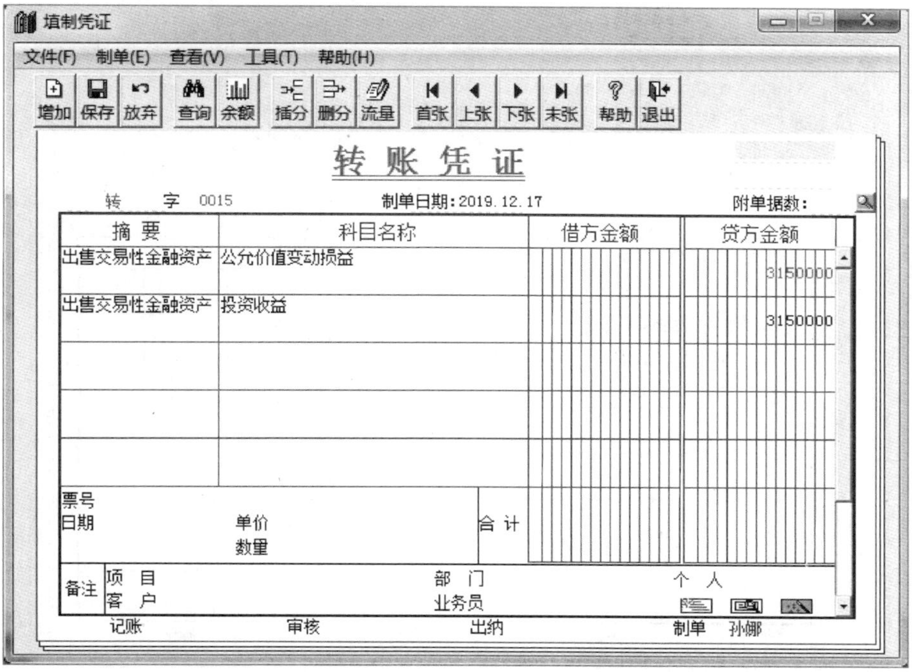

图 10-47 出售股票结转公允价值变动损益

业务 53，12 月 25 日票据贴现中的“财务费用—利息支出”如图 10-48 所示。

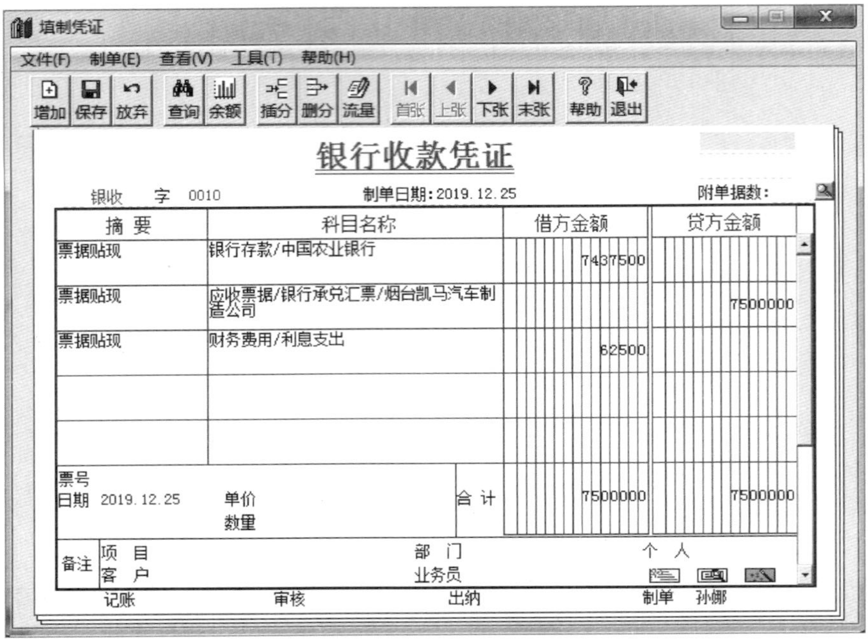

图 10-48　票据贴现

业务 59，12 月 27 日税费减免中的“管理费用—其他”如图 10-49 所示(280.00(红字)表示“−280.00”)。

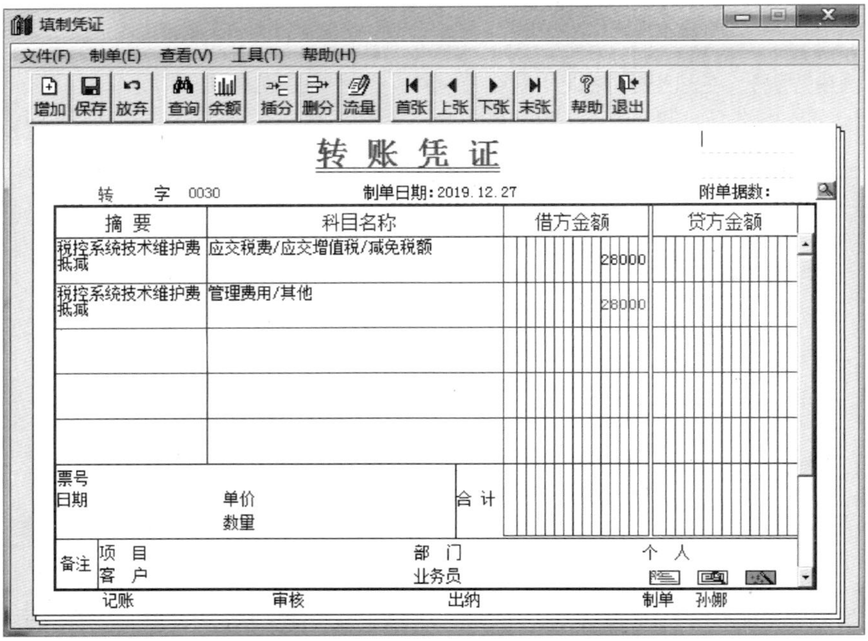

图 10-49　税费减免

3. 出纳签字

以“003 王强”登录，执行“总账”—“凭证”—“出纳签字”命令，输入查询条件，也可以采用默认值，单击“确认”按钮，打开“出纳签字”对话框，单击“确定”按钮，在打开的出纳凭证窗口中执行“出纳”—“签字”命令或者单击工具栏上的“签字”按钮，凭证底部的出纳处自动签上出纳人员的姓名，如图 10-50 所示。

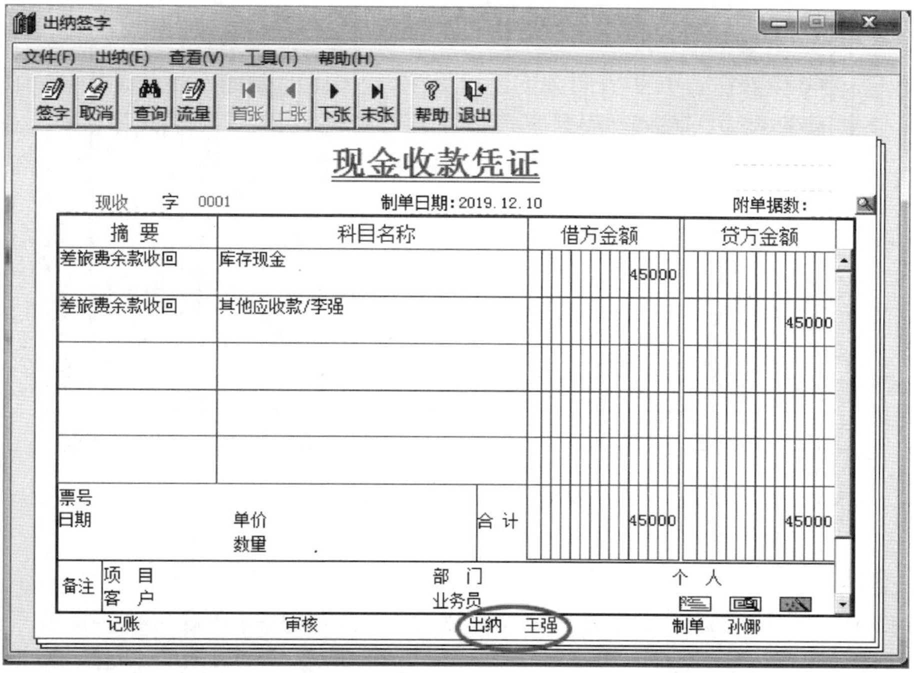

图 10-50 出纳签字

注意事项

涉及指定为现金科目和银行科目的凭证才需要出纳签字，没有指定科目则无法完成签字。

无权限的操作员不能对出纳凭证进行签字。

凭证一经签字，就不能被修改或删除，只有取消签字后才可以修改或删除，取消签字只能由出纳本人完成。

若在设置总账参数时，不选中“出纳凭证必须经由出纳签字”复选框，则可以不执行“出纳签字”功能。

可以执行“出纳—成批出纳签字”功能对所有收、付款凭证进行集中签字。

4. 审核凭证

以“001 张丽”登录，执行“总账”—“凭证”—“审核凭证”命令，输入查询条件，也可以采用默认值，单击“确认”按钮，打开“凭证审核”对话框，单击“确定”按钮，打开“凭证审核”窗口，选择“审核”—“审核凭证”命令或者单击工具栏“审核”按钮，凭证底部的审核处自动签上审核人员的姓名，如图 10-51 所示。

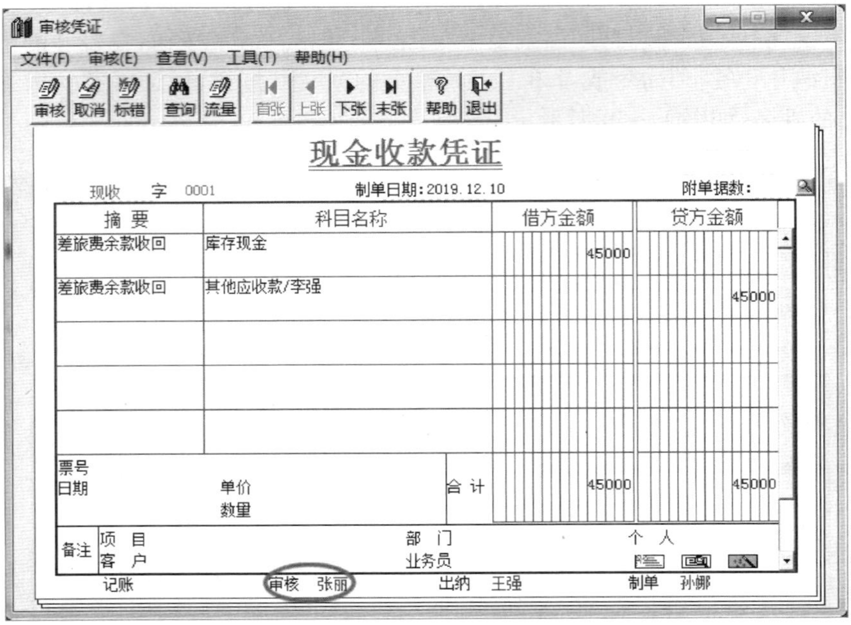

图 10-51 审核凭证成功

注意事项

未经审核通过的凭证，可暂时对该凭证进行“标错”处理。作废凭证不能被审核，也不能被标错。

审核人和制单人不能是同一个人。

凭证一经审核，就不能被修改或删除，只有取消审核签字后才可修改或删除。

系统提供了成批审核凭证功能，可以一次性审核多张凭证。

5. 记账

以“001 张丽”登录，执行“总账”—“凭证”—“记账”命令，将凭证全部记账，如图10-52所示。

6. 期末损益结转

月末将损益类科目结转到本年利润，由软件公式完成自动结转。

(1) 以“002 孙娜”登录，执行“总账”—“期末”—“转账定义”—“期间损益结转”命令，打开“期间损益设置”对话框。“凭证类别”选择“转账凭证”，输入“本年利润”科目“4103”，单击“确定”按钮，如图 10-53 所示。

注意事项

在期末损益结转前需保证业务 84 之前凭证全部录入完成，并完成出纳签字、审核凭证、凭证记账。

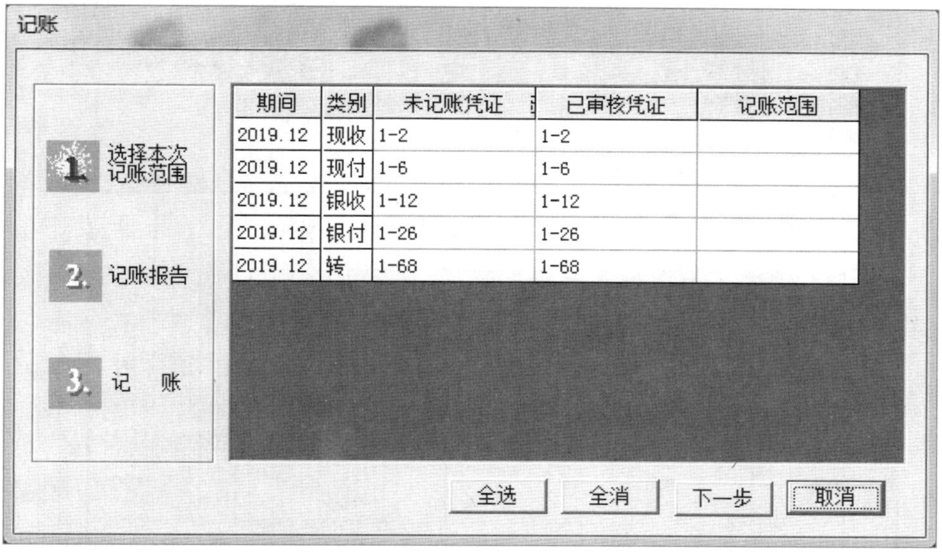

图 10-52 记账

图 10-53 本年利润设置

(2) 以“002 孙娜”登录,执行“总账”—“期末”—“转账定义”—“转账生成”命令,打开“转账生成”对话框。选中“期间损益结转”单选按钮,类型选择“收入”,单击“全选”按钮,再单击“确定”按钮,打开“转账生成”窗口,系统自动生成收入类账户结转的凭证,单击“保存”按钮,显示凭证已生成,如图 10-54 所示,单击“退出”按钮,返回“转账生成”窗口。

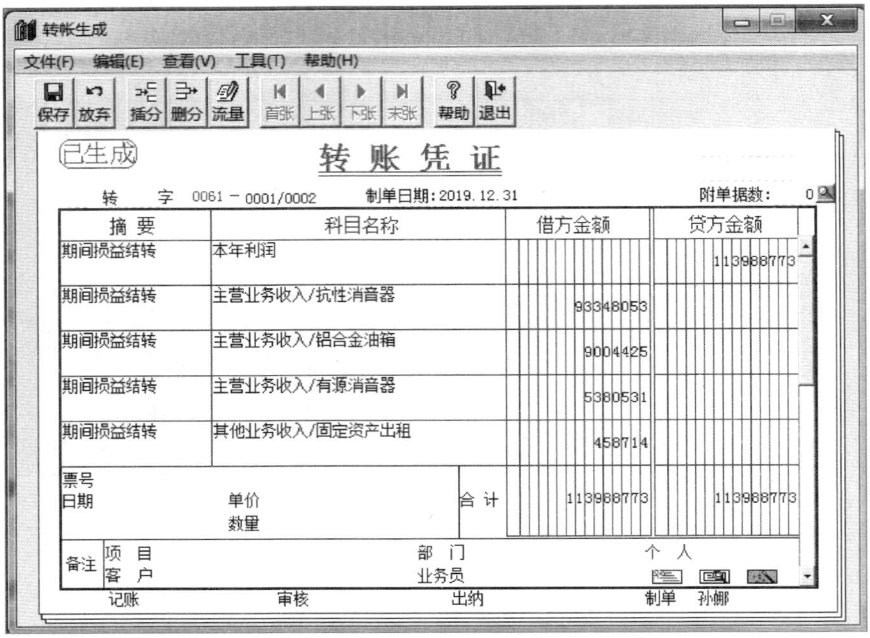

图 10-54 收入结转凭证

(3) 同理选择“支出”，系统自动生成一张转账凭证，将支出结转到本年利润，如图 10-55 所示。

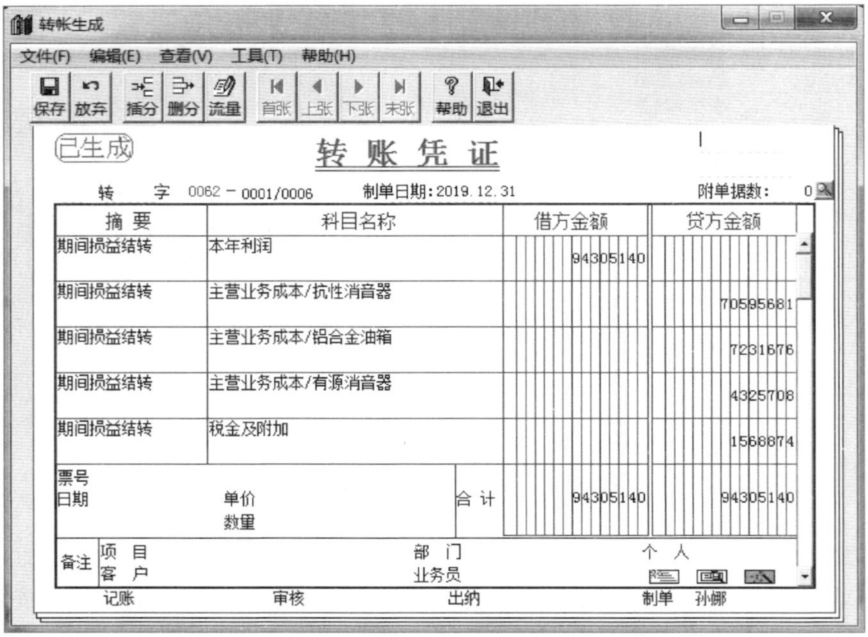

图 10-55 费用结转凭证

7. 其他调整

在业务 86 所得税结转中，需依次录入“计提当期所得税”“计提递延所得税”“结转所得税”等凭证。注意：在录入“计提递延所得税”凭证时，“所得税费用/递延所得税费用”是费用类科目，应当调至借方，如图 10-56 所示。在录入“结转所得税”凭证时，则把“所得税费用/递延所得税费用”调至贷方，如图 10-57 所示(45.02(红字)表示“-45.02”)。

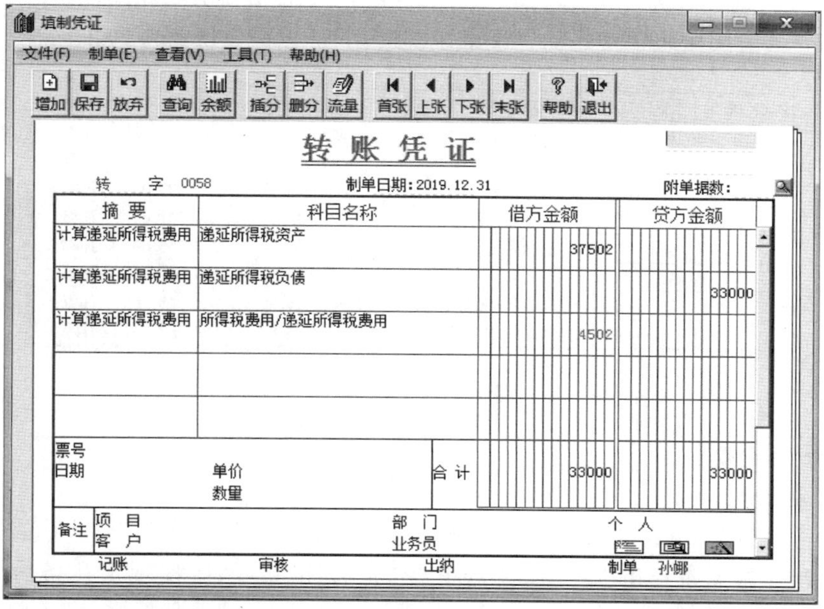

图 10-56 计提所得税费用

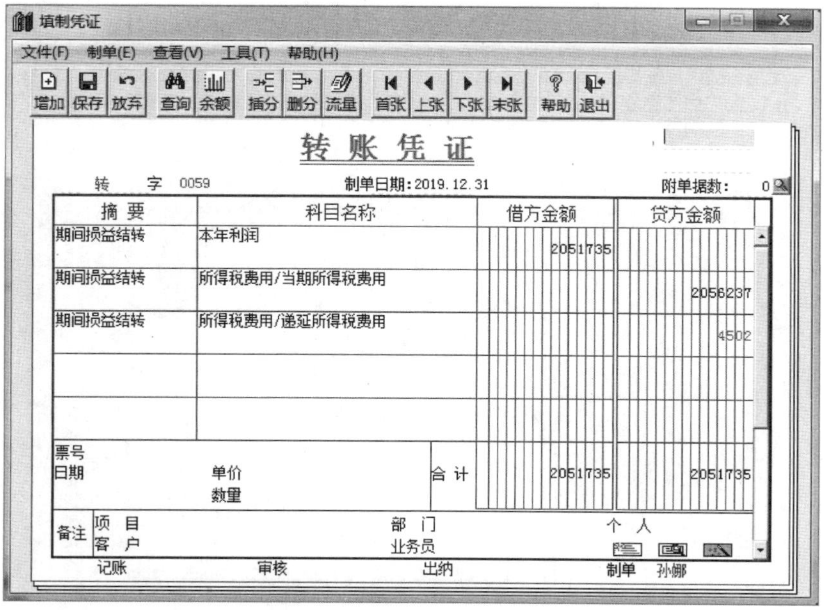

图 10-57 结转所得税费用

利润表中大多数项目的数值是依据损益类科目的借方或贷方发生额计算所得。因此，为便于期末编制利润表，在会计信息系统中录入会计凭证有时需要调整损益类会计科目的借贷方向。费用类科目应调整至借方，收入类科目应调整至贷方。例如，利润表中的“财务费用”科目，其数值的计算公式为 FS(6603,月,"借",,)，公式计算结果为“财务费用”科目的借方发生额。因此，“财务费用”科目的贷方发生额在录入凭证时应调整为借方，金额为负数。期末结转至“本年利润”时，则应从贷方红字转销。其他损益类科目的处理方式相同，不再一一赘述。

后面的分录依次按照手工账的凭证录入即可，凭证数量仅供参考，如图 10-58 所示。

2019.12.31	转 - 0060	期间损益结转	1,139,887.73	1,139,887.73	孙娜
2019.12.31	转 - 0061	期间损益结转	943,051.40	943,051.40	孙娜
2019.12.31	转 - 0062	计提当期所得税	20,562.37	20,562.37	孙娜
2019.12.31	转 - 0063	计算递延所得税	330.00	330.00	孙娜
2019.12.31	转 - 0064	结转所得税费用	20,517.35	20,517.35	孙娜
2019.12.31	转 - 0065	提取盈余公积	397,263.80	397,263.80	孙娜
2019.12.31	转 - 0066	提取股利	300,000.00	300,000.00	孙娜
2019.12.31	转 - 0067	结转本年利润	1,986,318.98	1,986,318.98	孙娜
2019.12.31	转 - 0068	结转本年未分配利润	697,263.80	697,263.80	孙娜

图 10-58 凭证统计

(六) 备份与恢复

1. 账套备份

以系统管理员“admin”的身份登录系统管理，执行“账套”—“备份”命令，系统弹出“账套输出”窗口，选择需要备份的“111 账套”，单击“确认”按钮，系统出现正在备份的进度条提示，最后系统提示选择备份的目标文件夹，如图 10-59 所示，选择目标文件夹，单击“确认”按钮，账套备份完毕。

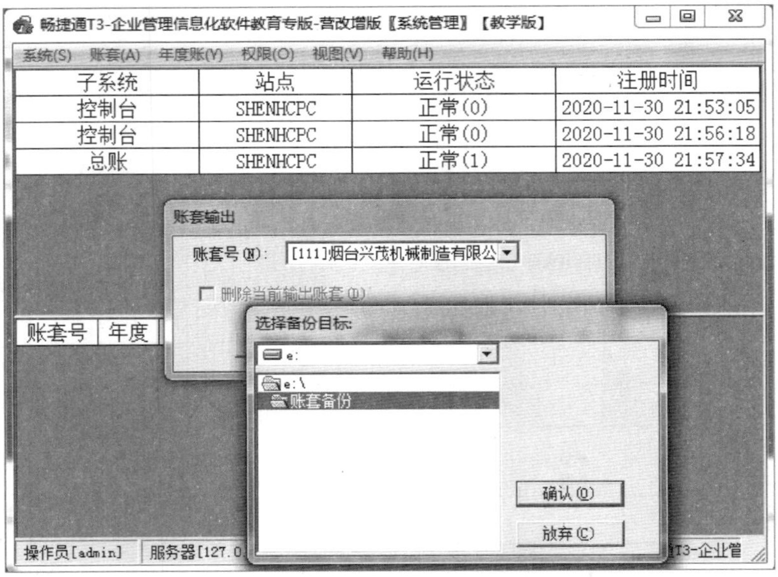

图 10-59 账套备份

注意事项

只有系统管理员(admin)才有权进行账套的输出。

利用账套输出功能还可以完成“删除账套”的操作。在“账套输出”对话框中勾选“删除当前输出账套”选项即可删除账套。

2. 账套恢复

以系统管理员“admin”的身份登录系统管理,执行“账套”—“恢复”命令,打开“恢复账套数据”对话框,选择备份文件夹中的文件“UF2KAct.lst”,单击打开,系统弹出对话框,如图10-60所示。单击“打开”按钮,经过恢复和账套引入后,系统弹出提示框,提示“账套111恢复成功!”,单击“确定”按钮完成操作。

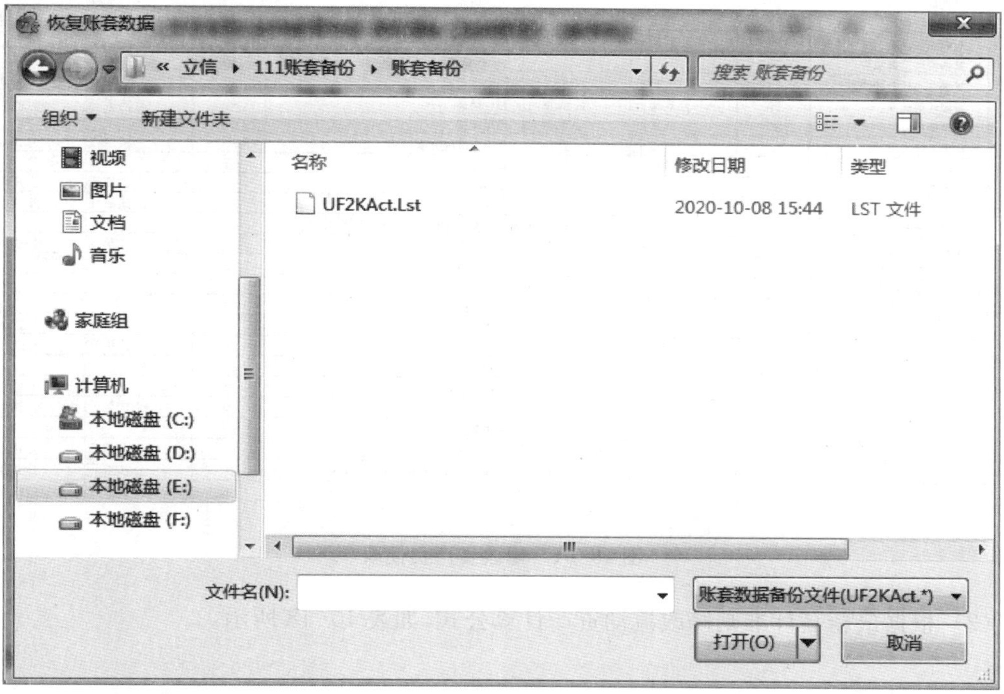

图 10-60 恢复账套备份文件窗口

注意事项

只有系统管理员才有权限恢复账套。

(八) 财务报表编制

1. 资产负债表

(1) 由操作员(001张丽)根据资产负债表模板,新建资产负债表,根据图10-61修改报表格式。

资产负债表

会企01表

单位：元

单位名称：xxxxxxxxxxxxxxxxxxxxxxxxxxxxxxxx　　xxxx 年　　xx 月　　xx 日

资　产	行次	期末余额	年初余额	负债及所有者权益（或股东权益）	行次	期末余额	年初余额
流动资产：				流动负债：			
货币资金	1	公式单元	公式单元	短期借款	30	公式单元	公式单元
交易性金融资产	2	公式单元	公式单元	交易性金融负债	31	公式单元	公式单元
衍生金融资产	3			衍生金融负债	32		
应收票据	4	公式单元	公式单元	应付票据	33	公式单元	公式单元
应收账款	5	公式单元	公式单元	应付账款	34	公式单元	公式单元
应收款项融资	6			预收款项	35	公式单元	公式单元
预付款项	7	公式单元	公式单元	合同负债	36		
其他应收款	8	公式单元	公式单元	应付职工薪酬	37	公式单元	公式单元
存货	9	公式单元	公式单元	应交税费	38	公式单元	公式单元
一年内到期的非流动资产	10			其他应付款	39	公式单元	公式单元
其他流动资产	11			一年内到期的非流动负债	40		
流动资产合计	12	公式单元	公式单元	其他流动负债	41		
非流动资产：				流动负债合计	42	公式单元	公式单元
债权投资	13	公式单元	公式单元	非流动负债：			
其他债权投资	14	公式单元	公式单元	长期借款	43	公式单元	公式单元
长期应收款	15	公式单元	公式单元	应付债券	44	公式单元	公式单元
长期股权投资	16	公式单元	公式单元	其中：优先股	45		
其他权益工具投资	17			永续债	46		
其他非流动金融资产	18			长期应付款	47	公式单元	公式单元
投资性房地产	19	公式单元	公式单元	预计负债	48	公式单元	公式单元
固定资产	20	公式单元	公式单元	递延收益	49		
在建工程	21	公式单元	公式单元	递延所得税负债	50	公式单元	公式单元
无形资产	22	公式单元	公式单元	其他非流动负债	51		
开发支出	23	公式单元	公式单元	非流动负债合计	52	公式单元	公式单元
商誉	24	公式单元	公式单元	负债合计	53	公式单元	公式单元
长期待摊费用	25	公式单元	公式单元	所有者权益（或股东权益）：			
递延所得税资产	26	公式单元	公式单元	实收资本（或股本）	54	公式单元	公式单元
其他非流动资产	27			其他权益工具	55		
非流动资产合计	28	公式单元	公式单元	其中：优先股	56		
				永续债	57		
				资本公积	58	公式单元	公式单元
				减：库存股	59	公式单元	公式单元
				其他综合收益	60		
				专项储备	61		
				盈余公积	62	公式单元	公式单元
				本年利润	63		
				未分配利润	64	公式单元	公式单元
				所有者权益（或股东权益）合计	65	公式单元	公式单元
资产总计		公式单元	公式单元	负债及所有者权益总计	66	公式单元	公式单元

图 10-61　修改资产负债表

（2）根据最新会计准则修改流动资产计算公式，如表 10-18 所示。

▶▶▶ 注意事项

会计报表中在输入单元公式时，函数中涉及的符号均须输入英文半角字符。

表 10-18　　流动资产计算公式

科目	行次	期末余额	年初余额
货币资金	1	QM("1001",月,,年,,)+ QM("1002",月,,,年,,)	QC("1001",全年,,,年,,)+ QC("1002",全年,,,年,,)+ QC("1012",全年,,,年,,)
交易性金融资产	2	QM("1101",月,,,年,,)	QC("1101",全年,,,年,,)
衍生金融资产	3		

（续表）

科目	行次	期末余额	年初余额
应收票据	4	QM("1121",月,,,年,,)	QC("1121",全年,,,年,,)
应收账款	5	QM("1122",月,"借",,,,)+ QM("2203",月,,,,,,,,,)− QM("1231",月,,,,,,,,,)	QC("1122",全年,"借",,,,,,,,)+ QC("2203",全年,"借",,,,,,,,)− QC("1231",全年,,,,,,,,,)
应收款项融资	6		
预付款项	7	QM("1123",月,"借",,,,)+ QM("2202",月,"借",,,,,,,,)	QC("1123",全年,"借",,,,)+ QC("2202",全年,"借",,,,,,,,)
其他应收款	8	QM("1221",月,"借",,,,,,,,)+ QM("1131",月,,,,,,,,,)+ QM("1132",月,,,,,,,,,)	QC("1221",全年,,,年,,)+ QC("1131",全年,,,年,,)+ QC("1132",全年,,,年,,)
存货	9	QM("1401",月,,,年,,)+ QM("1402",月,,,年,,)+ QM("1403",月,,,年,,)+ QM("1404",月,,,年,,)+ QM("1405",月,,,年,,)+ QM("1406",月,,,年,,)− QM("1407",月,,,年,,)+ QM("1408",月,,,年,,)+ QM("1411",月,,,年,,)+ QM("1421",月,,,年,,)+ QM("5001",月,,,年,,)+ QM("5201",月,,,年,,)− QM("1471",月,,,年,,)	QC("1401",全年,,,,,,,,,)+ QC("1402",全年,,,,,,,,,)+ QC("1403",全年,,,,,,,,,)+ QC("1404",全年,,,,,,,,,)+ QC("1405",全年,,,,,,,,,)+ QC("1406",全年,,,,,,,,,)− QC("1407",全年,,,,,,,,,)+ QC("1408",全年,,,,,,,,,)+ QC("1411",全年,,,,,,,,,)+ QC("1421",全年,,,,,,,,,)+ QC("5101",全年,,,,,,,,,)+ QC("5001",全年,,,,,,,,,)− QC("1471",全年,,,,,,,,,)
一年内到期的非流动资产	10		
其他流动资产	11		
流动资产合计	12	ptotal(C6:C16)	ptotal(D6:D16)

（3）根据最新会计准则修改非流动资产计算公式，如表 10-19 所示。

表 10-19　　非流动资产计算公式

科目	行次	期末余额	年初余额
债权投资	13	QM("1501",月,,,年,,)− QM("1502",月,,,年,,)	QC("1501",全年,,,年,,)− QC("1502",全年,,,年,,)
其他动权投资	14	QM("1503",月,,,年,,)	QC("1503",全年,,,年,,)
长期应收款	15	QM("1531",月,,,年,,)− QM("1532",月,,,年,,)	QC("1531",全年,,,年,,)− QC("1532",全年,,,年,,)
长期股权投资	16	QM("1511",月,,,年,,)− QM("1512",月,,,年,,)	QC("1511",全年,,,年,,)− QC("1512",全年,,,年,,)
其他权益工具资产	17		

（续表）

科目	行次	期末余额	年初余额
其他非流动金融资产	18		
投资性房地产	19	QM("1521",月,,,年,,)	QC("1521",全年,,,年,,)
固定资产	20	QM("1601",月,,,年,,)－ QM("1602",月,,,年,,)－ QM("1603",月,,,年,,)－ QM("1606",月,,,年,,)	QC("1601",全年,,,年,,)－ QC("1602",全年,,,年,,)－ QC("1603",全年,,,年,,)－ QC("1606",全年,,,年,,)
在建工程	21	QM("1604",月,,,年,,)	QC("1604",全年,,,年,,)
无形资产	22	QM("1701",月,,,年,,)－ QM("1702",月,,,年,,)－ QM("1703",月,,,年,,)	QC("1701",全年,,,年,,)－ QC("1702",全年,,,年,,)－ QC("1703",全年,,,年,,)
研发支出	23	QM("5301",月,,,年,,)	QC("5301",全年,,,年,,)
商誉	24	QM("1711",月,,,年,,)	QC("1711",全年,,,年,,)
长期待摊费用	25	QM("1801",月,,,年,,)	QC("1801",全年,,,年,,)
递延所得税资产	26	QM("1811",月,,,年,,)	QC("1811",全年,,,年,,)
其他非流动资产	27		
非流动资产合计	28	ptotal(C19:C33)	ptotal(D19:D33)
资产总计	29	C17＋C34	D17＋D34

（4）根据最新会计准则修改流动负债计算公式，如表10-20所示。

表10-20　流动负债计算公式

科目	行次	期末余额	期初余额
短期借款	30	QM("2001",月,,,年,,)	QC("2001",全年,,,年,,)
交易性金融负债	31	QM("2101",月,,,年,,)	QC("2101",全年,,,年,,)
衍生金融负债	32		
应付票据	33	QM("2201",月,,,年,,)	QC("2201",全年,,,年,,)
应付账款	34	QM("2202",月,"贷",,,,)＋ QM("1123",月,"贷",,,,,,,,)	QC("2202",全年,"贷",,,)＋ QC("1123",全年,"贷",,,,,,,,)
预收款项	35	QM("2203",月,"贷",,,,)＋ QM("1122",月,"贷",,,,,,,,)	QC("2203",全年,"贷",,,)＋ QC("1122",全年,"贷",,,,,,,,)
合同负债	36		
应付职工薪酬	37	QM("2211",月,,,年,,)	QC("2211",全年,,,年,,)
应交税费	38	QM("2221",月,,,年,,)	QC("2221",全年,,,年,,)
其他应付款	39	QM("2241",月,,,年,,)＋ QM("2231",月,,,,)＋ QM("2232",月,,,,,,,,,)	QC("2241",全年,,,年,,)＋ QC("2231",全年,,,年,,)＋ QC("2232",全年,,,年,,)

（续表）

科目	行次	期末余额	期初余额
一年内到期的非流动负债	40		
其他流动负债	41		
流动负债合计	42	ptotal(G6:G17)	ptotal(H6:H17)

（5）根据最新会计准则修改非流动负债科目计算公式，如表10-21所示。

表10-21　　非流动负债科目计算公式

科目	行次	期末余额	年初余额
长期借款	43	QM("2501",月,,,年,,)	QC("2501",全年,,,年,,)
应付债券	44	QM("2502",月,,,年,,)	QC("2502",全年,,,年,,)
其中:优先股	45		
永续债	46		
长期应付款	47	QM("2701",月,,,年,,)－QM("2702",月,,,年,,)	QC("2701",全年,,,年,,)－QC("2702",全年,,,年,,)
预计负债	48	QM("2801",月,,,年,,)	QC("2801",全年,,,年,,)
递延收益	49		
递延所得税负债	50	QM("2901",月,,,年,,)	QC("2901",全年,,,年,,)
其他非流动负债	51		
非流动负债合计	52	ptotal(G20:G28)	ptotal(H20:H28)
负债合计	53	G18＋G29	H18＋H29

（6）根据最新会计准则修改所有者权益科目计算公式，如表10-22所示。

表10-22　　所有者权益科目计算公式

科目	行次	期末余额	年初余额
实收资本(或股本)	54	QM("4001",月,,,年,,)	QC("4001",全年,,,年,,)
其他权益工具	55		
其中:优先股	56		
永续债	57		
资本公积	58	QM("4002",月,,,年,,)	QC("4002",全年,,,年,,)
减:库存股	59	QM("4201",月,,,年,,)	QC("4201",全年,,,年,,)
其他综合收益	60		
专项储备	61		
盈余公积	62	QM("4101",月,,,年,,)	QC("4101",全年,,,年,,)
未分配利润	63	QM("4104",月,,,,,,,)＋QM("4103",月,,,,,,,)	QC("4104",全年,,,年,,)＋QC("4103",全年,,,年,,)

（续表）

科目	行次	期末余额	年初余额
所有者权益（或股东权益）合计	64	G32＋G36-G37＋G40＋G42	G32＋G36-G37＋G40＋G42
负债和所有者权益（或股东权益）总计	65	G30＋G43	G30＋G43

(7) 报表数据计算。单击“格式/数据”转换按钮，在数据状态下执行“数据”—“整表重算”，等待一段时间即可计算出最终报表数据，如图 10-62 所示。

资产负债表

会企01表

单位名称：烟台兴茂机械有限公司　　2019 年　　12 月　　31 日　　单位：元

资　产	行次	期末余额	年初余额	负债及所有者权益（或股东权益）	行次	期末余额	年初余额
流动资产：				流动负债：			
货币资金	1	1, 811, 736. 69	2, 126, 437. 72	短期借款	30	780, 000. 00	980, 000. 00
交易性金融资产	2	678, 000. 00	994, 500. 00	交易性金融负债	31		
衍生金融资产	3			衍生金融负债	32		
应收票据	4	1, 185, 665. 71	75, 000. 00	应付票据	33	260, 000. 00	140, 000. 00
应收账款	5	1, 004, 136. 80	1, 472, 264. 71	应付账款	34	307, 765. 00	665, 875. 00
应收款项融资	6			预收款项	35	33, 619. 47	10, 683. 67
预付款项	7	5, 095. 20	30, 424. 60	合同负债	36		
其他应收款	8	36, 519. 92	20, 177. 68	应付职工薪酬	37	95800. 00	91522. 00
存货	9	1, 825, 745. 63	2, 141, 253. 86	应交税费	38	86599. 29	77072. 33
一年内到期的非流动资产	10			其他应付款	39	350, 550. 00	84, 375. 00
其他流动资产	11			一年内到期的非流动负债	40		
流动资产合计	12	6, 546, 899. 95	6, 860, 058. 57	其他流动负债	41		
非流动资产：				流动负债合计	42	1, 914, 333. 76	2, 049, 528. 00
债权投资	13	204094. 00	206000. 00	非流动负债：			
其他债权投资	14			长期借款	43	820, 000. 00	820, 000. 00
长期应收款	15			应付债券	44		
长期股权投资	16	619, 800. 00	600, 000. 00	其中：优先股	45		
其他权益工具投资	17			永续债	46		
其他非流动金融资产	18			长期应付款	47		
投资性房地产	19			预计负债	48		
固定资产	20	6380798. 01	6120653. 67	递延收益	49		
在建工程	21			递延所得税负债	50	9, 780. 00	9, 450. 00
无形资产	22	416, 200. 00	420, 000. 00	其他非流动负债	51		
开发支出	23			非流动负债合计	52	829780. 00	829450. 00
商誉	24			负债合计	53	2744113. 76	2878978. 00
长期待摊费用	25			所有者权益（或股东权益）：			
递延所得税资产	26	5375. 02	5000. 00	实收资本（或股本）	54	8, 050, 000. 00	7, 850, 000. 00
其他非流动资产	27			其他权益工具	55		
非流动资产合计	28	7626267. 03	7351653. 67	其中：优先股	56		
				永续债	57		
				资本公积	58	300, 000. 00	280, 000. 00
				减：库存股	59		
				其他综合收益	60		
				专项储备	61		
				盈余公积	62	867, 368. 50	470, 104. 70
				本年利润	63		
				未分配利润	64	2211684. 72	2732629. 54
				所有者权益（或股东权益）合计	65	11, 429, 053. 22	11, 332, 734. 24
资产总计		14173166. 98	14211712. 24	负债及所有者权益总计	66	14173166. 98	14211712. 24

图 10-62　计算资产负债表

2. 输出输入报表

(1) 报表输出：执行“文件”—“另存为”命令，选择保存位置并输入报表文件名，单击“保存”即可，如图 10-63 所示。

(2) 报表输入：报表文件只能在 UFO 报表系统才能打开。进入 UFO 报表系统后，执行“文件”—“打开”命令即可，如图 10-64 所示。

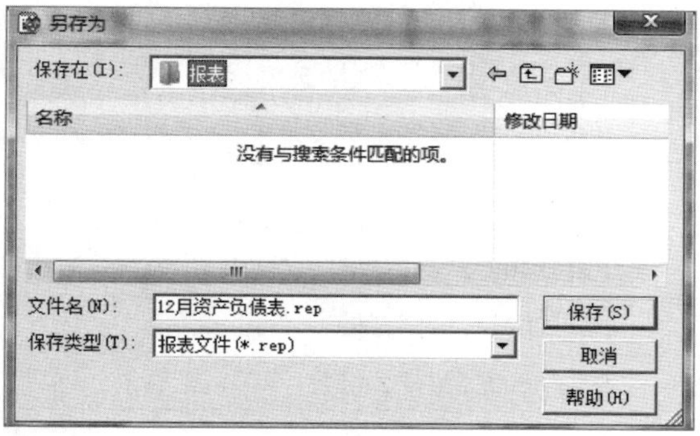

图 10-63　报表保存

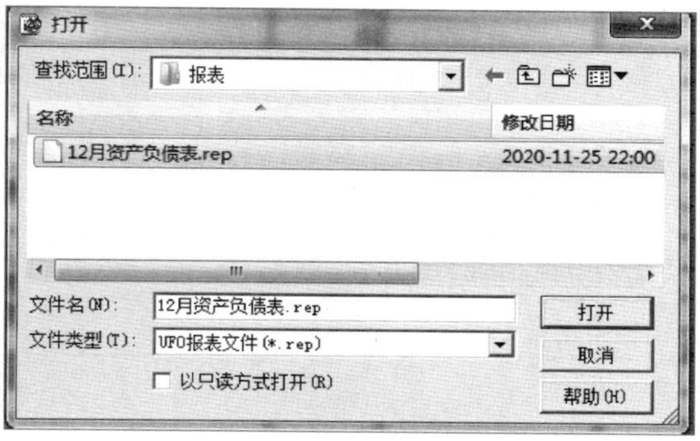

图 10-64　打开报表

3. 利润表

(1) 由操作员(001 张丽)根据利润表模板，新建利润表，根据图 10-65 修改报表格式。

	A	B	C	D
1	利　润　表			
2	单位名称：xxxxxxxxxxxxxxxxxxxxxxxxxxxxxxxxxxx 年　xx 月			单位：元
3	项　目	行次	本月金额	本年累计金额
4	一、营业收入	1	公式单元	
5	减：营业成本	2	公式单元	
6	税金及附加	3	公式单元	
7	销售费用	4	公式单元	
8	管理费用	5	公式单元	
9	研发费用	6		
10	财务费用	7	公式单元	
11	其中：利息费用	8		
12	利息收入	9		
13	加：其他收益	10		
14	投资收益（损失以“－”号填列）	11	公式单元	
15	其中：对联营企业和合营企业的投资收益	12		
16	公允价值变动收益（损失以“－”号填列）	13	公式单元	
17	信用减值损失（损失以“－”号填列）	14	公式单元	
18	资产减值损失（损失以“－”号填列）	15	公式单元	
19	资产处置收益（损失以“－”号填列）	16	公式单元	
20	二、营业利润（亏损以“－”号填列）	17	公式单元	
21	加：营业外收入	18	公式单元	
22	减：营业外支出	19	公式单元	
23	三、利润总额（亏损以“－”号填列）	20	公式单元	
24	减：所得税费用	21	公式单元	
25	四、净利润（净亏损以“－”号填列）	22	公式单元	
26	（一）持续经营净利润（净亏损以“－”号填列）	23		
27	（二）终止经营净利润（净亏损以“－”号填列）	24		
28	五、其他综合收益的税后净额	25		
29	六、综合收益总额	26		
30	七、每股收益：	27		
31	（一）基本每股收益	28	0.09	
32	（二）稀释每股收益	29		

格式

图 10-65　修改利润表格式

(2) 修改利润表模板公式(只设置企业常用科目公式),如表 10-23 所示。

表 10-23　　　　利润表计算公式

项目	行数	本期金额
一、营业收入	1	FS("6001","月","贷",,"年",,,"否")+ FS("6051","月","贷",,"年",,,"否")
减:营业成本	2	FS("6401","月","借",,"年",,,"否")+ FS("6402","月","借",,"年",,,"否")
销售费用	4	FS("6601","月","借",,"年",,,"否")
管理费用	5	FS("6602","月","借",,"年",,,"否")
研发费用	6	
财务费用	7	FS("6603","月","借",,"年",,,"否")
其中:利息费用	8	
利息收入	9	
加:其他收益	10	
投资收益(损失以"一"号填列)	11	FS("6111","月","贷",,"年",,,"否")
其中:对联营企业和合营企业的投资收益	12	
公允价值变动收益(损失以"一"号填列)	13	FS("6101","月","贷",,"年",,,"否")
信用减值损失(损失以"一"号填列)	14	-FS("6702","月","借",,"年",,,"否")
资产减值损失(损失以"一"号填列)	15	-FS("6701","月","借",,"年",,,"否")
资产处置损益(损失以"一"号填列)	16	FS("6115","月","借",,"年",,,"否")
二、营业利润(亏损以"一"号填列)	17	C4-C5-C6-C7-C8-C9-C10+C14+C15+ C16+C17+C18+C19
加:营业外收入	18	FS("6301","月","贷",,"年",,,"否")
减:营业外支出	19	FS("6711","月","借",,"年",,,"否")
三、利润总额(亏损总额以"一"号填列)	20	C20+C21-C22
减:所得税费用	21	FS("6801","月","借",,"年",,,"否")
四、净利润(净亏损以"一"号填列)	22	C23-C24
(一) 持续经营净利润(净亏损以"一"号填列)	23	C25
(二) 终止经营净利润(净亏损以"一"号填列)	24	
五、其他综合收益的税后净额	25	
六、综合收益总额	26	C25
七、每股收益:	27	
(一) 基本每股收益	28	0.09
(二) 稀释每股收益	29	

（3）报表数据计算。单击“格式/数据”转换按钮，在数据状态下执行“数据”—“整表重算”，等待一段时间即可计算出利润表数据，如图 10-66 所示。

	A	B	C
1	利润表		
2	单位名称：烟台兴茂机械有限公司　　2019 年　　12 月		
3	项　　目	行次	本月金额
4	一、营业收入	1	1081917.23
5	减：营业成本	2	821530.65
6	税金及附加	3	15688.74
7	销售费用	4	31714.56
8	管理费用	5	39767.26
9	研发费用	6	
10	财务费用	7	12090.31
11	其中：利息费用	8	
12	利息收入	9	
13	加：其他收益	10	
14	投资收益（损失以“－”号填列）	11	74470.50
15	其中：对联营企业和合营企业的投资收益	12	
16	公允价值变动收益（损失以“－”号填列）	13	-16500.00
17	信用减值损失（损失以“－”号填列）	14	-2361.40
18	资产减值损失（损失以“－”号填列）	15	-5154.00
19	资产处置收益（损失以“-”号填列）	16	
20	二、营业利润（亏损以“－”号填列）	17	211580.81
21	加：营业外收入	18	
22	减：营业外支出	19	14744.48
23	三、利润总额（亏损以“－”号填列）	20	196836.33
24	减：所得税费用	21	20517.35
25	四、净利润（净亏损以“－”号填列）	22	176318.98
26	（一）持续经营净利润（净亏损以“-”号填列）	23	
27	（二）终止经营净利润（净亏损以“-”号填列）	24	
28	五、其他综合收益的税后净额	25	
29	六、综合收益总额	26	
30	七、每股收益：	27	
31	（一）基本每股收益	28	0.09
32	（二）稀释每股收益	29	

图 10-66　计算利润表

会计电算化实验报告

院系____________________

专业____________________

班级____________________

姓名____________________

学号____________________

指导老师_______________

学年学期_______________

202　年　　月　日

实验项目		实验日期	
一、实验目的			
二、实验内容			

（续表）

<table>
<tr><td colspan="3">三、实验总结</td></tr>
<tr><td rowspan="2">四、教师评语</td><td>成绩</td><td></td></tr>
<tr><td colspan="2">指导教师签字：

年　　月　　日</td></tr>
</table>